Richard DeGrand..
Die Ritalin-Gesellschaft

RICHARD DEGRANDPRE

DIE
RITALIN-GESELLSCHAFT

ADS: Eine Generation wird
krankgeschrieben

Aus dem Amerikanischen
von Andreas Nohl

Titel der amerikanischen Originalausgabe:
Ritalin Nation
Rapid-Fire-Culture and the Transformation of Human Consciousness
© 2000, 1999 by Richard DeGrandpre
First published by W.W. Norton & Company, New York, 2000

Das 2. und 3. Kapitel der Originalausgabe wurde für die deutschsprachige
Ausgabe gekürzt und nur partiell berücksichtigt.

Besuchen Sie uns im Internet
www.beltz.de

Alle Rechte der deutschsprachigen Ausgabe:
© 2002 Beltz Verlag, Weinheim und Basel
Umschlaggestaltung: Federico Luci, Köln
Umschlagillustration: Pictor International, München
Satz: Mediapartner Satz- und Reprotechnik GmbH, Hemsbach
Druck und Bindung: Druckhaus Beltz, Hemsbach
Printed in Germany

ISBN 3 407 85796 9

INHALT

In den Neunzigerjahren wurde ADS zu einem Symbol des westlichen Lebensstils.
Edward Hallowell, Mitverfasser von »Driven to Distraction«

VORWORT

In den Vierzigerjahren waren laut einer Gallup-Umfrage unter Lehrern die beiden größten Verhaltensprobleme der Kinder das Vordrängeln beim Anstehen und das Kaugummikauen während des Unterrichts. Schöne Zeiten! Heute sind die Kinder zunehmend hyperaktiv, unaufmerksam, sie sind aufsässig, apathisch, depressiv oder aggressiv. Und die Reaktion auf diese Veränderungen? Ein explosionsartiger Anstieg der Einnahme von Psychopharmaka bei Schülern in den letzten zwei Jahrzehnten. Aber diese Drogen verschleiern natürlich die Probleme, statt sie zu lösen. Dies machen die Amokläufe an unseren Schulen seit Ende der 90er-Jahre auf tragische Weise deutlich. Heute wissen wir, dass einigen dieser Jugendlichen in den USA zuvor Psychopharmaka verschrieben worden waren, unter anderem auch Ritalin – das am häufigsten verwandte Medikament zur Behandlung des Aufmerksamkeitsdefizitsyndroms ADS.[1]

Dieses Buch versucht, jene Veränderungen zu verstehen und zu erklären, wieso bei so vielen Kindern auf einmal ADS – oder, wie es heute oft genannt wird, ein »Aufmerksamkeitsdefizit-Hyperaktivitätssyndrom« bzw. ADHS – diagnostiziert und mit so starken Psychostimulanzien wie Ritalin behandelt wird.

Zuerst beschreiben wir, wie unsere Kultur der Geschwindigkeit das menschliche Bewusstsein transformiert und eine Gesellschaft geschaffen hat, die in ihrem Beschleunigungswahn gefangen und zugleich von Stimulanzien abhängig ist, welche die bewusstseinsverändernden Wirkungen der Geschwindigkeit simulieren. Für die meisten von uns beginnt und endet die Abhängigkeit von pharmakologischen Beschleunigern mit dem Koffein. Für Millionen andere jedoch geht die pharmakologische Befriedigung der wachsenden Beschleunigungsbedürfnisse weit über die morgendliche Tasse Kaffee hinaus. Diese Lösungen beinhalten so starke Stimulanzien wie Kokain, Methamphetamin und Ritalin, die sehr ähnliche Eigenschaften aufweisen.

Das »ADS«-Kind ist natürlich das ideale Beispiel für den Bedarf nach konstantem Konsum von Sinnesreizen. Studien haben zum Beispiel gezeigt, dass die meisten hyperaktiven, an Aufmerksamkeitsdefizit leidenden Kinder sich unter reizgesättigten Bedingungen in normale, alltägliche Kinder verwandeln. Sie haben gezeigt, dass diese Kinder erst dann verhaltensauffällig werden, wenn der Strom an Reizen nachlässt. Und schließlich haben sie auch gezeigt, wie diese Kinder unter nicht ausreichenden sensorischen Bedingungen durch den stimulierenden Hintergrund beruhigt werden, den Ritalin so perfekt bereitstellt (eine pharmakologische Wirkung, die übrigens bei den meisten Kindern und Erwachsenen eintritt). So hat für Millionen von Kindern weltweit, die derzeit Ritalin verabreicht bekommen, und für Tausende von Erwachsenen, die ebenfalls mit der Einnahme begonnen haben, das Problem weniger mit einer angeborenen Funktionsstörung im Hirn zu tun, für die bis heute der wissenschaftliche Nachweis aussteht, sondern vielmehr damit, wie die Ausbreitung einer »Schnellfeuer-Kultur« im zwanzigsten Jahrhundert das menschliche Bewusstsein verwandelt hat.

In diesem Buch versuche ich, die Verbindungen zwischen dieser Beschleunigungskultur, unserem Bewusstsein und unserer wachsenden Abhängigkeit von stimulierenden Medikamenten aufzuzeigen. Doch nicht alle Verbindungen sind direkter Art. So sind unsere Kinder von dem heute vorherrschenden beschleunigten Lebensstil zwar direkt betroffen, doch zugleich ergeben sich indirekte Wirkungen auch daraus, dass sich sowohl die verfügbare Zeit wie die Fähigkeit der Erwachsenen ändert, ihrer Elternrolle ausreichend nachzukommen.

Ich habe dieses Buch also geschrieben, um über die Mythen und Missverständnisse aufzuklären, die sich um ADS und seine »Lösung« durch Ritalin ranken; und diese Mythen sollen durch eine klare und einsichtige Darstellung dessen ersetzt werden, was uns allen infolge unserer zunehmend hektischen, gehetzten Lebensweise widerfährt.

Begonnen hat das Ganze für mich vor mehreren Jahren mit einer Episode aus der Fernsehsendung »60 Minutes«. Während ich dem Bericht über die wachsende Beliebtheit von Ritalin zuhörte, verblüfften und beunruhigten mich die konfusen Erklärungen, die so genannte Experten darüber abgaben, auf welche Weise Stimulanzien wie Ritalin das Verhalten von »ADS«-Kindern beeinflussen. Ebenso erstaunte mich die Tatsache, dass mittlerweile Millionen von Kindern in den USA als »ADS«-Fälle eingestuft und mit Ritalin behandelt wurden, eine Praxis, die 80 Prozent des weltweiten Ritalinverbrauchs ausmacht. Beide Tatsachen veranlassten mich, etwas zu unternehmen, und zwar auch deswegen, weil ich – mit meinem Hintergrund als Pharmakologe *und* Psychologe – wusste, dass das allgemeine Verständnis der Problemlage von Fehlinformationen irregeleitet war.

Ritalin ist kein spezielles Medikament für Kinder, das Abnormitäten der Hirnfunktion korrigiert. Vielmehr ist die Geschichte seines Missbrauchs als kokainähnliche Straßendroge mindestens ebenso lang wie seine Geschichte als bevorzugtes Medikament für hyperaktive Kinder. Auch ist ADS noch keineswegs als organische Störung wissenschaftlich nachgewiesen. Abgesehen von einem kleinen Prozentsatz von Kindern, bei denen ein nachweisbarer Hirnschaden oder eine andere organische Krankheit zur Hyperaktivität führt, gibt es nicht den geringsten Beweis, dass die Probleme, die als ADS oder ADHS definiert sind, eindeutig biologischen Ursprungs sind. Im Gegenteil haben Längsschnittstudien gezeigt, dass diese Probleme sowie eine Unmenge anderer kindlicher Probleme ihren Ursprung in der *psychischen* Entwicklung haben und darüber hinaus in unserer Gesellschaft auffallend vermehrt auftreten. Das Überhandnehmen dieser Probleme lässt sich ohne Berücksichtigung der Veränderungen im westlichen Lebensstil, insbesondere auch im amerikanischen Alltagsleben, und der Rolle, die Drogen darin spielen, nicht erklären.

Seit der ersten Veröffentlichung der *Ritalin-Gesellschaft* im Januar 1999 ist eine Menge geschehen. Gerade, als das Buch in Druck ging, veranstalteten die *National Institutes of Health* (NIH) eine Konferenz zu ADS (November 1998), in der Einigkeit über die Diagnose und Behandlung hergestellt werden sollte. Es wurde auf dem Treffen überdeutlich, dass das Thema noch beträchtlichen Kontroversen unterliegt, vor allem deswegen, weil man tatsächlich so wenig weiß und sich infolgedessen auch nicht einig ist. Zum Beispiel hält der Abschlussbericht der Konferenz fest, dass es weiterhin keinen unabhängigen, stichhaltigen Test gibt, mit dem sich ADS bei Kindern diagnostizieren lässt, und dass es auch an einem eindeutigen Beweis mangelt, der ADS als biologische Störung definiert.

Im Gefolge dieses Berichts erregten zwei Untersuchungen aus dem Jahr 1999 in den Medien größere Aufmerksamkeit. Was daher kam, dass sie in Aussicht stellten, man könne durch bildgebende Verfahren der Hirnscan-Technologie ADS bei Kindern diagnostizieren. Das Medienecho auf diese Untersuchungsberichte war jedoch insofern irreführend, als diese Techniken in keiner Weise zu irgendeinem quasibiologischen Nachweis von ADS führen können. Wie ich in einem Aufsatz ausgeführt habe, der in dem Magazin der New York Academy of Sciences *The Sciences* (März/April 1999) erschien, zeigen bereits die Berichte selbst, dass jene Scans nicht verlässlicher sind als die traditionellen, auf Verhalten beruhenden Tests. Der Grund dafür ist, dass sie das Verhaltensproblem einfach nur auf einer physiologischen Ebene messen und spiegeln. Nicht nur sind diese Scans keineswegs verlässlicher, sie sind auch sehr kostenintensiv.

Kurz nach der Konferenz legte ein Komitee der Vereinten Nationen einen Bericht vor, der sich überaus kritisch zu der wachsenden Überdiagnostizierung von ADS in Europa äußerte und den Rat gab, die europäischen Länder sollten nicht dem amerikanischen Beispiel folgen, welches geradewegs Züge einer Epidemie trage. Während die Einnahme von Ritalin und anderen Psychostimulanzien in den Neunzigerjahren in England oder

Deutschland um mehr als das 50fache anstieg, liegt der Konsum immer noch 20- bis 30-mal unter dem in den USA. Bemerkenswerterweise sind ADS-ähnliche Probleme in Frankreich und Japan weit weniger verbreitet und die Benutzung dieser Medikamente ist verschwindend gering. Ebenso interessant ist die Feststellung des Berichts der Vereinten Nationen, dass anregende Stimulanzien, so genannte »uppers«, sich auf dem amerikanischen Kontinent wachsender Beliebtheit erfreuten, während in Westeuropa nach wie vor die Sedative, oder »downers«, Vorrang hätten, auch wenn der Verbrauch von Stimulanzien auch hier zugenommen hat.

Seit seiner Publikation ist viel über dieses Buch geschrieben worden. Dabei lohnt es sich, zwei Gesichtspunkte hervorzuheben. Erstens war, bei einem allgemein positiven Tenor in den Rezensionen, überall eine Vereinfachung meiner Thesen zu erkennen. Zum Teil wurde bezüglich des Begriffs der »Schnellfeuer-Kultur« oder des Beschleunigungswahns unserer Gesellschaft meine These auf das Argument reduziert, dass nach Jahren der Gewöhnung ans Fernsehen und nach zahllosen Stunden mit Video- und Computerspielen die Kinder unfähig seien, die Langsamkeit der nichtelektronischen Welt zu ertragen. Es handelt sich hierbei in der Tat um ein zentrales Argument meines Buchs, aber doch nur um eines. Wie ich im ganzen Buch zu verstehen gebe, betrifft ein weiterer Effekt des beschleunigten Lebensstils die *Erwachsenen selbst*, wenn Eltern den Umgang mit ihren Kindern immer mehr auf eine so genannte »quality time« reduzieren, also tagsüber eine Viertelstunde oder dreißig Minuten mit ihnen spielen, und immer weniger »quantity time« zur Verfügung stellen, d.h., sich über eine längere Zeitspanne mit ihnen beschäftigen. Denn natürlich sind sowohl die Qualität des Umgangs wie auch ein längerer »Zeitraum« am Tag notwendig, um Kinder zu ichstarken, sinnvoll angepassten und intelligenten, moralischen Menschen zu erziehen. Zweitens fiel mir bei vielen Gelegenheiten auf, dass die Medien in ihren Berichten über ADS und Ritalin die Fakten nur sehr selektiv wiedergeben. Am bemerkenswertesten ist hier, dass die Presse nicht darüber aufklärt, dass Ritalin zwar Veränderungen im Verhalten der Kinder bewirkt, aber keinerlei Langzeitwirkungen bezüglich des sozialen Anpassungsverhaltens, der kognitiven Entwicklung oder der schulischen Leistung der Kinder nachweisbar sind. Noch in den letzten Tagen des Jahres 1999 wurde in den Medien eine staatlich finanzierte Studie gefeiert, weil sie die Effektivität stimulierender Psychopharmaka angeblich belege. Doch stellte auch diese Studie nicht die positiven Langzeiterfolge fest, die Eltern mittlerweile von Ritalin erwarten. Viele andere Studien haben dies überprüft, aber sie wurden in den Medien nicht diskutiert. Es drängt sich der Verdacht auf, dass nicht sein kann, was nicht sein darf: Ritalin hält nicht, was es verspricht, es ist nicht das Wundermittel, das Eltern und Lehrer in ihm sehen und sehen wollen.

Bei der Lektüre des Buches kann es hilfreich sein, sich den Aufbau klar zu machen. Das erste Kapitel beschreibt unsere »Beschleunigungskultur« und ihre direkten wie indirekten Wirkungen auf das menschliche Bewusstsein und Verhalten. Dies ist die Grundlage für die Kapitel 2 und 3, die sich mit dem Problemkomplex »ADS« (Kapitel 2) und der vermeintlichen »Ritalin-Lösung« (Kapitel 3) beschäftigen. Das letzte Kapitel 4 unterbreitet praktische Vorschläge, wie sich eine gesündere und vernünftigere Haltung in unsere hektische Lebensweise einbringen lässt und auf diese Weise die Probleme, die so viele Kinder haben, vielleicht verhindert und ausgeräumt werden können. Der erste Schritt geht also dahin, die gesellschaftlichen Kräfte besser zu verstehen, die uns psychologisch verändern und unser Leben in Richtungen lenken, die wir wissentlich nicht einschlagen würden. Der zweite geht dahin, bewusster und selbstbestimmter zu leben, so dass wir das, was uns und unseren Kindern widerfährt, nach eigenen Prioritäten und Entscheidungen planen, statt es dem Zufall zu überlassen.

Bei der Abfassung dieses Buches haben mir eine Reihe von Personen geholfen, sei es beim Formulieren des Textes oder durch ihre emotionale Unterstützung. Meiner guten Freundin Terry Racich gebührt als »erster Lektorin« großer Dank. Meiner Lektorin bei Norton, Angela von der Lippe, die den Mut und, wie ich glaube, die Klugheit hatte, sich eines so kontroversen und umstrittenen Themas anzunehmen, möchte ich ebenfalls besonderen Dank sagen. Ihre Assistentin bei Norton, Ashley Barnes, stand mir mit detailliertem Rat und editorischer Tat stets zur Seite, was mir eine unschätzbare Hilfe war. Ebenso hat mir Lou Haag geholfen, der frühe Fassungen des Manuskripts las, mich beriet und ermutigte. Auch möchte ich meinen Freunden Paul, Debra und Bruce für ihre Hilfe und Unterstützung danken sowie einer Reihe von Studenten, die mich bei der Recherche und dem Schreiben dieses Buchs unterstützten, darunter Laura Smack, Amy LaFreniere, Joann Hurst, Dan Triggs und Craig Farnum, und meinen Kollegen Sharon Lamb und Richard Kujawa. Euch allen Dank.

Ich widme dieses Buch meiner Mutter Leona F. DeGrandpre.

Richard J. DeGrandpre

1. Kapitel

Die beschleunigte Gesellschaft und ihre Wahrnehmung

Lassen Sie mich Ihnen bitte etwas über Langeweile erzählen, lassen Sie mich die köstlichen Spielarten der Langeweile, die ich genossen habe, und das Maß meiner Gleichgültigkeit beschreiben. Ich verspreche Ihnen, es wird betörend – in der Tat eröffnet nur schon die Aussicht, es zu tun, einen solchen Ozean der Langeweile vor mir, eine solche trübe, spiegelglatte Unermesslichkeit, in die ich Sie mit hineinziehen möchte, dass ich es lieber nicht versuche, denn wahrscheinlich wird es nicht gelingen. Das Problem mit der Langeweile ist nämlich, dass sie nie mitreißt.
Ken Jacobs, »The Day the Moon Gave Up the Ghost«

Schon in den Fünfzigerjahren hatten die Amerikaner die Vision eines gelobten Landes voll glückseliger Tage und friedvoller Nächte. Das Leben, so dachten sie, werde sich demnächst in ein endloses Panorama voller Ruhe und Entspannung verwandeln. Bücher wurden verkauft, die davon handelten, wie man mit der »drohenden« Krise von zu üppiger Freizeit umgehen solle. Heute, nur wenige Jahrzehnte später, ist diese hypnotisierende Vision eines goldenen Zeitalters wie weggeblasen, und an ihre Stelle ist ein nicht endender Strom von Tagen, erfüllt mit Hast und Unruhe und Jetlag-Nächten, getreten. Entweder sind wir in Hetze oder erholen uns davon oder hetzen zu neuer Hetze. Auf der Titelseite eines *Utne-Reader*-Magazins war 1994 zu lesen: »Zu beschäftigt, um diese Zeitschrift zu lesen? Dann sollten Sie es aber unbedingt tun!«[1] Kein Wunder, dass wir uns nicht an den großen Volksentscheid erinnern, in dem wir uns von den Hoffnungen und Träumen einer ruhigen Zukunft verabschiedeten, denn ein solches Referendum gab es nie. Und so ist die beschleunigte Gesellschaft keineswegs selbstbestimmt, sondern vielmehr eine seltsame und anscheinend chronische kulturelle Erkrankung.

Wie kommt es, dass wir eine Gesellschaft geworden sind, die süchtig nach Abwechslung und Erregung ist? Oder wie der Schriftsteller Milan Kundera fragt: »Warum sind die Freuden der Langsamkeit verschwunden?«[2] Muße, Langsamkeit, Faulheit, Entspannung, Einfachheit – vieles gehört in der amerikanischen und westlichen Kultur der Vergangenheit an und wurde durch eine geradezu einzigartige Geschwindigkeitsmanie ersetzt. Schon 1932 gab der Philosoph Bertrand Russell in dem Essay »In Praise of Idleness« (Lob der Faulheit) einer ähnlichen Sorge Ausdruck: »Bis heute sind wir so angestrengt tatkräftig geblieben wie zu der Zeit, als es noch keine Maschinen gab. Darin haben wir uns töricht verhalten, aber es gibt keinen Anlass, für immer töricht zu bleiben.«[3]

Aus Gründen, die wir in diesem Buch erforschen wollen, wurden Muße und Langsamkeit durch einen steten Kampf um Aufregung und Geschwindigkeit verdrängt. Dies wirft provozierende Fragen auf: Ist das Aufmerksamkeitsdefizitsyndrom wirklich eine neu entdeckte, behandlungsbedürftige Erkrankung oder eine kulturell induzierte Hirnfunktionsstörung, die aus unserer Sucht nach Geschwindigkeit resultiert? Könnte der Zulauf zu Stimulanzien wie Kokain, Crack, Methamphetamin und Ecstasy in den Achtziger- und Neunzigerjahren eine tiefe kulturelle Verbindung mit unserer Beschleunigungsgesellschaft haben? Und hat der Drang nach Geschwindigkeit vielleicht auch etwas mit dem Entstehen der Koffein-Kultur und der »Ritalin-Lösung« zu tun?

Dass wir eine Ritalin-Gesellschaft geworden sind, ist offensichtlich, wenn wir uns die kurze Geschichte dieses Aufputschmittels ansehen. ADS ist in den USA und anderswo inzwischen die am häufigsten diagnostizierte psychische Störung bei Kindern. Ritalin, das in den USA in 90 Prozent aller Fälle als Medikament verschrieben wird, ist ein sehr starkes Stimulans, das, wenn es auf gleiche Weise verabreicht würde, pharmakologische und psychische Wirkungen hat, die sich von denen des Kokains so gut wie nicht unterscheiden.[4] Vor den Sechzigerjahren wurden Hyperaktivität und Aufmerksamkeitsdefizite kaum beobachtet und nur in den seltensten Fällen als medizinische Probleme behandelt. 1961 ließ dann die »Food and Drug Administration« (FDA) den Einsatz von Ritalin bei Kindern mit Verhaltensproblemen zu. Um 1975 bekamen 150.000 Kinder Medikamente gegen Hyperaktivität verabreicht, woraufhin Peter Schrag und Diane Divoky ihr Buch *The Myth of the Hyperactive Child* (Der Mythos vom hyperaktiven Kind) schrieben. In den späten Achtzigerjahren nahmen etwa eine Million Kinder regelmäßig Ritalin ein und 1988 gab es 29 Ortsgruppen der neuen Selbsthilfe-Organisation CH.A.D.D. *(Children and Adults with Attention Deficit Disorder)*. 1989 weckte der Kinderlobbyist Alfie Kohn in einem Essay in *Atlantic Monthly* unter dem Titel »Suffer the Restless Children« (Zappelige Kinder verdienen unser Mitgefühl) weitere Zweifel an der Echtheit des Syndroms. Seitdem hat die Einnahme von Ritalin sich auf mehr als zwei Millionen Kinder (und eine wachsende Zahl von Erwachsenen) erweitert, der Tablettenkonsum hat sich innerhalb von fünf Jahren verfünffacht. In der Tat haben die USA den Löwenanteil von 80 bis 90 Prozent des weltweiten Ritalinverbrauchs. Aber auch in Deutschland nahmen im Jahr 2000 der Bundesopiumstelle zufolge fast 14-mal so viele Kinder Medikamente wie Ritalin oder Medikinet ein wie noch 1993 und die »Kinderpille« steht auf Platz sechs der Liste meistverkaufter Psychopharmaka.[5] Währenddessen sind mit der großzügigen finanziellen Unterstützung des Ritalinherstellers Novartis (vormals CIBA Pharmaceuticals) in den USA mehr als 500 neue Ortsgruppen der CH.A.D.D.-Organisation aus dem Boden geschossen, die zusammen mehr als

32.000 Mitglieder zählen.[6] Die »U.S. Drug Enforcement Administration« schätzt, dass im Jahr 2000 15 Prozent aller Schulkinder (acht Millionen) Ritalin nehmen werden.[7] Willkommen in der Ritalin-Gesellschaft.

Kulturinduziertes ADS

Edward Hallowell, Mitautor des Beststellers *Driven to Distraction* (Süchtig nach Ablenkung) (1994), war einer der führenden Sprecher in der ADS/Ritalin-Bewegung. Leider bietet das Buch, das ein Jahr nach Peter Kramers *Listening to Prozac* erschien, seinen Lesern nur ähnlich muntere Ratschläge an, wie wir mit unserem Körper (mittels Medikamenten) umgehen und versuchen sollen, mehr Spaß mit dem zu haben, was der Autor als unsere unveränderlichen, ererbten Pathologien ansieht. Diese Haltung, sich der inneren Krankheit zu beugen, wurde besonders deutlich in einem Artikel von Hallowell in *Psychology Today* über »ADD: Why I'm Glad I Have It« (Warum ich froh bin, ADS zu haben). Doch sogar Hallowell gibt zu, dass kulturelle Faktoren eine maßgebliche Rolle bei »ADS« spielen, wie er in seinen Schriften über »A Culture Driven to Distraction«[8] schreibt:

– »Amerika leidet heute unter einer kulturell induzierten Aufmerksamkeitsdefizitstörung oder dem, was ich ›Pseudo-ADS‹ nenne. Dies ist einer der Gründe, warum ADS die Phantasie so vieler Leute beschäftigt und warum die Diagnose so verführerisch geworden ist, dass sie manchmal eher einem Designer-Label auf einem Kleidungsstück ähnelt als einer wirklichen potenziell behindernden Störung.«
– »Pseudo-ADS weist viele der wesentlichen Symptome des echten ADS auf – ein hohes Maß an Impulsivität, eine ununterbrochene Suche nach intensiver Stimulation, eine

Neigung zu Rastlosigkeit und Ungeduld und eine sehr aktive, wechselnde Aufmerksamkeitsspanne.«

— »Es ist nicht schwer, einzusehen, wie unsere Kultur einen ADS-ähnlichen Zustand induzieren kann. In den Fünfzigerjahren, als ich ein kleiner Junge war, hatte das Fernsehen gerade erst Einzug in die amerikanischen Wohnstuben gehalten, und Telefone mit Wählscheiben waren in unserem kleinen Städtchen noch unbekannt. Heute können wir uns alle jederzeit und überall erreichen. Ein Kollege von mir hat kürzlich 40.000 E-Mails in einer Woche erhalten. Computer, Handys und Autotelefone, Satelliten-Technologie, Fax, Kopierer und Anrufbeantworter, Videorecorder, Kabelfernsehen, das Internet, Schaltkonferenzen – all dies ist nichts Ungewöhnliches mehr. Wir sind, wie es klischeehaft heißt, verkabelt – wir werden Tag und Nacht stimuliert und beschleunigt, ohne Unterbrechung versenden und empfangen wir Nachrichten …«

Diese Beobachtungen treffen zwar sicherlich zu, doch ein Problem bleibt bestehen. Denn eine verbreitete Kritik an dem ADS-Etikett ist, dass die Ärzte zwischen normalen Kindern und solchen, die manchmal ADS-Symptome zeigen, nicht verlässlich unterscheiden können. In dem obigen Text mutet uns Hallowell eine dritte Variante zu, indem er uns auffordert, zwischen dem gesunden Kind, dem biologisch an ADS leidenden Kind und dem kulturell an ADS leidenden Kind zu unterscheiden. Niemand zweifelt daran, dass eine kleine Zahl von Kindern mit ADS-Symptomen geboren wird oder aufgrund einer Krankheit oder eines Hirntraumas diese Symptome entwickeln kann. Was neugierige Geister aber wissen wollen, ist: Wie viel Prozent sind biologisch und wie viel Prozent sind kulturell begründet?

Die Beschleunigungskultur

Fragen bezüglich der Geschwindigkeit gewinnen in Zeiten, da das Tempo unseres Lebens fortlaufend zunimmt, größere Bedeutung; in diesem Jahrhundert hat sich sogar die Beschleunigung der Kultur selbst beschleunigt.[9] Als Folge der Temposteigerung übertrifft die Schnelligkeit unseres Lebens bei weitem die jeder anderen Gesellschaft. Um ein Beispiel für den Geschwindigkeitsdruck in der amerikanischen Gesellschaft zu geben: Eine Untersuchung kam 1971 zu dem Ergebnis, dass *einer von fünf* befragten Erwachsenen sagte, er fühle sich »immer« unter Druck. 1992 hatte sich der Anteil zu *einem von dreien* erhöht.[10] Das Leben der Kinder hat eine vergleichbare Beschleunigung erfahren. Wie David Elkind in *The Hurried Child* (Das ruhelose Kind) schreibt: »Das Kind von heute ist das unfreiwillige und unbeabsichtigte Opfer eines überwältigenden Drucks geworden – des Drucks, der aus dem schnellen, verwirrenden sozialen Wandel und den stetig wachsenden Erwartungen herrührt.«[11] Kein Wunder, dass mehr und mehr Menschen angefangen haben, die Vorteile unserer Geschwindigkeitsmanie infrage zu stellen, in der alles schneller, fixer, dringender geschehen muss.

Egal, ob Sie Ihr Leben oder das Leben Ihrer Kinder als beschleunigt wahrnehmen oder nicht, wahrscheinlich werden Sie die Veränderungen, die stattgefunden haben, unterschätzen. Ein Grund dafür liegt darin, dass die Beschleunigung der Gesellschaft über die Jahre hin ganz allmählich vor sich ging, so dass das derzeitige Lebenstempo oft als normal empfunden wird. In dem Maße, wie die Gesellschaft ihr Tempo erhöht, erhöht sich aber auch die Schlagkraft unseres Bewusstseins. Das gilt insbesondere für Kinder, die ja immer mit der allerneuesten Beschleunigungsphase aufwachsen. Ein Lehrer der achten Klasse klagt: »Unsere Kinder befolgen keine Anweisungen, weil sie ganz einfach ›abgeschaltet‹ haben. Sie hören nicht zu. Es liegt an dem ganzen Ausmaß an Stimulation, das sie erfahren – durch das Geplärre des Fernsehens, der Hi-Fi-Anlagen, den Lärmpegel in ihren Familien. Ich bin mir keineswegs sicher, dass viele ADHS haben; sie sind einfach unruhig, weil sie innerlich vollkommen leer sind. Sie sind daran gewöhnt, unterhalten zu werden.«[12] Wie diese Sätze nahe legen, hat die Veränderung des menschlichen Bewusstseins durch unsere Anpassung an die Lebensbeschleunigung den unerwarteten Effekt, dass ihre beabsichtigten Wohltaten neutralisiert werden. (Damit wird nichts anderes gesagt, als dass die Veränderung des Bewusstseins infolge unserer Anpassung an die Lebensbeschleunigung das Gegenteil von dem bewirkt, was an Vorteilen mit der Beschleunigung ursprünglich intendiert war.) Wir suchen nach Neuem und nach Veränderungen, merken aber bald, dass diese Veränderungen nicht mehr so stimulierend sind wie zu Anfang. Damit wird klar, dass wir erst dann ein realistisches Bild von der stattfindenden Beschleunigung unserer Gesellschaft gewinnen, wenn wir unseren Lebensstil mit dem Leben der Generation vor uns oder der Generation davor vergleichen.

Als Sean Connery 1983 in der Rolle des James Bond in dem Film *Sag niemals nie* auf die Leinwand zurückkehrte, standen ihm wie üblich die neuesten Hightech-Geräte zur Verfügung. Doch wenn man sich den Film heute ansieht, stellt man etwas Merkwürdiges fest: In einem überfüllten Casino mit verschiedenen Arten von Glücksspielen werden Menschen gezeigt, die Atari-Videospiele spielen, als ob es sich dabei um einen besonders exotischen Zeitvertreib handle. In einer Szene gerät Bond sogar selbst an eines dieser Spiele, er spielt um einen hohen Einsatz gegen seinen Widersacher. Was diese Szenen zumindest im Nachhinein deutlich machen, ist, wie schnell die »fortgeschrittenste« Technologie ein hoffnungslos alter Hut wird. Das Bewusstsein neutralisiert unseren jeweils erreichten technischen Fortschritt, indem es sich unseren Versuchen anpasst, es auf immer höhere Touren zu bringen.

Zwei andere ebenso einfache wie aufschlussreiche Beispiele sind die alten Wählscheiben-Telefone und die altmodischen getrennte Hähne für warmes und kaltes Wasser an unseren Waschbecken. Mit dem technologischen Fortschritt des Tastenwählens und der einarmigen Mischbatterie für Wasser wurden diese Apparaturen nicht nur vereinfacht, sondern zugleich beschleunigt. Sie leisten genau das, was sie immer schon getan haben, aber sie tun es schneller. Wie sehr unser Lebenstempo zugenommen hat, wird offenbar, wenn wir heute über eines dieser veralteten Geräte stolpern. Haben Sie je genervt und ungeduldig, mit dem Fuß klopfend, darauf gewartet, dass die Wählscheibe sich nach jeder einzeln gewählten Zahl zurückdreht? Haben Sie sich je die Hände an heißem Wasser verbrannt, weil es Ihnen zu umständlich vorkam, das Waschbecken mit heißem und kaltem Wasser zu füllen? Wenn das eine oder andere Ihnen oder jemandem in Ihrem Umkreis passiert ist, dann merken Sie zumindest im Rückblick, dass das Leben sich beschleunigt hat. Bedenken wir, dass diese Geräte für frühere Generationen keineswegs Anlass zu Frustrationen gaben. Der einzige Grund, warum diese alten, einst sehr nützlichen Technologien heute überholt erscheinen, ist der, dass sie hinter das Tempo unseres Lebensbewusstseins zurückgefallen sind. In der Tat waren genau diese Geräte des täglichen Gebrauchs vormals »das neueste Modell« und sie trugen auch schon zur Beschleunigung des Lebens in ihrer Zeit bei. Also ist nicht der Fortschritt der Technologie an sich für uns von Bedeutung, sondern eher seine Wirkung auf unsere Wahrnehmung und Aufmerksamkeit, auf unsere Wünsche und Frustrationen.

Die Hetze des westlichen Lebens, die als Folge dieser Wirkung eingetreten ist, hinterlässt bei Außenstehenden oft den Eindruck, als ob dringende Aufgaben, an denen das Wohl oder Wehe des jeweiligen Landes hängt, einer unverzüglichen Lösung harrten. Zwar lässt sich kaum bezweifeln, dass die heutige beschleunigte Gesellschaft in Beziehung zu einer eher pragmatischen Lebensausrichtung und zu den außerordentlichen technologischen Umwälzungen unserer Zeit steht, doch scheint das höhere Tempo des *American way of life* zugleich eine Reihe individueller Lebensthemen zu betreffen. Wenn wir die Rufe nach einer Wiederbelebung von Bürgerengagement oder konservative Rufe nach traditionellen Werten hören – beide Rufe ertönen oft genug –, hören wir eigentlich eine Besorgnis darüber heraus, dass unser Leben zu isoliert, zu hedonistisch und zu wenig zivilisiert ist. Indem wir uns weniger auf andere stützen und sich immer weniger auf uns stützen, kommen uns die offensichtlichen Tugenden der sozialen Gemeinschaft abhanden. Wenn etwas repariert werden muss, dann kennen wir niemanden, der es reparieren kann (oder will); wenn die Großmutter »nur« hundert Kilometer weit entfernt wohnt, kann sie nicht auf die Kinder aufpassen; wenn Halbwüchsige zu Hause nicht genug Privatsphäre für sich haben, ziehen sie aus.

Keines dieser Probleme lässt sich mit unserer vorgeblich technologischen Vernetzung lösen. Technik dient immer dazu, Erfahrungen zu vermitteln, sie tritt vermittelnd zwischen uns; so passt sie am besten dorthin, wo menschliche Beziehungen bereits unterbrochen sind. E-Mails und »chat rooms« sind dafür gute Beispiele, da sie zeigen, wie soziale Interaktionen, die technologisch vermittelt sind, eines großen Teils oder aller Emotionalität und Intimität entbehren, die wir als soziale Lebewesen letztendlich brauchen und ersehnen. Mittlerweile kennen wir alle das Ergebnis: Indem jeder für sich selbst sorgen muss, sind wir ein soziales Puzzle mit Millionen verschiedener Teile geworden, mit Einzelnen und Familien, die sich alle in verschiedenste Richtungen abstrampeln, um ihre isolierten Wünsche und Bedürfnisse zu befriedigen. Natürlich sind es die Kinder, die hierunter am meisten leiden, weil diese individualisierten Lebensbedingungen weder von ihnen noch für sie geschaffen sind.

Infolge der Hetze stehen unter dem Strich in unserem Leben denn auch Zahlen. Die Welt ist ein eindimensionaler Ort geworden, wo alles quantitativ und ökonomisch berechnet wird. Diese quantitative Weltsicht lässt sich zum Beispiel gut an der Debatte über Sterbehilfe verfolgen, wo wir uns mit der schwierigen Tatsache auseinander zu setzen haben, dass das Leben nicht nur nach quantitativen Gesichtspunkten (wie lange wir leben), sondern auch qualitativ (wie gut leben wir) zu beurteilen ist. Das Problem ist nun, dass sich das Erstere, die Quantität, so leicht formulieren lässt, während sich das Zweite, die Qualität, der Formulierung geradezu entzieht. Der numerische Grundzug kehrt auch in der vorherrschenden Ansicht zum Ausdruck, dass ein »Gewinnertyp« nur der ist, »der das Meiste hat« – unbedingtes Credo und Ethos des Kaufrausch-Materialismus. Die Anschaffung materieller Güter als Mittel, das Leben mit Sinn zu erfüllen, ist heutzutage eine zu einfache und zu verbreitete – *und reichlich erfolglose* – Lösung geworden. Eine Untersuchung aus dem Jahr 1997, die diese Liebe zu leblosen Objekten quantifizieren wollte, berichtete zum Beispiel, dass 57 Prozent der Frauen und 42 Prozent der Männer sagten, dass die Aussicht eines grenzenlosen Einkaufsbummels sie mehr errege als die Aussicht auf Sex.[13] Und indem sich der Gesichtspunkt der Quantität vor den der Qualität schiebt, erleben wir, dass das Gute und Solide immer mehr durch Kurzlebiges und Billiges ersetzt wird. Doch wird dies üblicherweise nicht bemerkt, weil die Möglichkeit zu mehr Konsum mit der Tatsache zusammenhängt, dass die Dinge sich schneller abnützen und eher weggeworfen als repariert werden. Leider schließt das oft sogar unsere persönlichen Beziehungen mit ein.

Da wir gern mehr A, B und C tun möchten, zur gleichen Zeit aber mehr X, Y und Z tun müssen, überrascht es nicht, dass unser Leben gehetzter verläuft als je zuvor. Mehr noch, indem unser Leben diese Form annimmt, wächst in jedem von uns das Bedürfnis, die beschleunigte Gesellschaft mit unserer eigenen bewussten Wahrnehmung von ihr in Einklang zu bringen. Am Ende *sind* wir und unsere Kinder nicht nur gehetzter; wir *fühlen* uns auch gehetzter. Dieses Gefühl sollte uns Warnung genug sein, dass wir eine Lebenshaltung und Lebensgewohnheiten angenommen haben, die mit Sicherheit nicht – weder uns noch unsere Kinder – ins anfangs erwähnte »gelobte Land« führen werden.

Bewusstsein unter Strom

Das Leben unter den Bedingungen der Schnellfeuer-Kultur bedeutet zunächst und vor allem ein Leben in ständiger Bewegung, ein Ende der Langsamkeit. In diesen Zeiten der Beschleunigung sind entweder wir selbst in Bewegung oder etwas in unserer Nähe. Innerhalb dieser eiligen Sphäre der Bewegung nehmen sowohl das Lebenstempo wie die Intensität der Umweltstimuli zu, und zwar vor allem durch die fortlaufenden Veränderungen, die in unserer Erfahrungsweise stattfinden. Sei es Elektrizität, Arbeitsteilung, industrielle Automatisierung, Telefon, Kino, Autos, Fernsehen, Flugzeuge, Computer, Faxgerät oder die virtuellen Welten des Cyberspace – die Härte des täglichen Lebens formt und verformt die zwischenmenschlichen Beziehungen, von den sozialen über die romantischen bis zu den Beziehungen von Eltern und Kindern. Gleichzeitig verändern die neuen Lebensformen radikal Zeit, Raum und das Gewebe des menschlichen Bewusstseins. Die Schnellfeuer-Kultur bringt ein Schnellfeuer-Bewusstsein hervor, eine das Selbst mit Unruhe erfüllende Zeitempfindung, die dann eine Flucht aus der *Langsamkeit* auslöst und uns auf diese Weise für immer in die Fänge der beschleunigten Gesellschaft treibt.

Der erste Schritt, diese Verbindung zwischen Bewusstsein und der beschleunigten Gesellschaft nachzuzeichnen, besteht in der Erkenntnis, dass wir in einer Kultur leben, die vollständig mit Reizen überflutet ist. Wir sind alle Teil der Welt und sie dreht sich immer schneller um uns. Haben Sie bemerkt, dass, wo immer Sie heutzutage hingehen und ob Sie es wollen oder nicht, ein Schwall von visuellen Reizen, von Klängen oder Gerüchen um Ihre Aufmerksamkeit streitet? Da ist das »Achtung Preissturz!« am Supermarkt. Da sind die immer größeren und grelleren Schilder und Reklametafeln an den Geschäftshäusern und Straßen, zudem fahren ganze Busse und Straßenbahnen als Werbeträger durch Stadt und Land. Da ist die plärrende Musik (und die Reklame auf dem Bildschirm!), wenn wir tanken. Da dröhnen die Bässe aus den zu grotesken Kleindiscos mutierten Autos vor den Ampeln, selbstverständlich bei heruntergekurbelten Fenstern. Da ist die keineswegs erbetene »Unterhaltung«, die wir am Telefon gratis hören dürfen, während wir verbunden werden, und da sind die ärgerlichen unvorhersehbaren Anrufe von irgendjemandem, der uns etwas verkaufen will. Da ist das ständige Betteln um unser Geld in der täglichen Werbepost. Da sind das Piepen und Pfeifen von Armbandweckuhren und Auto-Alarmanlagen und das Zwitschern der Handys. Und natürlich darf auch die endlose Beschallung mit »Musik« in Büroräumen, im Aufzug, im Restaurant und in den Kaufhäusern nicht fehlen. Überall, wo wir hinkommen, scheint uns jemand etwas vordudeln zu müssen.

Wenn ich im College, wo ich unterrichte, in meinem Büro sitze, dringt der dumpfe Lärm des Straßenverkehrs an mein Ohr. Ich kann den Verkehr von meinem Fenster aus nicht sehen und auch den Lärmbeitrag einzelner Autos nicht feststellen, dennoch arbeite ich mit einem konstanten Lärmpegel im Hintergrund. Der Lärm ist aber nicht ablenkend oder ärgerlich; es gibt triftigen Grund zu der Annahme, dass ein konstanter Geräuschpegel oder Geruch, in dem wir arbeiten, sogar Geräusche und Gerüche, die neu Hinzukommende unangenehm finden würden, für uns zur Gewohnheit werden, so dass wir schließlich sogar von ihnen abhängig werden können. Wir kennen alle die Gerüche, die Bauern ein Gefühl von Heimat und Sicherheit vermitteln. Doch wenn wir an frisch gedüngten Feldern vorbeifahren, denken wir: »Mein Gott, wie kann man es in diesem Gestank aushalten?« Ein noch extremeres Beispiel ist der ehemalige Soldat, der sich seltsamerweise nach der Intensität der Kampferfahrung zurücksehnt. Wie sich an Veteranen des Vietnamkriegs gezeigt hat, können wir nicht notwendigerweise erwarten, dass jemand sich einfach über Nacht von einem durch Gewalt und vielfältige Erlebnisse geprägten Leben auf ein ruhiges und stilles Leben umstellt, eine Entdeckung, die auch Implikationen für unseren Umgang mit der zunehmenden Sucht nach Sinnesreizen hat.

Erneut sehen wir, dass das Eindringen ungewollter Stimuli in unser Leben keineswegs als unangenehm empfunden werden muss, um gleichwohl einen wirklichen Einfluss auf den Rhythmus und die »Schlagkraft« unseres Bewusstseins auszuüben. Ebenso, wie wir nach einer raschen Karussellfahrt das Gefühl haben, dass sich die Welt um uns dreht, gibt es eine Neigung, unsere Sinnesreize in Erwartungen zu übersetzen, mit welcher Geschwindigkeit die Welt sich bewegen soll. Selbst wenn wir die ständige Geräuschkulisse aus Summen, Piepsen, Pfeifen etc. nicht als störend empfinden, werden wir ihr gegenüber wahrscheinlich eine psychische Toleranz entwickeln. Alles in allem genommen heißt das, dass unser Empfinden für ein »normales« sinnliches Erlebnis dasjenige, was von früheren Generationen als normal und akzeptabel empfunden wurde, bei weitem übersteigen kann und für die meisten von uns auch tut. Die negative Folge ist, dass ungewollte Stimuli, die ununterbrochen aus allen Richtungen auf uns eindringen, in uns ein unbewusstes Verlangen nach intensiverer Stimulation hervorrufen. *Wir gehen nicht nur schneller durchs Leben; unser Bedürfnis nach Geschwindigkeit erhöht sich dabei sogar.*

Diese Idee der Toleranz gewinnt an Bedeutung, wenn wir eine zweite und noch mächtigere Quelle der Stimulation in unserem Leben betrachten; der ständig anwachsende Ozean jener Stimuli, den sowohl Erwachsene wie Kinder freiwillig gegen ihr Bewusstsein anbranden lassen. Wenn wir kurz zu meinem Büro zurückkehren, können wir im Hintergrund ein Verkehrsgemurmel hören, das es, sagen wir, vor zwanzig Jahren noch nicht gab. Im Vordergrund hingegen, in den engen vier Wänden meines Büros, gibt es eine vollkommen andere Dimension von Summ- und Pfeiftönen, die ich selbst an- und abstellen kann. Selbst wenn ich ein »Bitte nicht stören«-Schild vor die Tür hänge, meine Tür schließe und ein gutes Buch aufschlage, bleiben noch verschiedene Reizquellen, die jederzeit aktiv werden können, um meine ohnehin verkürzte Aufmerksamkeitsspanne zu übertölpeln oder kurzzuschließen. Von einer einzigen Position in meinem kleinen Büro aus, selbst wenn ich all die wundervollen Formen der Stimulation, die ohne Strom funktionieren, ausschließe (wie den Blick aus dem Fenster zu genießen), kann ich immer noch auf verschiedenen Druckern drucken, auf zwei Computern schreiben, E-Mails empfangen und in die ganze Welt versenden, den Anrufbeantworter abhören, telefonieren, einen Anruf entgegennehmen, per Mausklick die Bibliothek oder unzählige andere Datenbanken besuchen, im Web surfen oder mit jemandem plaudern, meine Ministereoanlage anstellen oder all dies beliebig kombinieren. So scheint es trotz meines ernsten Vorhabens, in einer eher isolierten Umgebung zu arbeiten, manchmal so, als ob ich eine Art Hotelschaltzentrale bediene, an der Dutzende von Leuten angeschlossen sind, die alle meinen Namen tragen.

Wenn wir uns unsere von Stimuli gesättigte Umgebung betrachten, all die Reize, die wir brauchen, um uns im Moment lebendig zu fühlen, müssen wir uns fragen, was das Ganze auf lange Sicht in uns bewirkt. Wenn wir uns immer mehr an starke Reizquellen anschließen und immer längere Zeiten mit ihnen verbringen, wie groß sind dann die Chancen, dass zumindest manche von uns ruhelose und impulsive Persönlichkeitsmerkmale ausbilden? Für Kinder ist dies ein noch größeres Problem, weil sie mehr Angebote an Stimuli haben, noch keinen so ausgeprägten Gefallen an langsamen Tätigkeiten (wie Schachspielen oder Lesen) und weniger Selbstkontrolle entwickelt haben, um mit den Angeboten so umzugehen, dass daraus ein harmonisches inneres Erleben wird. Ist es nicht vielmehr möglich, dass wir und unsere Kinder mit der Zeit unseren Gefühlen der Langeweile, statt ihnen zu widerstehen, eher nachgeben, indem wir unsere Aufmerksamkeit ständig auf neue Dinge richten, die wenigstens für den Augenblick schnellere Stimulierung versprechen? Und ist es nicht ebenso möglich, dass diese sprunghafte Wechselstrategie es allmählich immer schwieriger macht, an Ruhe und Gemächlichkeit Gefallen zu finden?

Natürlich hat nicht jeder eine solche Schaltzentrale zur Ver-

fügung wie ich. Aber das ist auch gar nicht nötig. Von der chemischen Flutwelle des Fast Foods bis zur bizarren Pseudorealität
des Telefonsexes scheut unsere Gesellschaft keine Mühe, eine
Unmenge von Stimulationen bereitzustellen – vierundzwanzig
Stunden lang an sieben Tagen der Woche. Wenn man das Frei-
zeitverhalten analysiert, hat es den Anschein, als ob die am we-
nigsten kostspielige Stimulationsquelle mehr Raum einnimmt
als alle anderen zusammen, insbesondere bei Kindern: das Fernsehen.

Selbst wenn wir einmal das gewaltige inhaltliche Problem, das
es bei den Fernsehprogrammen gibt, außer Betracht lassen, besteht kein Zweifel daran, dass das Fernsehen sich bruchlos in
den hochgespannten, impulsiven Lebensstil einfügt. Wie oft
schalten Sie den Apparat an, »nur um zu sehen, was läuft«, und
finden es dann schwierig, ihn wieder auszustellen? Ich habe dieses Bekenntnis Dutzende Male von Freunden und Studenten gehört und es ebenso in Untersuchungen über Fernsehabhängig-
keit bestätigt gefunden.[14] Dass so viele Menschen gedankenlos
in die Fernsehwelt abdriften oder sich nicht mehr davon lösen
können, wenn sie erst einmal läuft, zeigt uns, wie leicht es ist,
die Selbstkontrolle zu verlieren und den zahllosen Stimulations-
angeboten nachzugeben, die mit keinerlei Mühe verbunden
sind. Die Kinder zahlen einen besonders hohen Preis dafür, weil
wir wissen, dass sie kaum andere Formen der Selbstbeschäfti-
gung entwickeln – andere Gewohnheiten, andere Fertigkeiten –,
solange der Fernseher über ihnen thront.

Wie auf jener Karikatur von dem Mann, der vor seinem Fernseher sitzt und zu sich selbst sagt: »Dass Leute sich so etwas ansehen«, zeigt uns die Popularität des Fernsehens, dass die Stimuli in unserer Umwelt keineswegs weltbewegend sein müssen, um
unser Bewusstsein in Bann zu ziehen. Selbst die meisten Kinder,
bei denen ADS diagnostiziert wurde, können die von ihnen
selbst gewählten Fernsehprogramme mühelos verfolgen. Wie
Soapoperas und repetitive Computerspiele immer wieder beweisen, ist ein stetiger Strom passiver Stimulation genauso wir-

kungsmächtig wie eine überwältigende Explosion von Farben und Klängen. Ihnen allen ist gemeinsam, unser Bedürfnis nach konstantem sinnlichem Konsum zu erhöhen. Tatsächlich zeigt die Geschichte des Fernsehens selbst, wie sehr die visuelle Technologie unsere bewussten Wahrnehmungen verändert.

Bald nachdem die ersten Fernsehapparate auf den Markt kamen, wurde das Zuschauen ein eindrucksvolles, manchmal sogar überwältigendes Erlebnis, das rasch das Radio in den Schatten stellte. Nun, viele Jahre später, sind wir an große Farbbildschirme mit höherer Bildauflösung gewöhnt, an Fernbedienung, Satelliten- und Kabelprogramme. Wir stehen kurz vor einem weiteren Sprung in der Fernsehtechnologie: dem Digital-Fernsehen (DF). Leider zeigt uns unsere eigene kurze Geschichte mit dem Fernsehen, dass das DF die Einstellung der Menschen zum Farbfernsehen wahrscheinlich ähnlich beeinflussen wird, wie das Farbfernsehen ihre Einstellung zum Schwarz-Weiß-Fernsehen verändert hat. Doch haben wir mit unseren überlebensgroßen Fernsehbildern so viel mehr Freude als die früheren Zuschauer, die mit kleinformatigen Schwarz-Weiß-Programmen aufwuchsen? Wann haben wir zum letzten Mal jemanden sagen hören: »Ist dieses Farbbild nicht phantastisch?«, oder: »Diese Fernbedienung ist doch das Praktischste, was man je gesehen hat?« Wie wir wissen, aber nicht wahrhaben wollen, lässt alle Faszination nach; und so tauschen wir denn unsere alten Apparate gegen neue aus. Es stimmt, es hat erstaunliche Verbesserungen in der Fernsehtechnik gegeben, von der Bildqualität bis zur Programmvielfalt, vom Video bis zur Fernbedienung. Doch haben diese technologischen Neuerungen wirklich unsere Lebensqualität erhöht? Die meisten von uns nehmen sie einfach als selbstverständlich hin und wollen mehr.

Die fortgesetzte Toleranz unseres Bewusstseins gegenüber dem jeweils letzten Schrei in der Technologie heißt auch, dass wir mitten in einem verschärften Wettkampf um die Gunst unserer Aufmerksamkeit gefangen sind. Dies wiederum bedeutet, dass mehr und mehr starke Reize auf unsere Sinne abgefeuert werden, die schließlich zu größeren Reizbedürfnissen und einer größeren Wahrscheinlichkeit des sozialen Rückzugs führen. Man vergleiche nur die Fernsehwerbung der Sechziger- oder sogar der Siebzigerjahre mit der in den Neunzigerjahren (sogar ein Vergleich der frühesten mit den neuesten Musikclips bei MTV ist überaus aufschlussreich). Während die Erstere die Generation X zu Lachausbrüchen animiert, löst die Letztere mit ihrer schnellen und unablässigen Abfolge hochkomplexer Klänge und Bilder bei älteren Generationen bestenfalls Kopfschmerzen aus. Ein anderes Beispiel ist der Sport. Um den wachsenden Bedürfnissen der Sportzuschauer entgegenzukommen, hat es in den letzten Jahren eine Reihe von Maßnahmen gegeben, die das Geschehen im Sport noch einmal beschleunigen, zum Beispiel kürzere Auszeiten, die Benutzung stärkerer Schläger im Profitennis, an der Außenlinie bereitgehaltene Bälle im Fußball. Diese Beispiele zeigen, dass wir nicht verstehen können, warum unsere Gesellschaft Langsamkeit aus ihrem Lebenskontext verbannt hat – worunter wir infolgedessen stark zu leiden haben –, bevor wir nicht erkennen, dass es nicht einfach nur der hektische Lebensrhythmus ist, der unsere Lebenspraxis von anderen unterscheidet. Die Beschleunigung der Kultur bedeutet, dass wir jeden Tag mehr stimulierende Ereignisse verabreicht bekommen, wobei zugleich die Eigenschaften dieser Ereignisse einer dramatischen Wandlung unterliegen. Daher müssen wir uns – wenn wir den Wesenskern und die Wirkung der Schnellfeuer-Kultur begreifen wollen – die Intensität der hochenergetischen Reizwelten anschauen, die wir alle, unsere Freunde, unsere Kinder und unsere Mitbürger von Geburt an bewohnen.

Warum aber ziehen wir ständig die Schraube dieser Reize an? Ein offensichtlicher Grund ist der, dass intensivere Stimuli unsere kurze Aufmerksamkeitsspanne erfolgreicher für sich gewinnen können; sie können uns sogar daran hindern, schwere Fehler zu begehen. Letztendlich liegt die Verführung durch Geschwindigkeit jedoch darin begründet, dass nur der letzte Schrei an Beschleunigung, wenn wir erst die Erwartung an ein

Leben voll ständiger Neuheiten und Veränderungen entwickelt haben, für uns immer einen unwiderstehlichen Reiz hat. Das heißt, wir können der Konsequenz nicht mehr entfliehen, wenn wir uns auf diese inflationäre Logik eingelassen haben: Die Stimuli oder Reize müssen ständig intensiviert werden, wenn wir die erwünschte kurzfristige Befriedigung erleben wollen, die von einer Reizverstärkung ausgehen kann. Die Geschichte des Autos belegt diese inflationäre Praxis. Viele Veränderungen, die wir als bloße ästhetische oder technische Neuerungen betrachten, spiegeln zugleich Veränderungen in der Intensität der Stimulierung. Vielleicht ist das beste Beispiel die Entwicklung der Rücklichter von den winzigen Lämpchen, die wir an großräumigen Wagen aus den Fünfziger- und Sechzigerjahren kennen, zu den riesigen Lampen, die wir an vielen der heutigen Kleinwagen finden. Die Tatsache, dass es immer schon Rücklichter gegeben hat, zeigt uns, dass die Designer von ihrer Wichtigkeit wussten. Doch warum wurden sie dann größer und heller? Es hat nicht nur mit Geschwindigkeit zu tun, da zumindest in den USA, wo es die gleiche Entwicklung gibt, die älteren Autos in einem ähnlichen Tempo wie die Autos heute fuhren. Die Antwort scheint eher darin zu liegen, dass die Wirkung der alten Rücklichter nicht mehr so stark ist wie früher. Ähnliches gilt für die Bremslichter, die uns vom Heckfenster der Autos vor uns anblenden. Erneut stellt sich die Frage, warum wir immer mehr Licht hinzufügen müssen, um die gleiche Wirkung zu erzielen. Ein drittes Beispiel ist das Armaturenbrett und die Innenbeleuchtung. Jeder, der ein Auto neueren Baujahrs fährt, weiß, dass sich nicht nur die Instrumentenanzeigen von heute drastisch vergrößert haben, sondern dass sich auch ihre Intensität um mehrere Grade verstärkt hat. Ursprünglich erhöhten diese Veränderungen wahrscheinlich die Fahrsicherheit. Doch die eigentliche Frage bleibt, ob diese so genannten Verbesserungen dauerhafter Natur sind oder schlicht einen Wahrnehmungsmodus schaffen, der jetzt nur noch durch intensivste Stimuli angesprochen werden kann.

Und ewig lockt die Geschwindigkeit

Die Arbeitsgeschwindigkeit der Computer hat in den letzten beiden Jahrzehnten auf atemberaubende Weise zugenommen. Unsere Gewöhnung an diese neue Geschwindigkeit war nicht minder atemberaubend; daher wollen wir immer schnellere Maschinen. Um die tatsächliche Zunahme der Geschwindigkeit zu ermessen, übersetze man sie einmal vergleichsweise auf eine fiktive Entwicklung der Autoindustrie.[15] Die Geschichte beginnt 1981 mit dem Intel-8086-Computer, der eine Durchschnittsgeschwindigkeit von 4.77 MHz und einen Durchschnittspreis von 5.000 $ hatte; 1985 bekamen wir den Intel 80286 mit 10 MHz für ebenfalls 5.000 $; 1992 folgte der Intel 80486 mit 66 MHz für 4.000 $; 1996 kam der Pentium mit 100 MHz für 3.000 $; und 1998 der Pentium II mit 300 MHz wiederum für 3.000 $. Wenn nun die gleichen Veränderungen bei einem fiktiven Auto stattgefunden hätten, das 1981 14.000 $ gekostet hat, dessen Verbrauch bei 17 Litern und dessen Höchstgeschwindigkeit bei 100 Stundenkilometern lag, erhalten wir folgendes Ergebnis:

- Das Baujahr 1985 würde 1.000 Stundenkilometer fahren, 1,7 Liter verbrauchen und 14.000 $ kosten.
- Das Baujahr 1992 würde 15.000 Stundenkilometer fahren, 0,55 Liter verbrauchen und 11.200 $ kosten.
- Das Baujahr 1996 würde über 100.000 Stundenkilometer fahren, 0,05 Liter verbrauchen und 8.400 $ kosten.
- Das Baujahr 1998 würde über 500.000 Stundenkilometer fahren und ebenfalls 8.400 $ kosten.

Mit anderen Worten, wenn wir heute unsere Autos mit der gleichen Geschwindigkeit fahren würden wie unsere Computer, könnten wir unseren Tank für 75.000 Kilometer füllen und mit 500.000 km/h durch die Gegend fahren. Und nun stellen Sie sich vor, wie beeindruckt wir wären, wenn wir jedes Mal, wenn unsere kleinen Supercomputer aufgerüstet werden, den gleichen dramatischen Unterschied zwischen ihrer ungeheuren Geschwindigkeit und den lahmen Apparaten von vor fünfzehn Jahren erlebten. Was wirklich geschieht, mag enttäuschend sein, ist aber zugleich entlarvend: Jedes Mal, wenn wir der Lockung der Geschwindigkeit erliegen und einen schnelleren Computer kaufen (oder irgendein anderes Stück »Zeit sparender« Technologie), genießen wir den unmittelbaren Vorteil, Dinge schneller zu erledigen. Aber dies bleibt erfahrungsgemäß nur ein kurzes Flitterwochenerlebnis. Es ist wie mit der körperlichen Toleranz für Drogen: Nachdem sich die letzte Geschwindigkeit als neuer Standard unserer normativen Erfahrung (und Erwartung) durchgesetzt hat, verlieren wir den Spaß an diesem Tempo und bleiben stattdessen nur mit gesteigerten Erwartungen zurück, die uns nach noch mehr Schnelligkeit verlangen lassen. Das heißt, dass diejenigen, die sich bemühen, immer die schnellsten, neuesten Maschinen zu kaufen und zu benutzen, ebenso in den Zwang geraten, ein fast blitzartiges Arbeitsergebnis zu erwarten und zu fordern. Infolgedessen müssen, im Unterschied zu Computerbenutzern vor zehn Jahren, heutige Computerbenutzer nur ein paar Sekunden unbeschäftigt oder im Stich gelassen sein, um in sich ein wachsendes Gefühl der Unruhe zu verspüren. Wenn wir die Computertechnologie durch die Videospieltechnologie ersetzen, trifft diese Erkenntnis genauso auf Kinder zu. Sie passen sich in ihrer Erwartungshaltung ebenfalls den immer höher entwickelten Maschinen an.

Dies führt uns zum dritten und letzten Punkt bezüglich der Schnellfeuer- oder Beschleunigungskultur. Angesichts so vieler Quellen mühelos zu erreichender Stimulation und angesichts von deren steter Intensivierung müssen wir uns nicht nur fragen, womit wir unsere Zeit verbringen, sondern auch, womit

wir sie nicht mehr verbringen. Obwohl es eine reiche Vielfalt außerhalb der verkabelten Welt gibt – vom Arbeiten auf dem Bau-
ernhof über das Bauen eines Tisches bis zum Lesen eines Buchs
–, droht die nichtelektronisch vermittelte Erfahrung den Sinnen
abhanden zu kommen, wenn wir uns der Schnellfeuer-Kultur
überlassen. Das Sich-ein-und-wieder-Ausklinken in hochintensive Umwelten findet in vielen Kulturen weltweit statt, vom
schnellen urbanen Leben in Japan bis hin zur Autobahn in
Deutschland. Was diese beschleunigten Phasen im Lot hält, sind
die dazwischenliegenden *Oasen der Langsamkeit.* Franzosen und
Italiener fahren vielleicht aggressiv Auto (mit aufgedrehten Ste-
reoanlagen und trillernden Handys), aber sie verbringen auch
ein bis zwei Stunden jeden Abend entspannt beim Essen. Wir in
den USA hingegen haben als Erste die Kontrolle und Balance
verloren, die Auszeiten bieten.

Um den Verlust der Auszeit zu ermessen, möchte ich Sie bitten, das Lesen kurz zu unterbrechen und einmal alle Aktivitäten,
die Sie und Ihre Kinder in einer normalen Woche hinter sich
bringen, Revue passieren zu lassen; dann prüfen Sie die Zahl der
Aktivitäten, die man als relativ intensiv ansehen könnte (Fernsehen, Video schauen, Fast Food einwerfen, von einer zur anderen
Aktivität springen), diejenigen, die man als aktiv, aber relativ
wenig intensiv ansehen könnte (Gartenarbeit, ein Buch lesen,
mit Nachbarn reden, meditieren), und diejenigen, die im obigen
Sinne ebenfalls wenig intensiv sein sollten, es aber sehr wohl
sind, weil sie in Eile vollzogen werden (Interaktion mit Ihren
Kindern und vice versa, Kochen und Essen, Hausarbeit oder
Schulaufgaben). Wenn wir als Kinder oder Erwachsene von
morgens bis abends auf dem Sprung sind, haben wir wenig Gelegenheit, die Luft herauszunehmen und uns (und unser Bewusstsein) zurück in einen angenehmen und langsamen Rhythmus zu versetzen.

Jeden Tag sind wir das Ziel einer Flut von unerbetenen Reizen
und fügen selbst einen steten und immer breiteren Strom von

Aktivitäten in unser Alltagsleben ein. In der gleichen Zeit geben wir dann schrittweise die langsamen Aktivitäten auf, bei denen wir »abschalten« könnten. Das Gleiche gilt für Kinder. Auch sie werden unfreiwillig mit einer Flut von Reizen bombardiert, sie sind in den hektischen Rhythmus des Lebensalltags eingespannt, und nie kommen sie genug zur Ruhe, um auch das Leben in Langsamkeit zu lernen, das ihnen ein Abschalten erlauben könnte. Das Bewusstsein steht also in dreierlei Hinsicht unter dem Beschuss der Schnellfeuer-Kultur, was eine Reihe von wichtigen psychologischen und sozialen Implikationen mit sich bringt. Kurz gesagt liegt das Problem des Lebens in der beschleunigten Gesellschaft darin, dass es nahezu unmöglich ist, die erhöhten Reizbedürfnisse, die von einer chronischen Teilnahme an einer hochintensiven Lebensweise herrühren, ständig – das heißt Minute für Minute – zu befriedigen.

Alle wissen, dass jede Generation sich ein wenig schneller bewegt als die vorhergegangene, doch das Tempo des Wandels im letzten Jahrhundert, mitsamt seinen vollkommen neuen Erfahrungsmöglichkeiten, hat uns ungekannte Dimensionen der elektronischen Wirklichkeit und Reizdramatik eröffnet. Genau genommen haben die Heraufkunft der Informationsgesellschaft und die Allgegenwart von Computern zu Hause und am Arbeitsplatz uns multiple Identitäten beschert. Auf der einen Seite gibt es das *technologische Selbst*, in dem die Schnittstelle zur Technologie unser Bewusstsein mit dem Rhythmus des Mikrochips synchronisiert und uns zunehmend realistisch anmutende virtuelle Welten zur Verfügung stellt, in denen wir leben und träumen können; Implantationen von Mikrochips ins Hirn (die jetzt in Tierversuchen durchgeführt werden) sind vielleicht der nächste Schritt in unserer Ankoppelung an die Maschine. Auf der anderen Seite gibt es das *soziale Selbst*, das sich in menschlichen Beziehungen bewegt, die vergleichsweise langsamer und nach althergebrachten Regeln der Verbindlichkeit und Verantwortung funktionieren. Solange die erstere Identität, das technologische Selbst, nicht die zweite Identität, das soziale Selbst, ersetzt – wenn wir dann nur noch unter virtuellen, von uns entworfenen Wesen leben –, wird sich das geteilte Selbst, so hat es den Anschein, fortwährend in einem tiefen Konflikt befinden. Mit anderen Worten, wir werden weiterhin darunter leiden, dass wir das Beste aus zwei entgegengesetzten Welten wollen: eine technologische, materiell geprägte Welt voller Erregung und Abenteuer und eine soziale Welt voller Sicherheit und Ruhe.

Sucht nach Sinnesreizen: Kulturelle Probleme schlagen in psychologische Probleme um

Die Sucht nach Sinnesreizen, ob von Kindern oder Erwachsenen, bedeutet eine Störung des bewussten Erlebens, bei der die betroffene Person unfähig ist, mit *Langsamkeit* umzugehen. Indem die Schnellfeuer-Kultur ein Schnellfeuer-Bewusstsein prägt – und bei Kindern die Unfähigkeit, ihr eigenes Verhalten zu kontrollieren –, entwickeln sich Reizabhängigkeiten, die unser Verhalten animieren, nach mehr Stimuli zu suchen. Im Zentrum dieses Entwicklungsproblems befindet sich die phänomenologische Erfahrung der Unbehaustheit, die durch Gefühle innerer Ruhelosigkeit, Angst und Impulsivität charakterisiert ist. Hyperaktivität und die Unfähigkeit, sich auf nüchtern-sachliche Aktivitäten einzulassen, stellen die Art von Fluchtverhalten dar, die »reizsüchtige« Kinder oder Erwachsene zeigen, um ihren benötigten Stimulationsstrom aufrechtzuerhalten. Das ist zum Beispiel der Grund dafür, warum das »ADS«-Kind, wenn der Unterricht spannend ist, plötzlich nicht mehr auffällt.[16] Natürlich ist es keine »Lösung«, nun Lehrer und Klassenräume aufzubieten, die mehr Spannung, Stimulation oder Unterhaltung versprechen, weil dies auf lange Sicht nur die Reizabhängigkeit der Kinder perpetuieren würde.

Unsere Unfähigkeit zur Verlangsamung hat folglich die destruktive Wirkung, dass sie uns daran hindert, uns auf wichtige, aber nichtstimulierende Aktivitäten einzulassen, wie z.B. konzentriert dem Unterricht zu folgen, Bücher zu lesen oder an einer Ampel, die auf Rot schaltet, stehen zu bleiben. Um vielmehr unsere Sucht nach Sinnesreizen zu befriedigen, greifen wir zu Mitteln, die sicherstellen, dass der nötige Stimulationsfluss ungehemmt fließen kann, eine Lösung, die zum Konsum so wirkungsvoller Medikamente wie Ritalin geführt hat. Der Erfolg von Ritalin liegt also in der Tatsache begründet, dass es einen starken Stimulationshintergrund liefert, der das Individuum von dem Zwang zu reizsuchenden Verhaltensweisen befreit, wie sie die ADS-Diagnose definieren. Betrachten wir den Fall von Eddie:

> Eddie, neun Jahre alt, wurde aufgrund der Probleme, die er während des Schulunterrichts verursachte, zum Kindertherapeuten überwiesen … Seine Lehrerin klagt, er sei so unruhig, dass der Rest der Klasse sich nicht mehr konzentrieren könne. Er bleibt so gut wie nie an seinem Platz, er wandert im Klassenzimmer umher und spricht andere Kinder an, während sie arbeiten. Er scheint nie zu wissen, was er als Nächstes tut, und manchmal passiert aus heiterem Himmel etwas ziemlich Erschreckendes. Das letzte Mal wurde er vom Unterricht ausgeschlossen, weil er oben an der Leuchtstofflampe über der Tafel hing. Er war zwischen zwei Unterrichtsstunden hinaufgeklettert, und da er nicht wusste, wie er wieder herunterkommen sollte, gab es einen Tumult … Wenn er Ritalin einnahm, war er in der Schule viel leichter zu handhaben, da er weniger unruhig und vielleicht sogar aufmerksamer war. Andere Aspekte seines Verhaltens blieben jedoch unbefriedigend.[17]

Zwar hatten Stimulanzien in Eddies Fall nur teilweise Erfolg, weil sie wenig Einfluss auf sein Trotz- und Fehlverhalten nehmen können, doch es lässt sich unschwer erkennen, wie Ritalin »beruhigende« Wirkungen entfaltet, indem es den Jungen mit einer relativ intensiven, verhaltensunabhängigen Stimulationsquelle versorgt. Solange Eddie Ritalin einnimmt, braucht er seinen Platz nicht zu verlassen, um die nötige Stimulation zu erhalten.[18] In diesem Sinn hat Ritalin eine ähnlich prothetische Funktion wie das Medikament Methadon: Es hebt die Abhängigkeit nicht auf, sondern ersetzt sie durch eine weniger destruktive Version. Am Ende hat die Reizabhängigkeit den gleichen charakteristischen Effekt wie jede andere Sucht, nämlich uns von Aktivitäten abzuhalten, die uns von ihr abziehen, während wir gleichzeitig animiert werden, mehr von dem zu konsumieren, was uns bereits abhängig gemacht hat.

Einer der Gründe, warum uns die Möglichkeit einer Sucht nach Sinnesreizen so wenig plausibel erscheint, hat mit der verbreiteten, aber falschen Ansicht zu tun, das menschliche Bewusstsein habe einen eigenen Rhythmus und eine festgelegte Struktur, die von Angriffen durch Stimuli nicht tangiert werden könnten. In Wahrheit ist das Bewusstsein *adaptiv*, und das heißt, dass das jeweilige Erleben von Raum und Zeit *relativ* zu den Erfahrungen stattfindet. Diese Verwirrung bezüglich der dynamischen Struktur unseres Bewusstseins macht erklärlich, warum Menschen kaum je in Betracht ziehen, dass die Tatsache, in einer Beschleunigungskultur zu leben, sie nicht tatsächlich radikal verändern kann, und zwar sowohl innerlich – physiologisch – wie äußerlich – in ihrem Verhalten. Ich glaube, dass ich meine erste Lektion über die »unabhängige Struktur« des menschlichen Bewusstseins als Teenager in der Fahrschule erhielt. Wir zukünftigen Ritter der Landstraßen wurden über den gefährlichen Übergang von der Schnellstraße in eine geschlossene Ortschaft aufgeklärt. (Es war immerhin in Montana mit seiner Weite und seinen relativ liberalen Geschwindigkeitsbegrenzungen.) »Sie müssen sich klar machen«, sagte der Fahrlehrer, »dass Sie in dem Moment, wenn Sie zurück in den Orts- oder Stadtverkehr kommen, mit aller Wahrscheinlichkeit Ihre Geschwindigkeit unterschätzen und zu schnell fahren.« Für mich als angehenden Psychologen lag die Schlussfolgerung auf der Hand: Das Bewusstsein passt sich fast unmittelbar den höheren Geschwindigkeiten an, so dass wir uns bald unbewusst mit ihnen in Einklang fühlen und in eine beschleunigte Zukunft übergehen.

Ein zweiter Grund, warum wir nicht erkennen, wie Reizabhängigkeiten entstehen, hat mit der falschen Annahme zu tun, dass Geschwindigkeit, Erregungszustände und Konsum der sicherste, vielleicht sogar der einzige Weg zu mehr persönlichem Glücksempfinden seien. Diese Denkungsart führt zu dem Glauben, dass ein schnellerer, intensiverer Lebensstil sich notwendig in größerem Glück niederschlagen müsse, oder umgekehrt, dass ein Leben in Langsamkeit bedeute, dass wir etwas in unserem Leben verpassen, dass wir nicht »aus dem Vollen« leben. Selbst diejenigen, die behaupten, das materielle Glücksstreben abzulehnen, neigen durchaus noch einer Lebensweise zu, die auf das Gegenteil schließen lässt. Tatsächlich enthüllt dieser Widerspruch zwischen unseren Handlungen, Gewohnheiten und Haltungen einerseits und unseren Gedanken und Wertvorstellungen andererseits den starken Einfluss, den die beschleunigte Gesellschaft auf uns und unser Alltagsleben ausübt.

Wenn also das menschliche Bewusstsein eine natürliche Fähigkeit besitzt, sich intensiven Stimuluserfahrungen anzupassen, wird verständlich, warum die These, dass unsere hochgespannte, Pillen schluckende Gesellschaft süchtig nach Erregungszuständen ist, zunächst seltsam erscheint. Wie jeder nachdenkliche Drogensüchtige uns ohne weiteres gestehen wird, hält das Leben auf der Überholspur nur selten, was es verspricht. Wenn jeder von uns ein stark angepasstes Bewusstsein hat, das mit dem uns umgebenden hohen Stimulationsniveau übereinstimmt, sollte es uns nicht überraschen, dass es nahezu unmöglich ist – sowohl physisch wie psychisch –, ein kontinuierliches Gefühl der Erregung aufrechtzuerhalten. Wie Diane Ackerman uns in *A Natural History of the Senses* (Naturgeschichte der Sinne) (1990) erklärt, ist die Stimulationstoleranz als ein grundlegender Prozess unserer menschlichen Natur seit langem unstrittig: »Unsere Sinne verlangen nach Neuem. Jede Veränderung versetzt sie in Alarmbereitschaft und sie senden ein Signal ans Hirn. Wenn es keine Veränderung gibt, schlummern sie und registrieren wenig oder nichts. Die süßeste Lust verliert ihren Reiz, wenn sie zu lange anhält. Ein konstanter Zustand – selbst der Erregung – wird mit der Zeit ermüdend und tritt in den Hintergrund, weil unsere Sinne darauf ausgerichtet sind, (nur) Veränderungen weiterzugeben …«[19]

Um die tatsächliche Gefahr in dem Teufelskreis der Beschleunigung zu erkennen, müssen wir uns aber klar machen, dass das erhöhte Verlangen nach Geschwindigkeit in unserem Bewusstsein sich auf andere Lebensbereiche überträgt und sie affiziert. Wie viele Autofahrer, die Tag für Tag im Stau stehen, nie lernen, sich zu entspannen, hindert uns unsere allgegenwärtige Ausrichtung auf Geschwindigkeit daran, uns auf die langsamen Zeitausschnitte einzulassen, die es noch gibt und wohl immer geben wird. Wir müssen schließlich erkennen, dass vieles von dem, was wir tun, nicht beschleunigt wird und auch nicht beschleunigt werden kann. Im Stau stecken, auf den Fahrstuhl warten, ein Buch lesen (vergessen Sie Schnellleseprogramme), Ihrem Kind Zeichnen beibringen und eine dauerhafte, intime Beziehung aufbauen sind alles Situationen und Prozesse, für die wir keine elektronischen Hilfsmittel brauchen können. In der Tat werden zu viele wichtige Aktivitäten durch die Hast und Ungeduld, die unseren erhöhten Geschwindigkeitserwartungen gegenüber der Welt entspringen, aus unserem Lebenskontext verdrängt. Hinzu kommt eine der Ironien der beschleunigten Gesellschaft: So wie die Gesellschaft schneller wird, wollen wir die Dinge immer schneller erledigt haben, und zugleich mangelt es uns zunehmend an der Fertigkeit (und der Zeit), irgendetwas selber zu tun. Sei es der Ölwechsel beim Auto, die Reparatur der Geschirrspülmaschine, das Flicken einer zerrissenen Tasche, die Genesung von einer Krankheit oder das Lösen ehelicher Probleme, wir sind in zunehmendem Maße auf die Hilfsdienste anderer angewiesen, auf die wir immer länger warten müssen.

Wie sich also zeigt, bleibt von der Schnellfeuer-Kultur am Ende statt der großen Intensiv- und Abenteuerreise oder wenigstens einer gemäßigten Vergnügungstour nur ein unstillbares frustriertes Verlangen nach ständiger Stimulierung. Dies ist der Grund, warum Sie die Behauptung, wir seien Gefangene der Beschleunigung und des Erregungswahns, aus Ihrer Erfahrung vielleicht nicht bestätigen können: Die Anpassung an die Geschwindigkeit neutralisiert schnell den Effekt, der ursprünglich von der Beschleunigung ausgeht. Fragen Sie sich selbst: Fürchten Sie eine Stunde des Nichtstuns? Wenn der Düsenstrahl der Stimulation nachlässt, wie es unvermeidlich der Fall ist, spüren Sie in sich dann Unbehagen, Unruhe oder Furcht? Können Sie still sitzen, und wenn ja, können Sie es mit Wohlgefühl und regelmäßig? Wenn Sie zum Beispiel Ihre Zähne putzen, stehen Sie dann einfach nur da, oder gehen Sie derweil mit großen Schritten herum? Wenn Sie ein Buch lesen oder einem langsamen oder langweiligen Redner zuhören, spüren Sie dann den Impuls, aufzustehen und etwas anderes zu tun? Wenn Ihr Körper schon ruhig ist, aber Ihr Bewusstsein noch arbeitet, brauchen Sie dann ein Schlafmittel, um in den Schlaf zu finden? Wie diese Fragen andeuten, ist das Risiko beim Anschluss an hochintensive Welten, dass sie einen nicht mehr so leicht loslassen.

Wenn wir erkennen, dass es die Sucht nach Sinnesreizen tatsächlich gibt, können wir sehen, wie wir – nicht anders als Eddie in obigem Beispiel – unbewusst dazu getrieben werden, jede Situation zu vermeiden oder zu fliehen, die zu solch beunruhigenden Empfindungen führt, indem wir vermehrt Aktivitäten nachgehen, die uns ein befriedigendes Stimulationsniveau ermöglichen. (Dies erklärt auch, warum wir, wenn wir aus geruhsamen Ferien in langsamen Kulturen wie Mexiko heimkehren, unvermittelt den Eindruck haben, dass die amerikanische oder westliche Kultur durchgedreht ist.) Das Fluchtverhalten von Eltern und Kindern gleichermaßen besteht heutzutage in Aktivitäten wie Fernsehen, Computerspiele-Spielen, Abenteuer-im-Cyberspace-erleben oder Telefonieren, aber es gehören auch subtilere Quellen der Selbststimulation dazu wie Zappeln, Naschen, chronischer Kaffeekonsum, Rauchen oder einfach ein Lebensstil, in dem immerzu von einer Beschäftigung zur nächsten übergegangen wird. Während manche dieser Tätigkeiten intensiv sind und andere nicht, sind es ihre Gesamtheit und Aufeinanderfolge, die schließlich ein Bedürfnis nach erhöhter Geschwindigkeit erzwingen.

Unser ständiger Hunger nach neuen Reizen ist aber nicht der

einzige Nachteil der Schnellfeuer-Kultur. Wir müssen auch die Risiken betrachten, die das Leben in einer Gesellschaft mit sich bringt, in der alle der Befriedigung dieser Abhängigkeiten hinterherlaufen. Selbst wenn wir den hochintensiven Welten ausweichen, wie es viele aus der älteren Generation tun, werden wir nichtsdestoweniger an Grenzen stoßen, solange wir mit einer Mehrheit von Menschen zusammenleben, die es nicht tun. Stellen Sie sich das ältere Ehepaar vor, das den alten Opel (Baujahr 1966) aus der Garage holt, um einen Sonntagsausflug zu machen. Sie fügen sich in den Verkehrsstrom ein und fahren genau mit der gleichen Geschwindigkeit wie alle anderen Verkehrsteilnehmer ... naja, zumindest subjektiv. Das Problem ist, dass das, was sie unter Reisetempo verstehen, zwanzig Jahre hinter der inflationären Eile des amerikanischen Lebens zurückliegt. Sie fahren in einem Tempo, das ihnen angenehm erscheint, aber es ist für die anderen keineswegs ein angenehmes Tempo. Hier haben wir ein Aufeinandertreffen zweier verschiedener temporaler Welten. Damit diese unschuldigen Außenseiter der Beschleunigung in der gleichen objektiven Geschwindigkeit wie die anderen fahren können, müssten sie ihr Tempo dermaßen erhöhen, dass es für sie beide unangenehm und gefährlich würde. Viele ältere Mitbürger und Mitbürgerinnen, die die gesellschaftliche Beschleunigung nicht mitgemacht haben, empfinden, dass sich die Welt in einer zunehmend »falschen« Geschwindigkeit bewegt. Selbst diejenigen unter uns, deren Aufmerksamkeitsspanne sich bereits verkürzt hat, können sich der Einsicht nicht entziehen, dass sich der zivile Umgang im öffentlichen Leben in rasendem Tempo verflüchtigt.[20]

Die Verlockungen der Zeit

Auch das Zeitempfinden ist, sowohl für die kulturell geprägte Lebenspraxis wie für die bewusste Wahrnehmung, von zentraler Bedeutung. Zugleich ist es aber in dieser Lebenspraxis und Wahrnehmung verankert. Das heißt, unser Zeitempfinden veranlasst uns nicht nur zu handeln, sondern es motiviert ebenso Handlungen, die dann wiederum unser Zeitempfinden prägen. Diese dialektische Anschauung der Zeit erlaubt uns bei aller Komplexität festzustellen, dass die Zeit und die mit ihr verbundene Technologie einen gewaltigen Einfluss auf die menschliche Gesellschaft haben und dass es die Zeitvorstellung, die unser modernes Leben bestimmt, zu anderen Zeiten und an anderen Orten schlicht nicht gab.

Beide Punkte spielen eine wichtige Rolle in unserem Verständnis der Ritalin-Gesellschaft. Zunächst wollen wir erkennen, wie unser andauerndes Verwiesensein auf Zeit den Rhythmus, die Gedanken und Handlungen strukturiert, die unserem Leben zugrunde liegen. Auch wollen wir verstehen, warum es sich hierbei um eine historische und nicht um eine naturgegebene Tatsache handelt. Wenn Letzteres zuträfe, wenn also die Zeit die universell gültige Substanz wäre, für die sie oft gehalten wird, würden die großen Unterschiede in der Zeitwahrnehmung und im menschlichen Bewusstsein, die es bis heute gibt – sogar in unserem eigenen sozialen Lebensumfeld und in unserem eigenen Leben –, verschwinden. Dies ist der Grund, warum wir in unserer Untersuchung der Ritalin-Gesellschaft die Zeit phänomenologisch, d.h. von ihrer subjektiven Erscheinungsweise her, betrachten müssen – nämlich in Bezug auf Handlungen, Ereignisse und Erfahrungen – und nicht physikalisch im Sinne der mechanischen Bewegung der Uhrzeiger.

Ein guter Ausgangspunkt für eine solche phänomenologische Betrachtung ist die Erkenntnis, dass es trotz der Herrschaft der Uhren starke psychosoziale Faktoren gibt, die unser Zeitempfinden beeinflussen. Dies gilt sowohl für die unmittelbare Gegenwart – z.B. die Zeitwahrnehmung, wenn man im Klassenzimmer dem Unterricht folgt – wie für das Vergehen der Zeit im Kontext des gesamten Lebens. Wir haben übersehen, wie und unter welchen Bedingungen wir unser Leben leben und wie wir Zeit erfahren, und sind dabei in eine gefährliche Falle geraten: *Genauso wie unsere Vorstellung von einem statischen Bewusstsein uns an der Erkenntnis hindert, dass die bewusste Wahrnehmung gegenwärtig einem radikalen Wandel unterliegt, hindert uns die Vorstellung von der Zeit als etwas Unveränderlichem an der Erkenntnis, dass das kulturelle Leben die Zeitempfindung und den Rhythmus unseres modernen Lebens verwandelt.* Die Annahme, bei Bewusstsein und Zeit handle es sich um unveränderliche Strukturen in der Welt, verdeckt in Wirklichkeit die Gründe, warum trotz aller Zeit sparenden Technologien Zeit nach wie vor Mangelware ist.

Wir haben gesehen, dass die Beschleunigung der Kultur einen unmittelbaren Einfluss auf unsere bewusste Wahrnehmung hat, indem sie unsere Erwartungshaltung bezüglich der Geschwindigkeit und der Intensität von Wahrnehmungen verändert. Durch die Schaffung eines Wahrnehmungsmodus, in dem Langsamkeit als unangenehm empfunden wird, hat die Reizsucht eine Tendenz, in uns eine zeitlich vorwärts gerichtete Haltung zu erzeugen, eine Flucht vor der Gegenwart. Ist es nicht schließlich die Hauptfunktion unserer geschäftigen, reizüberfluteten Kultur, uns von der Gegenwart abzulenken oder, genauer, aus der Gegenwart etwas so Flüchtiges zu machen, dass sie kaum noch existiert? Hierin entfaltet die Schnellfeuer-Kultur ihre schädlichste Wirkung, denn sie entfremdet uns von dem einzigen zeitlichen Ort, in dem wir Welt und Gegenwart authentisch erfahren könnten: der Gegenwart.

Was bedeutet es aber, seine ganze sinnliche Aufmerksamkeit – Körper und Seele – darauf zu richten, den gegenwärtigen Moment voll und ganz zu erleben? Stellen Sie sich Folgendes vor: »Wie lange waren Adam und Eva im Garten Eden? ›Sieben Stunden‹ lautet die Antwort. Also währte die Unschuld des Menschen nur ein paar Stunden eines Tages! Aber es waren Stunden im Paradies, und ihnen verlieh der christliche Glaube eine Inhaltsfülle, für die man auf Erden Jahre brauchen würde.«[21]

Zwar glaube ich nicht, dass es der Wahrnehmung der Gegenwart gelingen kann, den Augenblick so weit auszudehnen, dass er wie Stunden, Wochen oder gar Jahre erscheint, doch besteht kein Zweifel, dass das Leben »im Paradies« gleichbedeutend ist mit einem langsameren Verlauf der Ereignisse, die mit unabgelenkter Aufmerksamkeit erlebt werden. Wenn diese Art des Seins erreicht wird, so erwacht ein positiver, veränderter Zustand des Bewusstseins. Zum Beispiel berichtete mir einmal ein Freund von seinen Ferienreisen im Sommer, in denen er jeden Morgen ohne bestimmte Vorhaben und Ziele aufwachte – die Tage dehnten sich aus und in den Nichtsommermonaten hätten ihnen Wochen entsprochen. Als er seine Sinne allmählich an ein langsames Lebenstempo gewöhnt hatte, lagen ausgedehnte friedliche Tage voller sinnlicher Ruhe vor ihm, was beweist, dass etwas, das aus absoluter Sicht weniger ist, in psychologischer Sicht durchaus mehr sein kann. Die physikalische und die psychologische Sicht kehren sich um, so dass, wer Zeit verschwendet, Zeit spart, und wer Zeit spart, sie verschwendet.

Als ich eines Tages nach Hause ging, hörte ich, wie ein Mädchen aus der Nachbarschaft, vielleicht acht Jahre alt, etwas zu einer Freundin sagte. Es war ein wunderschöner Aprilnachmittag, wie es sie in Vermont gibt, und die Sonne schmolz eifrig den Schnee. Das Mädchen schwang mit der Tür der Vorderveranda hin und her und sagte zu ihrer Freundin, die im Weggehen war: »Ich kann's kaum erwarten, bis endlich Sommer ist.« Und ihre Freundin antwortete darauf: »Ich auch … bis bald.« Natürlich ist es keineswegs ungewöhnlich, so etwas zu sagen. Und gerade weil wir uns so häufig auf diese Weise äußern, illustrieren die Sätze eine bedeutsame Tendenz in unserer Kultur, wie sie schon bei kleinen Kindern zu beobachten ist, nämlich die Gegenwart *herunterzuspielen* und zu vernachlässigen und stattdessen die

Sehnsucht nach der Zukunft zu kultivieren. Was dieses Mädchen betrifft, so zieht sie sich vor einem der schönsten Nachmittage des Jahres ins Haus zurück und schmiedet Zukunftspläne für einen Sommer, der doch noch einige Wochen auf sich warten lässt.

Es könnte natürlich sein, dass dieses junge Mädchen soeben mit ihrer Freundin lange über die Freuden des Frühlings palavert hatte, aber irgendwie glaube ich nicht daran. Diese Art des zukunftsfixierten Bewusstseins ist zu einem allgegenwärtigen Phänomen unseres Lebens geworden. Wie der existenzialistische Philosoph Sören Kierkegaard bereits vor über einem Jahrhundert beobachtete: »Die meisten Menschen gehen mit solch atemloser Hast ihrem Vergnügen nach, dass sie an ihm vorübereilen.« (Man stelle sich vor, was Kierkegaard zur Schnellfeuer-Kultur von heute gesagt hätte!) Wenn ich mir meine eigene Kindheit vergegenwärtige, dann weiß ich aus eigener Erfahrung, wie die unendliche Sehnsucht nach zukünftigen Ereignissen die Fähigkeit zerstört, den jetzigen Moment und schließlich sogar das Leben als Ganzes zu würdigen. *Es kommt tatsächlich keine Zeit der Gegenwart gleich.*

Da es offensichtlich physikalisch unmöglich ist, anders als in der Gegenwart zu existieren, stellt sich die Frage, was es bedeutet, wenn gesagt wird, wir würden eigentlich nur in Bezug auf die Zukunft leben? Wenn wir uns also nur noch den Kopf über das Kommende zerbrechen und Pläne schmieden, wenn wir auf irgendein vorweggenommenes Ereignis hinarbeiten und Erwartungen aufbauen, was die Zukunft uns bringen könnte, sollte oder müsste – und das tun wir, wenn auch unbewusst, häufig –, so lenken wir unser Bewusstsein von der Gegenwart weg in die Zukunft. Dabei entsteht nun, wiederum unbewusst, die Neigung, unser Erleben der Gegenwart *gering zu schätzen.* Zum Beispiel scheint es heute so, als ob die Menschen die Wahrnehmung des Augenblicklichen in einem Maße aufgegeben hätten, dass sie bei Reisen bewusst die Möglichkeit authentischer Erfahrungen durch Foto- oder Videokameras ersetzen. Dahinter steht die Logik, dass man die Dinge, wenn man die Fähigkeit zur Entspannung und zum Genuss des Augenblicks verloren hat, ebenso gut aufzeichnen kann für eine Gelegenheit, wenn man vielleicht dazu in der Lage ist. Das erinnert mich an einen Satz, den ich einmal gelesen habe, dessen Autor ich aber leider nicht mehr weiß: »Glück erlebt man nicht; man erinnert sich daran.« Bis zu einem gewissen Grad trifft das zu, aber es würde weniger zutreffen, wenn wir aufhörten, rastlos durch die Gegenwart hin zu einer idealisierten Zukunft zu eilen. Unsere Sinne auf die Gegenwart zu konzentrieren, würde zumindest die Erinnerung einer Vergangenheit ermöglichen, die lebendiger und lohnender wäre.

Natürlich steht auch der Begriff »Zeit totzuschlagen« für dieses moderne, zukunftsgerichtete Bewusstsein. Einmal war ich am Telefon in der Warteschleife, und der Radiosender, der über den Hörer eingespielt wurde, erklärte: »Es folgt noch einmal eine halbe Stunde mit entspannender Rockmusik, damit Ihr Arbeitstag schneller vergeht.« Wir kennen das alle. Gelangweilte Hausfrauen; Angestellte, die Überstunden machen, ihrem Job dabei total entfremdet; Kinder, die sich in der Schule zu Tode langweilen: Dies sind Menschen, die unter Bedingungen leben, wo die Wochentage Plage und Leid bedeuten und das Warten aufs Wochenende zur beherrschenden Lebensausrichtung wird. Wir können die Zukunftgerichtetheit aber auch in unseren eigenen Träumen von einer ferneren Zukunft finden, wie wir uns immerzu auf irgendein entlegenes Ziel konzentrieren, nur um es dann, wenn wir es erreicht (oder verfehlt) haben, durch ein neues Ziel zu ersetzen. Weil unser Streben nach Glück uns dazu verleitet, unsere Aufmerksamkeit von der Gegenwart abzuziehen, kann die negative Folge eintreten, dass sich unsere Wahrnehmungsfähigkeit in Hinsicht auf das, was ist, verringert. Wie es der Psychologe Donald Campbell einmal formulierte: »Immerfort dem Glück hinterherzujagen ist das beste Rezept für ein unglückliches Leben.«[22]

Wie in dem Beispiel des Mädchens, das den Sommer herbeisehnt, zeigen besonders Kinder ganz eindeutige Zeichen dieser

Zukunftsfixiertheit. Alle Eltern kennen die Geschichte: Kinder wollen schneller groß werden, damit sie das Gleiche tun können wie ihre älteren Geschwister. Wenn sie dann in deren Alter sind, wollen sie erwachsen sein, ein eigenes Auto haben und unabhängiger leben. Als Erwachsene wollen sie dann immer noch weitere Dinge: neue Autos, bessere Jobs, Geld, Häuser oder Geliebte. (Manche kommen sogar ans Ende dieses Weges und sehnen sich nach früheren Zeiten zurück, als das Leben unkomplizierter war.) All das besagt freilich nicht, dass Zukunftsplanung eine in sich verderbliche Tätigkeit ist oder dass der Blick auf die Zukunft und die Wahrnehmung der Gegenwart sich ausschließen müssten. Der Himmel stehe denen bei, die in diesen Zeiten rasanter Veränderung sich keine Gedanken über die Zukunft machen. Der Punkt ist vielmehr der, dass unsere *Zukunftsbesessenheit* wertlos ist, wenn die Zukunft, auf die wir warten, nie eintritt oder wiederholt mit enttäuschenden Folgen verbunden ist, weil sie der romantischen Züge entbehrt, mit denen wir sie in unserer idealisierenden Phantasie ausgestattet haben.

Die beschleunigte Gesellschaft, die eine auf Zukunft fixierte Beziehung zur Zeit fördert, hat auch die Wirkung, die Zeit selbst zu beschleunigen. Damit meine ich einfach, dass die Menschen in ihrem Lebensprozess das Vergehen der Zeit als rascher erfahren. Dies geschieht nicht nur, weil die Vorkommnisse des Alltags zu wenig wahrgenommen und damit unterbewertet, sondern auch weil sie komprimiert werden. So haben die alltäglichen Geschehnisse, weil der Augenblick mit geringerem Bewusstsein vorübergeht – wie bei dem Jugendlichen, der in solcher Eile ist, dass er sein Essen nicht kauen kann –, eine geringere Erfahrungsqualität und deswegen auch einen geringeren Erinnerungswert. Wenn die Zeit durch das Erfahren von Ereignissen markiert wird, dieses Erfahren aber nie zur Oberfläche des Bewusstseins empordringt, ist es kein Wunder, dass die Zeit verfliegt. Gleichzeitig hat sich der Rhythmus oder die Abfolge der Ereignisse komprimiert. Mit unserem Blick fest auf eine bessere Zukunft gerichtet, suchen wir ständig nach Mitteln, wie wir diese Zukunft schneller erreichen können. Die Erfindung der Kreditkarte ist nur ein Beispiel dafür, wie wir die zeitliche Distanz zwischen dem Wunsch nach etwas und dessen Erfüllung zerstören. Doch indem wir mit immer größerer Geschwindigkeit in die Zukunft wirbeln, greifen wir notwendig in den Bewusstseinsstrom ein, was die Zeiterfahrung nur noch weiter beschleunigt. Sei es zum Guten oder Schlechten, wir können die Bewegung unseres Lebens nicht beschleunigen ohne die Wahrnehmungsstrukturen der Beschleunigung zu unterwerfen.

Wenn die beschleunigte Gesellschaft das Tempo des Zeitflusses erhöht, reagieren wir damit, dass wir versuchen, »Zeit zu sparen«. Woraus dann schließlich ein *Circulus vitiosus* entsteht, indem dieses Bedürfnis, »Zeit zu sparen«, dazu führt, dass wir uns nur noch umso mehr abhetzen und die Zeit noch mehr beschleunigen. John Whiteleg, Professor der Geographie, fasst dieses Paradoxon treffend zusammen, indem er aus Michael Endes Roman *Momo* zitiert:

>»›Momo‹ beschreibt die Veränderungen, die im täglichen Leben einer kleinen Stadt eintreten, nachdem ›Zeitdiebe‹ die Bewohner davon überzeugt haben, es sei besser, Zeit zu sparen, statt sie mit nutzlosen Gesprächen, der Pflege von Alten oder ähnlichen sozialen Aktivitäten zu vergeuden. Die Folgen sind dramatisch: Während das alte Café in ein Fastfoodrestaurant umgewandelt wird und andere Veränderungen stattfinden, sind die Menschen so sehr damit beschäftigt, Zeit zu sparen, dass sie keine Zeit mehr füreinander haben. Der Stadtfriseur entdeckt, dass er immer nervöser und ruheloser wird, denn eines ist seltsam: Von all der Zeit, die er einsparte, blieb ihm tatsächlich niemals etwas übrig. Sie verschwand einfach auf rätselhafte Weise und war nicht mehr da. Seine Tage wurden erst unmerklich, dann aber deutlich spürbar kürzer und kürzer. Ehe er sich's versah, war schon wieder eine Woche, ein Monat, ein Jahr herum und noch ein Jahr und noch eines.«[23]

Hier bedarf es einer weiter gehenden Erläuterung. Ich habe bereits beschrieben, wie die stete Erfahrung der Schnellfeuer-Kultur Situationen schafft, in denen die Zeit fast zum Stillstand zu kommen scheint. Dies mag eine gegensätzliche Schlussfolgerung zu dem oben Gesagten nahe legen, nämlich dass das Erleben temporeicher und hochintensiver Welten die Zeit eher langsamer werden lässt als schneller. Wenn zehn Sekunden wie eine Stunde wirken können, sollte dann nicht ein Tag sich zur Ewigkeit ausdehnen?

Es trifft zwar zu, dass aufgrund der sensorischen Anpassung die Zeit sich verlangsamt, wenn sich das wahrgenommene Sinnesumfeld um uns herum entschleunigt, doch unser Unbehagen an der Langsamkeit resultiert aus der gleichzeitig erfolgenden Übernahme eines noch hektischeren Lebensstils. Denn die beschleunigte Gesellschaft bietet uns ja eine Flucht vor der unbehaglichen Erfahrung der Langsamkeit an (sowie ein fortgesetztes Bedürfnis, Langsamkeit zu vermeiden). Weil das Vergehen der Zeit zutiefst damit in Zusammenhang steht, in welchem Grad wir chronisch an hochintensiven Lebensstilen beteiligt sind – lauter Aktivitäten, in denen die »Zeit verfliegt« –, ist in der Tat die umfassende Beschleunigung der Zeit umso größer, je tiefer die Sucht nach Sinnesreizen ist. *Es ist somit eine Ironie unseres modernen Schicksals, dass wir die tatsächlich empfundene Dauer unseres Lebens umso mehr verkürzen, je mehr wir unsere Tage und die Tage unserer Kinder geschäftig und hektisch gestalten – vielleicht sogar mit Aktivitäten, die uns wirklich Spaß machen.* Wie bei dem Friseur in Michael Endes *Momo* ist das Ergebnis der Zeitverdichtung, dass Wochen, Monate, Jahre und sogar ganze Dezennien sich unserem Zugriff zu entziehen beginnen.

Dies ist die gefährliche Falle, die ich zuvor erwähnt habe. Wir wollen tief aus dem Becher des Lebens trinken und glauben, wir müssten deshalb den Becher notgedrungen so voll wie möglich füllen. Doch wenn wir immer mehr in jeden Tag und in jedes Jahr hineinstopfen, in der Hoffnung, das Leben so gewichtiger zu machen, schauen wir irgendwann zurück und wundern uns, wie das alles so schnell vorübergehen konnte. Ihr Reisebüro oder Ihr Steuerberater werden Ihnen möglicherweise versichern, dass Sie ein erfülltes Leben gelebt haben, aber Ihr Kontoausdruck kann nicht über die Tatsache hinwegtäuschen, dass etwas schief gelaufen ist – und Sie wissen es. Wenn wir jedoch unser Verhältnis zur Zeit neu strukturieren, der subjektiven, nichtlinearen Zeitrealität Vorrang einräumen vor ihrem objektiven, linearen Absolutum, dann werden wir erkennen, wie verschiedene Lebensstile tatsächlich Zeit ausdehnen, zusammenfalten oder komprimieren und damit die Zeitstruktur unseres Lebens verändern können. Wenn effektives Zeitmanagement zu einem erfüllten Leben führen soll, dann bedeutet dies auch, dass wir unsere Zeit durch langsames Leben »vergeuden«, statt mithilfe von Hektik und Hetze Zeit sparen zu wollen.

Vom Regen in die Traufe: die Ritalin-Lösung

In unserem Eifer, eine Welt voller Aktion und Abenteuer zu schaffen, unterminieren wir eben jene Zufriedenheit, die wir suchen. Mehr noch, diese Folge der Schnellfeuer-Kultur ist vor allem für Kinder dramatisch. Von Geburt an mit chronischer Stimulation gesättigt, zeigen mehr und mehr Kinder die Anzeichen einer Sucht nach Sinnesreizen. Wachsen Kinder also noch in ihrem eigenen, natürlichen Rhythmus auf oder sind sie vom Strom der Hyperkultur aufgesogen, wo sie ebenfalls erhöhte Reizerwartungen entwickeln, und zwar in deutlich jüngerem Alter?

Betrachten wir eine Studie, die verglich, wie sich die Problemlösungskompetenz bei Schulanfängern entwickelte, je nachdem, ob sie von »langsamen« oder von »schnellen« Lehrern unterrichtet worden waren. In ihrem Bericht – »The Effects of Teacher Tempo on the Child« – kamen die Forscher zu dem Ergebnis, dass die erste Gruppe von Kindern lernte, Probleme langsam und sorgfältig anzugehen, während die zweite bedeutend impulsiver war.[24] Dies zeigt sehr gut, wie widerstandslos Kinder den äußeren Rhythmus ihrer Lebensumwelt in sich aufnehmen.

Diese generationsspezifische Wirkung erinnert mich an eine Beobachtung, die mir ein naher Freund berichtete. Als Vater eines Sohnes erzählte er, wie oft er seinen Drang zähmen musste, sein erwachsenes Zeit-und-Tempo-Gefühl dem kleinen Jungen aufzuzwingen, statt ihn sein eigenes Tempo bestimmen zu lassen. Mein Freund, den ich eher als geduldigen Vater bezeichnen würde, stellte fest, wie sehr es ihn dann zu einer anderen Beschäftigung hinzog, nur weil er sich langweilte. Sein Sohn war immer noch ganz bei ihrer gemeinsamen Sache und wahrscheinlich wenig erfreut, zumindest zu Anfang, wenn er sich plötzlich mit etwas Neuem beschäftigen sollte. In der Tat haben Untersuchungen gezeigt, dass ein solch übermäßiger Druck in den frühen Kindesjahren eine spätere Neigung zu Unaufmerksamkeit und Ablenkungsbereitschaft präformiert, die ja wiederum ein Vorläufer von Hyperaktivität sind.[25] Oder wie es in einer Studie heißt: »Die Mutter unterbricht bei ihrer Annäherung an das Baby eher dessen Beschäftigung, als sich auf den Zustand, die Stimmung und die gegenwärtigen Interessen des Babys einzustellen.«[26] Hier haben wir erneut einen Fall von zwei temporalen Welten, die miteinander kollidieren.

Tragischerweise hat man die Sucht nach Sinnesreizen bei Kindern dadurch aus dem Blick verloren, dass behauptet wird, Millionen von Kindern (und Erwachsenen) litten an einer allgegenwärtigen biologischen Störung namens ADS. Wir gehen an dieser Stelle nur kurz darauf ein und behandeln es im nächsten Kapitel dann ausführlich.

Die American Psychiatric Association (APA) gibt ihre Empfehlungen für die Diagnose und Behandlung psychischer Erkrankungen im *Diagnostic and Statistical Manual of Mental Disorders*, das nun in der vierten Auflage vorliegt (DSM IV, 1994).[27] Seit der Publikation des ersten DSM hat die APA wiederholt ihre Auffassung bezüglich der Natur von ADS gewandelt. Im DSM I (1952) gab es die Störung noch gar nicht; im DSM II (1968) wurde sie als hyperkinetisches Syndrom des Kindesalters definiert; im DSM III (1989) hieß sie Aufmerksamkeitsdefizitsyndrom und im DSM IV Aufmerksamkeitsdefizit-Hyperaktivitätssyndrom. Die APA möchte uns glauben machen, dass diese

Revisionen sich dem Fortschritt der Forschung verdanken. Die Psychiater würden sagen, die medizinische Wissenschaft habe das Problem in neuerer Zeit immer präziser definiert, weil moderne Hilfsmittel und Techniken zu einem besseren Verständnis der Ätiologie – der zugrunde liegenden Ursachen von ADS – geführt hätten. Doch wenn wir die vielen verschiedenen Namen untersuchen, mit denen das Problem etikettiert wurde, kommen wir zu der Einsicht, dass diese Wandlungen mitnichten die Folgen irgendeiner medizinischen oder wissenschaftlichen Entdeckung waren. Es ist in der Tat schwer, sich vorzustellen, welche Art von Entdeckungen Psychiater dazu bringen könnte, die Diagnose eines Verhaltensproblems (Hyperaktivität) in eines der Aufmerksamkeit (ADS) und dann in eines zu verwandeln, in dem sowohl Verhalten wie Aufmerksamkeit (ADHS) eine Rolle spielen. Wenn die experimentelle oder klinische Forschung gezeigt hat, dass das Problem eher mit Aufmerksamkeit als mit Hyperaktivität zu tun hat, warum wurde dann die Hyperaktivität als Teil der Diagnose wieder eingeführt?

Zahlreiche Psychologen haben auf die vorherrschende Neigung in der Psychiatrie hingewiesen, für diese Störungen eine biologische Erklärung zu geben.[28] Irwin Jay Knopf schreibt – wobei er einen älteren Begriff für ADS (*minimal brain dysfunction* oder MBD) verwendet –, dass »es schwer zu verstehen ist, wie und warum die Konzeption von MBD und seiner neurologischen Grundlage von vielen amerikanischen Autoren so umfassend akzeptiert und behauptet werden konnte, wenn es doch dafür nicht den geringsten klinischen Beweis gibt. Im Gegensatz dazu wird MBD von führenden englischen Autoren allgemein als unwissenschaftlich und unbewiesen verworfen«.[29] Was ist also die Grundlage für die Behauptung, Millionen von Kindern litten an einer Hirnstoffwechselstörung, die sie hyperaktiv und unaufmerksam mache? Gibt es ADS überhaupt? Um diese Fragen zu beantworten, müssen wir eine wesentliche Unterscheidung treffen zwischen ADS als *Begriff* für eine Reihe von Symptomen, deren Ursache unbekannt ist, und ADS als *Ursache* und

Erklärung dieser Symptome. Die erste Auffassung ist unbestreitbar, die zweite nicht.

Mehr als alles andere spiegelt ADS ein wachsendes Vorurteil in unserer Kultur – das zum großen Teil durch den mächtigen Einfluss der psychiatrischen Lobby und pharmazeutischen Industrie genährt wird –, dass nämlich Persönlichkeit und Verhaltenseigenschaften angeboren und biologisch seien. Diese genetische Perspektive überschattet eine Sichtweise, die in der Psychologie jedoch immer noch vorherrscht: die *Entwicklungs*-Perspektive. Sie geht davon aus, dass über relativ lange Zeiträume (Jahre oder Jahrzehnte) Lebensereignisse dem Kind dauerhafte psychologische Strukturen einprägen, die sich gegen Veränderungen als sehr widerstandsfähig erweisen können. Diesem Enkulturationsprozess verdanken sich solche alltäglichen, normalen Strukturen wie Persönlichkeit, Sprachbeherrschung, soziale Normen und motorische Fertigkeiten. Aber er kann auch so ungewöhnliche Strukturen schaffen wie zum Beispiel Psychopathie, Genie oder Delinquenz. Der Vorteil des Entwicklungsmodells liegt darin, dass es Veränderungen im Vorherrschen bestimmter psychologischer Problemen wie Kriminalität, Drogenmissbrauch, Kindesmissbrauch und Selbstmord in der gegenwärtigen Gesellschaft erklären kann. Solche Veränderungen lassen sich nicht unter dem Siegel biologischer Erkrankungen eskamotieren, da dies bedeuten würde, dass unsere gesamte genetische Ausstattung (das humane Genom) sich in einem sehr kurzen Zeitraum signifikant verändert hätte.

Trotz der sehr erfolgreichen Bemühungen der APA, ADS als anerkannte Funktionsstörung des Hirns zu etablieren, steht auch nach drei Jahrzehnten medizinischer Forschung ein substanzieller Beweis für diese Behauptung aus. Derzeit ist es Mode, ADS mit einer Stoffwechselstörung im Gehirn in Verbindung zu bringen oder mit Abnormitäten in der Größe bestimmter Hirnstrukturen oder mit einer Störung der Frontallappen, wo eine abnorm niedrige Glukoseverwertung angenommen wird. In den Siebzigerjahren argumentierten Psychiater ähnlich, dass Hyperaktivität die Folge einer Hirnstörung sei, auch wenn es damals Mode war, andere Hirnstrukturen dafür verantwortlich zu machen, etwa das aufsteigende retikuläre aktivierende System (ARAS) oder den kaudalen Kern (ein Nukleus des Hirns, der für die hemmende Bewegungskontrolle zuständig ist). Alles deutet insofern auf eine Pseudowissenschaftlichkeit hin, als die Experten den Prima-facie-Beweis schuldig geblieben sind, dass, selbst wenn es sich um zweifelsfreie Befunde handelte, sie mehr als physiologische Korrelate des Verhaltens darstellen, welche beide das Ergebnis einer ganzen Reihe von Entwicklungsfaktoren sein könnten.

Medizinisch gesprochen unterscheidet diese Denkweise nicht zwischen physiologischen Phänomenen als *Korrelaten* des Verhaltens und als *Ursachen* des Verhaltens. Der hirnphysiologische Prozess, der einem, sagen wir, hyperaktiven Verhalten korrespondiert, kann von den gleichen Erfahrungen verursacht sein, die zur Hyperaktivität selbst geführt haben. Schließlich ist jedes Verhalten mit physiologischen Prozessen verbunden, gleichgültig wovon es letztlich verursacht wurde. Zum Beispiel wissen wir, wenn sich zwei Leute auf verschiedene Weise verhalten – sagen wir: Der eine kratzt sich am Kopf, der andere tut es nicht –, dass bei beiden zur gleichen Zeit verschiedene Hirnprozesse ablaufen (d.h. die Hirnprozesse, die intentionale motorische Bewegungen wie Kopfkratzen steuern). Wenn wir diese offensichtliche Tatsache zur Kenntnis nehmen, vermeiden wir den groben Fehler der biologischen Psychiatrie, die unterstellt, dass Unterschiede im Hirnprozess *die Ursache* für die beobachteten Verhaltensweisen seien. Das Gegenteil trifft zu: Der Mann kratzt sich am Kopf, weil es ihn juckt.

Da die Psychiater noch keine biologischen Gründe für ADS aufgezeigt haben, werden sie oft gefragt, wie sie zwischen der biologischen Störung ADS und den normalen Verhaltensfluktuationen unterscheiden, die man jeden Tag bei Kindern beobachten kann. Auf diese Frage erklären Psychiater freimütig, dass es keinen biomedizinischen Test für ADS gibt. Stattdessen stützen sich Psychiater, Allgemein- und Kinderärzte bei ihren medizinischen Diagnosen allein auf Verhaltensbeobachtung und die jeweilige Fallgeschichte. Das heißt, wenn ein Kind zu Hause oder in der Schule fortgesetzte Aufmerksamkeitsprobleme hat oder hyperaktiv ist, wird es allein aufgrund dieser Anzeichen ein Kandidat für die Diagnose. Indem die Ärzte jedes dauerhafte oder andauernde Verhaltensmerkmal als Folge einer singulären, inneren biologischen Ursache betrachten, übersehen sie die Möglichkeit einer Entwicklungsstörung. Damit werfen sie eine der ehemaligen Grundüberzeugungen ihrer Wissenschaft über Bord: dass familiäre, soziale und kulturelle Probleme sich oft in psychischen Störungen niederschlagen.

Anders als die biologisch reduktionistische Erklärung von ADS kann eine Konzeption, die für möglich hält, dass ADS tatsächlich eine kulturabhängige Entwicklungsstörung ist, die gesellschaftlichen Veränderungen berücksichtigen, deren vorherrschende Tendenz wir gesehen haben. »Als ich vor zehn Jahren unterrichtete, hatte ich von Ritalin oder einem Aufmerksamkeitsdefizitsyndrom noch nicht einmal gehört.«[30] Diese Bemerkung eines Schuldirektors trifft etwas Wesentliches. Die Sorge über den weit verbreiteten Gebrauch und Missbrauch von Ritalin weckt oft den Verdacht einer Überdiagnose oder inflationären Verschreibung von Ritalin. Doch die Bemerkung stellt noch etwas anderes klar – nämlich, dass Aufmerksamkeitsstörungen und Hyperaktivität in den letzten Jahrzehnten dramatisch zugenommen haben. Wenn es dabei nur um Begriffe gehen würde, dann müssten Eltern und Lehrer sich plötzlich an Verhaltensweisen stoßen, die es schon lange sowohl zu Hause wie in der Schule gegeben hat. In Wirklichkeit weisen die Zeichen in eine andere Richtung: Lehrer sehen sich heute mehr denn je mit Kindern konfrontiert, die in ihrem Verhalten kognitiv und emotional überfordert sind.

Zum Beispiel berichten viele Lehrer und Schulleiter von einer Zunahme psychischer Störungen bei Kindern. Auch die Forschung belegt dies. Eine Untersuchung, die Kinder und Jugendliche über einen Zeitraum von dreizehn Jahren beobachtete, stellte einen signifikanten Anstieg der Probleme in der Schule fest: Konzentrationsmangel, soziales Fehlverhalten, Angst, Kriminaldelikte und Aggressivität.[31]

Wichtig sind auch geschlechtsspezifische und kulturvergleichende Erkenntnisse. Die Psychiatrie und die »American Medical Association« (AMA) müssen zum Beispiel immer noch erklären, warum Jungen drei- bis fünfmal so häufig eine ADHS-Diagnose bekommen wie Mädchen (noch haben sie erklärt, warum diese Kluft zwischen den Geschlechtern plötzlich kleiner wird). Auch bleiben sie die Erklärung schuldig, warum ADS in den USA so viel häufiger diagnostiziert wird als zum Beispiel in Westeuropa, dort in einigen Ländern allerdings mit steigender Tendenz.

Diese kurze Zusammenfassung der ADS-Problematik zeigt, dass es durchaus ein wachsendes Bewusstsein für die Gefahren gibt, die von einer sich ständig beschleunigenden Gesellschaft ausgehen. Aber eine solche Denkweise hat offenbar noch keinen Einfluss darauf, was intensiver Konsum von Sinnesreizen bei Kindern anrichten kann. Das allgemeine und besonders das medizinische Verständnis werden davon jedenfalls wenig oder gar nicht tangiert. Nehmen wir einen Artikel in *Newsweek* aus dem Jahr 1997, der die Wirkung einer beschleunigten Lebensweise auf das Verhalten von Kindern beschreibt.[32] Auch wenn es in diesem Artikel einen Abschnitt mit dem Titel »Aufmerksamkeitsdefizit« gibt, der sich damit befasst, wie wenig Zeit manche Eltern mit ihren Kindern zubringen, wird ADS ansonsten nicht ein einziges Mal erwähnt. Auch nur der Gedanke, dass die Zunahme der Diagnose mit unserer heutigen Arbeitskultur und der rastlosen Lebensweise etwas zu tun haben könnte, scheint irgendwie verboten.

Während die biologische Befangenheit der Psychiatrie bekannt und es offenkundig ist, dass es sich bei ADS in Wahrheit um eine Entwicklungsstörung handelt, fragen sich viele, warum die Psychiatrie so hartnäckig an einer biologischen Erklärung festhält. Darauf gibt es eine relativ einfache Antwort: Psychiater wie andere Ärzte lernen in ihrer Ausbildung vordringlich, nur nach den unmittelbaren physischen Ursachen einer Erkrankung zu suchen. Tatsächlich besteht die Haupttätigkeit von Psychiatern, zum Teil wegen der Zunahme nichtstationärer Betreuung psychisch Kranker, heute darin, die Einnahme psychoaktiver Medikamente zu verschreiben und zu überwachen, eine Behandlungsart, die auf schnelle, kurzfristige »Lösungen« abzielt, aber alle möglicherweise zugrunde liegenden entwicklungsbedingten und kulturellen Ursachen ignoriert. Wiederum will ich damit keineswegs sagen, es gebe keine ADS-Symptome oder biologische Faktoren spielten dabei keine Rolle. Eher geht es darum, dass wir nicht verstehen können, was in den psychischen Welten von Kindern vor sich geht, wenn wir nicht zuallererst die starken kulturellen Einflüsse betrachten, die auf die Entwicklung der Kinder einwirken. Selbst wenn wir zwischen Biologie und Entwicklungsstörungen wie ADS eine direkte Verbindung herstellen müssten – was bisher nicht der Fall ist –, wäre eine daraus resultierende Schlussfolgerung, dass die Störung biologisch »verursacht« sei, höchst fragwürdig. Welche biologischen Einflüsse es auch immer geben mag, wir müssen erkennen, dass es die dramatischen kulturellen Veränderungen in unserer Lebensweise sind und nicht Änderungen in der humanen Biologie, mit denen die Zunahme von ADS zu tun hat.

Unterdessen beruft sich das verbreitetste Argument zur Verteidigung von ADS auf die Feststellung, dass Ritalin bei Kindern mit diagnostiziertem ADS eine einzigartige oder »paradoxe« Wirkung habe. Das heißt, man geht davon aus, dass die Wirkungen des Medikaments die Existenz einer biologischen Störung beweisen, weil man glaubt, dass ein »stimulierendes« Medikament normalerweise nicht Hyperaktivität abbauen oder Konzentration steigern könne. Psychiater wie Edward Hallowell, der ADS für rein biologisch bedingt hält, stützen sich vehement auf diese merkwürdige Logik: »Dass ADS biologische Ursachen hat, ist in den letzten zwanzig Jahren immer offenkundiger geworden. Erstens, und dies ist das Bewegendste, gibt es den klinischen Nachweis von Millionen von Patienten, die den Diagnosekriterien entsprachen und denen die *Standardbehandlung* auf spektakuläre Weise geholfen hat ... Die Tatsache, dass *bestimmte Medikationen* mit großer Sicherheit ADS-Symptome abstellen, bedeutet, dass diese Symptome ihre Wurzeln im physischen Bereich haben.«[33] Mit »Standardbehandlung« und »bestimmten Medikationen« meint Hallowell natürlich Ritalin, dessen Wirkung, wie er sagt, die biologische Basis von ADS beweise. Wenn dies der »bewegendste« Nachweis für ADS ist, dann gibt es in der Tat ein großes Problem. Zunächst einmal wissen alle Psychiater, dass Untersuchungen seit langem zeigen, dass Ritalin und andere Stimulanzien die gleichen Wirkungen auch bei Nicht-ADS-Kindern haben. Michael Rutter von der University of London, ein berühmter Spezialist für seelische Störungen bei Kindern, schreibt: »Stimulanzien ... verbessern meist die Konzentrationsfähigkeit und reduzieren die Aktivität bei allen Menschen, Kindern und Erwachsenen, unabhängig davon ob sie hyperaktiv sind oder nicht.«[34]

Wenn den meisten Kindern durch die Einnahme von Ritalin »auf spektakuläre Weise geholfen« wurde, heißt dies, dass die meisten von ihnen ADS haben? Natürlich nicht. Die Tatsache, dass Ritalin starken Einfluss auf das Verhalten von Kindern hat, bei denen ADS diagnostiziert wurde, hat keine Aussagekraft über die Existenz irgendeiner Hirnstörung. Tatsächlich werden wir im übernächsten Kapitel sehen, dass Untersuchungen nicht nur scheitern, wenn sie die Einzigartigkeit der Wirkung von Ritalin nachweisen wollen, sondern überdies zeigen, dass diese Wirkungen keineswegs dauerhafte Verbesserungen in den schulischen Leistungen oder im sozialen Verhalten garantieren.

Die Einnahme von Ritalin als diagnostisches Mittel zur Feststellung von ADS als biologischer Störung zu benutzen führt zu einer logischen Schieflage, unter der ein großer Teil der heutigen Psychiatrie leidet. Aufgrund der verbreiteten Praxis, psychische

Probleme mit der Einnahme von Medikamenten »ruhig zu stellen« – von Psychosen über Depressionen bis hin zu Angst und ADS –, gibt es eine starke Neigung innerhalb der Psychiatrie, so zu argumentieren, als ob diese Medikamente ein Beweis für die biologische Grundlage jener Erkrankungen seien. Medizinische Wissenschaftler haben diese Art der Beweisführung oft als Logik *ex juvantibus* kritisiert, was bedeutet, dass solche Schlussfolgerungen unbedenklich von den Wirkungen des Medikaments auf die Ursache der Störung schließen.[35] Da Medikamente aber keine isolierte oder präzis festlegbare Wirkung haben, können sie auch niemals die Quelle oder Ursache der Erkrankung aufzeigen. Alvin Pam, Professor der Psychiatrie, macht dies deutlich: »Die Wirkung eines Medikaments beweist mitnichten, dass eine seelische Störung biochemisch determiniert ist. Zum Beispiel hilft Aspirin gegen Kopfschmerzen, weswegen aber niemand behaupten wollte, dass Kopfschmerzen durch einen ›Aspirin-Mangel‹ verursacht würden.«[36]

All das legt die Vermutung nahe, dass viele Psychiater und Kinderärzte kaum wissen, auf welche Weise Ritalin, ein Stimulans, Kinder beruhigt. Vielmehr überraschen mich als ausgebildeten Psychopharmakologen häufig die phantasievollen Erklärungen, die Ärzte auf diese Frage geben. Tatsache ist, dass die *Wirkungen* eines Medikaments, ob es nun aus »therapeutischen Gründen« oder aus »Freizeitgründen« genommen wird, eine große psychische Komponente haben. Zum Beispiel gibt es hinreichende Belege dafür, dass der »Trip«, das »Hochgefühl« oder die »Euphorie«, die von einer Droge ausgelöst werden, von Person zu Person variiert und dass sie durch die psychische Situation des Benutzers – einschließlich des Grundes für die Einnahme und der Erwartung davon – radikal verändert werden können. In einem Artikel des *Scientific American* wurde berichtet, dass regelmäßige Kokainbenutzer im Blindversuch zwischen Kokain und Koffein nicht unterscheiden konnten, ein Ergebnis, das erklären hilft, wie Ritalin pharmakologisch sehr ähnlich dem Kokain (und Amphetamin) wirken kann, ohne zugleich Sucht bei seinen Benutzern zu erzeugen.[37] Bezüglich der Einnahme von Ritalin bei ADS heißt dies, dass die Wirkungen des Medikaments nicht im Geringsten überraschend oder paradox sind: Eine stimulierende Droge wie Ritalin kann Verhalten abschwächen und eine sedierende Droge wie Alkohol kann Verhalten anregen; es hängt alles von dem psychologischen Kontext und den Umständen ab, unter denen das Medikament eingenommen wird.

Eine Kultur der Vernachlässigung

1990 schrieb der berühmte Kinderexperte und Familienforscher Urie Bronfenbrenner: »Neuere Untersuchungen zeigen, dass *die wachsende Instabilität und Unbeständigkeit sowie der hektische Charakter des Alltagslebens* die zerstörerischsten Faktoren im Leben von Familien und ihren Kindern darstellen … In Ermangelung von guten unterstützenden Systemen und Hilfseinrichtungen ist der von außen kommende Stress so groß geworden, dass selbst starke Familien auseinander brechen.«[38] Diese Veränderungen sowohl in der Natur der Familie als auch in der Lebensentwicklung der Kinder spiegeln, was wir hier als *Kultur der Vernachlässigung* bezeichnen wollen. Dabei handelt es sich um eine Kultur, in der die Anforderungen und Erwartungen der Gesellschaft zu einer alles umfassenden, dramatischen Steigerung an Arbeit und Stress geführt haben, zu einer konfliktgeladenen Umkehrung der Lebensprioritäten und zu einer zynischen Sichtweise dessen, was für uns, unsere Familien und die Gesellschaft als Ganzes möglich ist. In diesem Klima, in dem Millionen von Kindern die Medikamentierung mit einem starken Stimulans (Ritalin) »benötigen«, stehen sich Eltern und Lehrer zunehmend als feindliche Parteien gegenüber, die sich gegenseitig Vorwürfe machen oder diese abzuwehren versuchen. Der Begriff einer Kultur der Vernachlässigung beinhaltet jedoch, dass sich keine dieser wichtigen Institutionen einfach herausnehmen und dafür anklagen lassen wird, was den Kindern in ihrem Leben widerfährt, so wie auch keiner von ihnen allein die Probleme lösen wird, in denen die Kinder stecken. Heute nicht anders als in der ganzen Geschichte werden diese beiden Institutionen durch größere kulturelle Kräfte geformt, und es sind diese Kräfte, die wir unter die Lupe nehmen müssen, wenn wir erfolgreich mit den psychologischen und sozialen Problemen unserer Zeit fertig werden wollen, einschließlich der Probleme, die mit der ADS-Diagnose und dem Medikamentenkonsum der Kinder zusammenhängen.

Weil sie das eigentliche Zentrum des Geschehens ist, wurde die Familie oft für die Probleme der Kinder verantwortlich gemacht. Dies ist einer der Gründe, warum Eltern so schnell bereit sind, biologische Erklärungen für das Fehlverhalten ihrer Kinder zu akzeptieren – denn sie denken, wenn man ihnen die Schuld zuschiebt, werden sie mit einem Problem allein gelassen, das ihrer Ansicht nach längst außer Kontrolle geraten ist. Somit befindet sich zwar die Familie gewiss als wesentliches Medium der Vermittlung zwischen den Fronten (Kind und Gesellschaft), doch die Krise des Kindes in der Familie ist nur ein Teil der größeren Krise der Familie in der Gesellschaft.

In seinem Buch *Ties That Stress: The New Family Imbalance* (Bindungen unter Stress: Die neue Unausgeglichenheit der Familie) beschreibt David Elkind die revolutionären Veränderungen, die sich in der sozialen Institution der Familie vollziehen.[39] Er beginnt mit der Kernfamilie, die mehr als ein Jahrhundert lang als sicherer Hafen vor dem wachsenden Druck der Außenwelt fungiert hat. Doch Professor Elkind zeigt dann, dass die Familie sich von dieser »modernen« Funktion verabschiedet und eine andere angenommen hat, die er postmodern nennt. Diese neue Struktur, die *durchlässige* Familie, repräsentiert den Verlust des häuslichen Lebens als »Freistatt und Zufluchtsort vor den Anforderungen der Welt«. Die Familie wird gesprengt und durch andere soziale Institutionen ersetzt, die jenseits der Grenzen des traditionellen Haushalts liegen.[40] Die umfassenden Implikationen dieser Veränderungen in der Familie wurden 1989 von Familienforschern auf einer Konferenz an der Stanford University – »*What Do Families Do?*« – zusammengefasst. In dem daraus hervorgehenden Buch *Rebuilding the Nest* (Die Wiederherstellung von Geborgenheit) kamen die Forscher zu drei wesentlichen Schlussfolgerungen:

– Als soziale Institution ist die amerikanische Familie immer weniger dazu in der Lage, ihre Grundfunktionen zu erfüllen.
– Die Lebensqualität der amerikanischen Kinder nimmt ab.
– Unser Familienproblem lässt sich nicht auf Fragen der Politik und Wirtschaft reduzieren, sondern es hat auch mit kulturellen Werten und sozialen Institutionen zu tun.[41]

In *Ties That Stress* erklärt Elkind diese Trends, indem er darauf hinweist, dass in der *Kernfamilie* ein Ungleichgewicht zugunsten des Kindes herrschte, das seinem Schutz diente, während das Ungleichgewicht in der *durchlässigen Familie* sich zugunsten der Eltern auswirkt. Daher die Lösung, unseren Kindern nur noch relativ kurze »Qualitätszeiten« zu widmen, was keine dauerhafte Lösung ist, da sie das Problem nur verschiebt, statt es zu lösen. Während Millionen neuer Mütter in das Heer der ganztägigen Arbeitskräfte eintreten, hat sich die Situation für die Väter nicht um ein Haar verändert und so bleiben die Kinder in der Obhut Fremder zurück. Eine Folge dieser Verschiebung ist, dass viele der psychischen Stressfaktoren, die ehedem die Mütter plagten, heute auf den Kindern selbst lasten. Zum Beispiel litten Mütter, deren psychische Bedürfnisse im isolierten Haushaltsleben zu kurz kamen, unter psychischen und emotionalen Problemen, die oft zu Depression und Tablettenmissbrauch führten. Heute sind es die Kinder, deren psychische Bedürfnisse zu kurz kommen und die unter emotionalen und unter Verhaltensproblemen leiden.

Allerdings macht Elkind für die negativen Effekte der »durchlässigen Familie« nicht die Eltern verantwortlich. Vielmehr interpretiert er diese Veränderungen als Teil eines größeren Wan-

dels, der sich in der Gesellschaft vollzieht. Er schreibt: »Die Anforderungen des postmodernen Lebens sind einfach andere als
die, welche in der modernen Welt vorwalteten. Wie Flugreisende
in einem Jet, in dessen Kabine plötzlich der Luftdruck nachlässt,
wissen postmoderne Eltern, dass sie erst selbst die Sauerstoffmasken aufsetzen müssen, bevor sie sich um das Wohl ihrer
Kinder kümmern können.«[42]

Wenn wir uns diese »Bindungen unter Stress« genauer ansehen, stellen wir fest, dass die beschleunigte Gesellschaft eine Reihe von kulturellen Bedingungen und Konsequenzen mit sich
bringt, die für Kinder nichts Gutes bedeuten. Die erste hat mit
dem Umstand zu tun, dass Kinder, anstatt zu lernen, wie sie ihr
Bewusstsein selbst stimulieren und ihr Verhalten selbst organisieren können, vom Wettlauf ihrer Eltern mit der Zeit förmlich
hinweggefegt oder darin aufgerieben werden. Ein Werbekatalog
von »JCPenney«, den ich per Post erhielt, benennt den Platz,
den das Kind in Mamas hektischem Tagesablauf einnimmt:
»Verkehrsstau. Kinder zur Schule. Arbeit. Besprechungen. Termine. Berufsverkehr. Fußballtraining. Lebensmittel. Kochen.
Spülen. Wäsche. Hausaufgaben. Baden. Rechnungen bezahlen.
Großmutter anrufen. Das ist noch nicht alles, denn Sie müssen
immer noch Zeit herausschinden, um einkaufen zu gehen! Das
Leben ist hektisch genug ... lassen Sie uns helfen!«

Der hektische Rhythmus des Lebens hat zu einem so chaotischen und gestörten Familienleben geführt, dass für manche
Menschen der Arbeitsplatz zu einer Zufluchtsstätte geworden
ist, weil sie dort wenigstens etwas Ruhe finden.[43] Wie Juliet
Schor in ihrem Buch *The Overworked American: The Unexpected
Decline of Leisure* (Der überarbeitete Amerikaner: Der unerwartete Rückgang von Freizeit) dokumentiert, machen es die Anforderungen von Arbeitsplatz und Wohlstand den Eltern immer
schwerer, die Entwicklungs- und Erlebniswelt ihrer Kinder zu
erhalten und zu schützen.[44] Wieder bringt es Elkind auf den
Punkt: »Viele der heutigen Eltern ... betrachten sich nicht mehr
als allein verantwortlich für die seelischen Bedürfnisse ihrer Kin-

der. Viele von ihnen sehen in Kindern und Jugendlichen nicht mehr die Schutzbefohlenen, die Hilfe, Sicherheit, eindeutige Grenzen und klare Werte brauchen, und wiederum viele von denen, die noch an den guten Sinn dieser Dinge glauben, sehen sich als Eltern kaum mehr in der Lage, sie in der komplexen Welt von heute zu vermitteln.«[45]

Die beschleunigte Gesellschaft bedeutet auch, dass die Eltern insgesamt im Zweifel sind, welchen Platz die Kindererziehung in ihren Prioritäten einnimmt. Eltern haben oft eine klare Vorstellung davon, wie viel Zeit sie mit ihren Kindern verbringen *sollten*, doch Ideen wie »Qualitätszeiten« zeigen, dass sie glauben, große Teile jener Zeit ließen sich in andere Aktivitäten investieren, wobei sie natürlich davon ausgehen, dass sich diese Aktivitäten auf lange Sicht für die Familie auszahlen werden. Während manche Familien dazu gezwungen sind, doppelt zu verdienen (eine Situation vergleichbar der oder dem berufstätigen Alleinerziehenden), werden andere durch eine Vielzahl sozialer Mechanismen in die Kultur der Arbeit gelockt, darunter das geringe Ansehen, das die Rolle der Hausfrau genießt, und das idealisierte Bild, das wir zunehmend mit dem Karrierestreben verbinden. Einer dieser Väter bemerkt über seine Tochter: »Ich glaube, sie ist okay. Wenn es nach mir ginge, würde ich mehr Zeit mit ihr zubringen. Ich wünschte, ich könnte zu Hause bleiben. Aber das ist schlicht nicht machbar.« Ein anderer Vater beschreibt sein Verhältnis zu seinen Kindern so: »Ich habe meinen Job eingeschränkt, damit ich mehr mit ihnen zusammen sein kann, aber ich hoffe, wenn sie älter werden und unser Leben etwas weniger stressig wird, kann ich wieder mehr Zeit im Büro verbringen.«[46]

Diese Äußerungen zeigen die Wirkung beider Kräfte. In der ersten sehen wir einen Vater, der genau weiß, was er tun sollte, aber aus ökonomischen Zwängen daran gehindert wird. In der zweiten sehen wir einen Vater, der fähig war, einen Kompromiss mit seiner Arbeitszeit herzustellen, der aber eigentlich gern in sein Büro zurückkehren würde. Manchmal müssen wir und

manchmal wollen wir. In jedem Fall aber scheint dieses Konzept
einer nurmehr tropfenweise verabreichten Kindererziehung,
selbst Produkt einer Kultur der Vernachlässigung, nicht zu funktionieren. Vielmehr stoßen wir immer häufiger auf Fälle wie diesen: »Für die New Yorker Anwältin kam die Erkenntnis im
Lebensmittelladen. Sie war mit ihrem sechsjährigen Sohn unter-
wegs, um ein paar Dinge zu kaufen, aber da normalerweise die
Kinderfrau den Einkauf erledigte, war sie auf das Folgende nicht
vorbereitet. Plötzlich fing ihr Sohn an, schreiend im Laden he-
rumzurennen und auf den Knien an den Regalen entlangzurut-
schen. ›Das *kann* doch nicht mein Kind sein‹, dachte sie ver-
zweifelt. Dann setzte die Verkäuferin dem Ganzen die Krone
auf, indem sie sagte: ›Ach, *Sie* sind also die Mutter.‹ Das war der
Augenblick, als die Anwältin sich eingestehen musste, dass die
mit den Kindern verbrachte ›Qualitätszeit‹ nicht ausreichte.«[47]
   Die Kultur der Vernachlässigung und das Scheitern der mit
ihr verbundenen Qualitätszeit-Lösung bringen uns schließlich
zu unserer Frage zurück, wie das gehetzte, unstrukturierte Leben
der Kinder heute mit der zunehmenden Sucht nach Sinnesreizen
in Beziehung steht. Das fängt mit dem Verlust der Familien-
strukturen an. Das Fehlen eines berechenbaren, gleich bleiben-
den (und langsamen!) Tagesablaufs zu Hause führt dazu, dass
das Kind keine Strukturen der Selbstorganisation und Selbstkontrolle in sich ausbilden kann. Doch »Struktur« heißt nicht
nur Routine und Ritual; sie heißt auch, geduldig da zu sein,
wenn das Kind Aufmerksamkeit braucht. Wenn Kinder Anzeichen von Problemen zeigen, dann brauchen sie nicht einfach
nur Belohnungen oder Bestrafungen von Betreuern, Lehrern,
Babysittern oder Kindermädchen. Wir alle wissen, dass die gesunde Kindesentwicklung von der emotionalen Bindung des
Kindes an seine Eltern abhängt, von etwas also, das nicht eintreten (oder sich nicht recht fortsetzen) kann, wenn die Eltern einen Großteil ihrer Verantwortung an andere delegieren.
   Viele der Dinge aber, mit denen sich Kinder in Ermangelung
einer festen Familienstruktur beschäftigen, sind hochintensive

Aktivitäten. So bedeutet die Kultur der Vernachlässigung auch, dass immer mehr Zeit mit passiver, leichter Unterhaltung zugebracht wird und täglich immer weniger Zeit für wohltuende Stille und Ruhe zur Verfügung steht. Dies gilt nicht nur für die Art von Aktivitäten, zu denen Kinder sich hingezogen fühlen, wie Fernsehen statt Lesen, sondern es hat auch mit der turbulenten Lebensweise zu tun, in der man ständig zwischen verschiedenen Betreuern und Terminen hin- und hertransportiert wird. Diese vielfältigen Aktivitäten lösen häufig einen Abscheu gegen Strukturiertheit aus und ein noch größeres Bedürfnis nach Stimulation, die beide dazu führen können, dass das Kind in langsamen Lebensbezügen völlig durchdreht – in der Schule, beim Essen, zur Bettgehzeit, bei der Hausarbeit, den Schulaufgaben oder wenn dem Kind etwas verboten wird. Eine Erzieherin fasst zusammen: »Wenn Eltern ihre Kinder morgens bringen, müssen wir heutzutage mindestens eine halbe Stunde damit zubringen, die Kinder aufzuwecken oder sie zu beruhigen. Sie kommen aus Familien, wo ununterbrochen der Fernseher läuft, sie fahren in Autos mit dröhnender Musik – kein Wunder, dass manche einfach alles ausblenden und andere im Viereck springen. Früher konnten wir gleich, wenn sie ankamen, mit ihnen unser Programm anfangen, aber jetzt brauchen wir eine ziemlich lange Übergangszeit, um sie einzustimmen.«[48] Mit anderen Worten: Statt die Fähigkeit zur Selbstkontrolle zu lernen, die wir alle brauchen und die früher fast alle Menschen entwickelten, wird Stimulation zu einer Ersatzstruktur für das Kind, und wenn sie wegfällt, fällt auch das Kind auseinander. Das Fass kommt zum Überlaufen, wenn das Kind anfängt, deutliche Zeichen einer zu geringen Strukturiertheit und zu großer Impulsivität zu zeigen und niemand beständig da ist, um die Ungebärdigkeit zu kontrollieren und abzumildern, bevor sie das Wohlergehen des Kindes beeinträchtigt. In der Konsequenz kommen entweder die Eltern oder die Schule schließlich zur Entscheidung, dass etwas Einschneidendes unternommen werden muss, um der drastischen Natur des Problems Herr zu werden. Unglücklicherweise besteht eine einschneidende Lösung, die man bisher probiert hat, in der Vergabe von Ritalin.

Es liegt also auf der Hand, dass die beschleunigte Gesellschaft sowohl direkte wie indirekte Folgen hat. Das Eintauchen in Welten hoher Intensität kann uns zu Reizabhängigen machen und für viele trifft dies bereits zu. Diese Veränderung des menschlichen Bewusstseins ist eine *direkte* Folge der Schnellfeuer-Kultur. Doch die beschleunigte Gesellschaft frisst auch viele Kernstrukturen der Familie und des Gemeinschaftslebens, die Kindern Stabilität und Sicherheit geben, und dies ist eine *indirekte* Wirkung der Schnellfeuer-Kultur. Dieser »Effekt« der Schnellfeuer-Kultur mit seinen zerstörerischen Wirkungen auf Geduld, Konzentration und Selbstkontrolle ist in der Folge eine weitere Ursache unserer psychischen Störungen. Die Schnellfeuer-Kultur verändert *indirekt* auch die bewusste Wahrnehmung und das Verhalten, indem es die Familien- und Gemeinschaftsstrukturen verändert.

2. Kapitel

Die Sucht nach Sinnesreizen: Wie Kultur Krankheit erzeugt

Ich behaupte, dass das hyperaktive Kind versucht, die dynamische Qualität des Fernsehbildschirms zurückzugewinnen, indem es seine Wahrnehmungsrichtungen rasch wechselt. Ich frage mich zugleich, ob es möglich ist, dass Amphetamine sein Verhalten unter Kontrolle bringen, indem sie ein subjektives Erleben schaffen, das dem der fließenden Fernsehbilder gleicht.
Matthew Dumont, M.D. (1976)[1]

»Pseudowissenschaft« (*junk science*) ist in den Medien ein Schlagwort für jene fadenscheinigen wissenschaftlichen und medizinischen Überzeugungen geworden, die zwar unter Laien großen Anklang finden, aber einer wissenschaftlichen Prüfung nicht standhalten. Von der Eugenik bis zur kalten Kernfusion und zum »stützenden« Unterricht für autistische Kinder erinnert uns solche Pseudowissenschaft daran, dass das Etikett »Wissenschaft« an sich noch keine Wahrheit verbürgt. Wissenschaft und Medizin können ebenso fehlerhaft sein wie alle anderen menschlichen Angelegenheiten, manchmal aus Berechnung, doch öfter mit den besten Absichten. Zugleich besteht natürlich die Möglichkeit, dass der Begriff der »Pseudowissenschaft« solchen Vorstellungen angeheftet wird, die, obgleich zutreffend, den Status quo oder diejenigen infrage stellen, die von ihm profitieren. Eines ist jedenfalls sicher: Sowohl die Wissenschaftler als auch ihre Kritiker bedürfen der Kontrolle. Keiner von beiden kann beanspruchen, ohne Irrtümer oder Eigeninteressen die reine Wahrheit zu verkörpern.

Einer der Begriffe, die in letzter Zeit mit dem Etikett Pseudowissenschaft versehen wurden, ist die multiple chemische Sensitivität (*multiple chemical sensitivity*, MCS). Dieses Syndrom geriet ins öffentliche Blickfeld, nachdem eine wachsende Zahl von Menschen auf Stoffe in ihrer Umwelt leichte bis Besorgnis erregende Reaktionen zeigte. Die Krankheit wurde von verschiedenen Wissenschaftlern, Ärzten, Regierungsstellen und Repräsentanten des öffentlichen Lebens anerkannt. Zum Beispiel unterstützt das »U.S. Department of Housing and Urban Development« (HUD) Personen finanziell, bei denen MCS diagnostiziert wurde; in Kalifornien stellt das HUD annähernd zwei Millionen Dollar für besonderes ökologisches Wohnen zur Verfügung. Auch vom amerikanischen Gesetzgeber wird MCS mittlerweile als Behinderung angesehen.[2]

Die vermeintlichen Ursachen für diese Krankheit reichen von Chemikalien, insbesondere Formaldehyd, über Pestizide, Lösungen, Farben, Waschmittel, Dämpfe, Parfums, Kosmetika, Tabakrauch bis hin zu elektromagnetischen Feldern. Die Krankheit gilt als Folge einer chronischen Belastung mit solchen Substanzen und kann durch jeden Kontakt mit ihnen ausgelöst werden. Die Berichte über die Symptome schwanken beträchtlich, unter anderem gehören dazu Kopfschmerzen, Rücken- und Gliederschmerzen, Atemnot, allergische Symptome, Erkältungs- und Grippesymptome und auch psychische Störungen wie Angst, Gedächtnisverlust und Schlaflosigkeit. Diese Symptome sind so unübersehbar, dass sie Menschen – typischerweise gebildete Frauen aus der Mittelschicht – dazu bringen, ihre komfortablen sozialen Umgebungen und Wohnungen zu verlassen und in sterile »Glashäuser« einzuziehen. In einem Fall lebte ein Mann in der Garage, nachdem seine Frau so krank geworden war, dass sie den bloßen Geruch seiner Kleidung und seines Essens nicht mehr ertragen konnte.[3]

Trotz der augenscheinlichen Berechtigung als Krankheitsphänomen oder vielleicht auch wegen ihr hat MCS den Spott verschiedener Wissenschaftler, Ärzte und Journalisten auf sich gezogen. Etablierte medizinische Einrichtungen haben die Krankheit als psychosomatisch abgetan, da Untersuchungen keinerlei Zusammenhang zwischen einer Belastung mit Chemikalien und den Symptomen ergeben hätten. Organisationen wie die »American Academy of Allergy and Immunology«, das »American College of Physicians«, das »American Medical Association Council on Scientific Affairs« und die »World Health Organization« stimmen darin überein, dass die Daten keineswegs den Schluss zulassen, bei jenen Symptomen handle es sich um eine medizinisch-organische Erkrankung. Die Symptome, die sich nicht wegdiskutieren lassen, gelten nicht als Folge einer erworbenen Sensitivität gegenüber Umweltgiften.[4] Vielmehr glauben viele, dass sie Teil einer unspezifischen psychischen Störung darstellen, also an eine Art psychosomatischer Erkrankung.

Die Kritiker werden zum Teil durch eine Untersuchung bestärkt, in der ein Placebo-Test zum Einsatz kam, wobei diejenigen, die unter der Erkrankung litten, sich einem Blindversuch unterziehen mussten. Das heißt, die Reaktion einer Person wird getestet, nachdem sie chemischen Stoffen ausgesetzt, aber im Glauben gelassen wurde, dies sei nicht der Fall, oder umgekehrt, wenn keine Chemikalien im Spiel waren, die Person aber glaubte, sie werde damit konfrontiert. Manchmal ergeben sich solche Tests auch im Lebensalltag wie in der folgenden Fallgeschichte: »Karen arbeitete als Bibliothekarin bei der gleichen Zeitung in Los Angeles, für die ich auch arbeitete. Als wir in neue Büros umzogen, sagte ihr jemand, dass die Bücherregale mit Formaldehyd belastet seien. Bald litt sie an Kopf- und Gliederschmerzen und das Atmen fiel ihr schwer. Doch dann erfuhr sie, dass die Regale unbelastet seien. Plötzlich verschwanden die Symptome. Ein Kollege erzählte mir später, dass sich schließlich herausgestellt habe, dass die Regale doch belastet seien, aber Karen blieb davon in Unkenntnis und zeigte keine Symptome mehr.«[5] In einem anderen Fall klagten Bewohner von Newburgh, New

York, über Übelkeit und Unwohlsein, nachdem sie von Plänen gehört hatten, ihr Trinkwasser solle mit Fluor angereichert werden; das Problem war nur, dass man damit noch nicht angefangen hatte.

Um die Echtheit ihrer Leiden unter Beweis zu stellen, nahmen Personen, bei denen MCS diagnostiziert worden war, freiwillig an formalisierten Versionen dieses Tests teil, mit dem Ergebnis, dass ihre Reaktionen unspezifisch waren. Eine Untersuchung, die im *New England Journal of Medicine* erschien, wurde sogar von einem Wissenschaftler durchgeführt, der glaubte, selbst unter MCS zu leiden. Er fand heraus, dass Patienten unter Blindbedingungen auf wirkungslose Placebos genauso reagieren wie auf aktive Kontaminanten. Wie bei Karen lassen die Resultate vermuten, dass die *Überzeugung* davon, was sich in der Luft befindet, mindestens ebenso starke Symptome erzeugt wie das, was tatsächlich vorhanden ist. Natürlich erscheint dies den Betroffenen als purer Hohn, da es für sie undenkbar ist, dass sie nur aus psychischen Gründen so krank sein sollten.

Was hat das alles mit der Schnellfeuer-Kultur und der Transformation des menschlichen Bewusstseins zu tun? Die Feststellung, dass MCS möglicherweise auf »Pseudowissenschaft« beruht, ist zunächst einmal eine Warnung davor, die Komplexität psychischer Erkrankungen in der modernen Zeit zu unterschätzen, und auch davor, sie nicht als körperliche Erkrankungen zu missdeuten. Es ist deswegen auch eine Warnung, die das Aufmerksamkeitsdefizitsyndrom (ADS) betrifft und uns also hier unmittelbar berührt. Denn wenn wir einmal von den berechtigten Fragen absehen, die es bezüglich der Stichhaltigkeit beider Symptome gibt, und stattdessen unser Augenmerk darauf lenken, wie unterschiedlich MCS und ADS in Medizin, Wissenschaft und Medien interpretiert werden, dann ahnt man, wie »Experten« Krankheiten und Störungen für die Massenöffentlichkeit aufbereiten.[6] Wie wir später noch sehen werden, hat die Tatsache, dass die »American Medical Association« (AMA) ADS als regelrechte medizinische Störung anerkennt und MCS nicht, so gut wie nichts mit wissenschaftlicher Erkenntnis zu tun. Wir reden hier jedoch keiner bewussten Verschwörung das Wort, sondern glauben, dass ungeprüfte institutionelle Erwartungen und Bedingungen die Entscheidungen von Ärzten, Forschern, Gesundheitsbeamten und Politikern beeinflussen, so dass sie schließlich den vorherrschenden gesellschaftlichen Vorurteilen unterliegen.

Das Problem: »ADS«, eine Wirkung ohne Ursache

Das Aufmerksamkeitsdefizitsyndrom unterscheidet sich insofern von MCS, als ADS von der Medizin nie einer strengen Prüfung unterzogen wurde.[7] Aber besteht dafür Anlass? Ist ADS denn nicht eine weithin anerkannte medizinische Störung, während MCS nur für einen Randbereich der Ärzte und Patienten eine Rolle spielt? Es stellt sich allerdings heraus, dass MCS und ADS bezüglich der Stichhaltigkeit und des diagnostischen Werts vieles gemeinsam haben:

— Die grundlegenden Symptome sind in beiden Fällen vage und nur schwer von Alltagsstörungen zu unterscheiden oder von Störungen, die nicht das Geringste mit dem Syndrom selbst zu tun haben.
— In beiden Fällen lassen sich die Symptome nicht durch konkrete medizinische Untersuchungsverfahren (Tests) erhärten, wodurch sie denn auch eher als Syndrom denn als medizinische Störung oder Erkrankung erscheinen.
— Beide Syndrome haben die besondere Eigenart, nur bestimmte Untergruppen der Bevölkerung zu betreffen; zum Beispiel ist jeweils ein Geschlecht deutlich stärker betroffen als das andere.
— Die Diagnose ist in beiden Fällen nicht zweifelsfrei, da diejenigen, die sie stellen, zugleich von ihr profitieren, indem die Patienten häufig einen großen Teil ihrer Klientel ausmachen.

Ungeachtet dieser Probleme ist es wichtig, darauf hinzuweisen, dass dies keineswegs heißt, bei ADS oder MCS handle es sich um Scheinsymptome. Vielmehr sind diese in beiden Fällen klar belegt. In einem sehr kritischen Kommentar zu MCS schreibt der Journalist Michael Fumento: »Menschen mit ›multipler chemischer Sensitivität‹ leiden ohne Zweifel. Die Frage ist nur: warum?«[8] Ebenso schreibt der Wissenschaftler und MCS-Kritiker Ronald Gots, dass »selbst der zynischste Beobachter zugeben muss, dass viele dieser Menschen entsetzlich leiden«.[9] Das Gleiche wurde auch von ADS gesagt; es gibt keinen Zweifel, dass Kinder mit dieser Diagnose an Hyperaktivität und Konzentrationsmangel leiden, zumindest unter gewissen Bedingungen; auch hier lautet die Frage, warum. Um es einfach zu sagen: Was wir wissen wollen, ist, ob diese Symptome eine spezifische medizinisch-biologische Störung darstellen oder eine, die entwicklungsbedingt und kulturell induziert ist.

Es ist wichtig, hier darauf hinzuweisen, dass es eine beträchtliche Anzahl von Skeptikern gibt – sogar in den USA –, auch wenn sie in den Medien kaum je zu Wort kommen. Betrachten wir den Bericht »On the Epidemiology of Hyperactivity« von einem Professor des Londoner Institute of Psychiatry:

> Der Begriff eines Aufmerksamkeitsdefizitsyndroms ist oft vehement und vernichtend kritisiert worden. Kein Verhaltenssyndrom einer »minimalen Funktionsstörung im Hirn« wurde verlässlich identifiziert. Die DSM-III-Definition eines »Aufmerksamkeitsdefizitsyndroms mit Hyperaktivität« (ADHS) behauptet ein allgemeines breites Syndrom; doch kann dies nicht als biologisch einheitlicher Tatbestand gewertet werden. ADHS ist in seiner Symptomatologie keineswegs kohärent; es wird in der Praxis nicht verlässlich diagnostiziert; es hat keinen prognostischen Wert außer bezüglich der sozialen Verhaltensprobleme, die meist damit einhergehen; und es geht mit psychischen Belastungen ebenso einher wie mit organischen Vorgängen oder Schädigungen. Überdies unterscheidet sich die Reaktion auf Amphetamine bei Kindern mit Hyperaktivität nicht von der bei Kindern ohne diese Verhaltensstörung.[10]

Der grundlegende Unterschied zwischen ADS und MCS ist jedenfalls nicht der, dass das eine Krankheitsbild sich im Gegensatz zum anderen durch eine klare wissenschaftliche Beweislage auszeichnen würde.

Symptome wovon?

Kritiker von MCS weisen darauf hin, die Symptome seien so allgegenwärtig, dass man sie für jede Menge von Schlussfolgerungen heranziehen könnte. »Wir alle haben diese Symptome manchmal – Kopfschmerzen, Müdigkeit«, stellt ein Journalist fest. »Wenn Ihnen ein Arzt sagt: ›Ach, das sind Chemikalien, die diese Geschichte bei Ihnen verursachen‹, dann ist es leicht, gewisse Wirkungsmuster zu erkennen und sich selbst für krank zu halten.«[11] Ein weiterer Journalist schreibt: »Die Schwierigkeit (ist) natürlich, dass die Symptome so vage sind und es noch keine Labortests gibt, die den Zustand diagnostizieren.«[12] Währenddessen sind andere bei ADS zu den gleichen Ergebnissen gekommen. In einer Broschüre der »American Academy of Pediatrics« steht zu lesen: »ADHS ist manchmal sehr schwer zu diagnostizieren, da es so viele Symptome mit anderen Störungen teilt.«[13] Ebenso schreiben die Psychiater Edward Hallowell und John Ratey in ihrem Bestseller über ADS *Driven to Distraction*: »Die Hauptsymptome von ADS – Konzentrationsmangel, Impulsivität, hoher Aktivitätsgrad – werden gewöhnlich ganz allgemein mit Kindern verbunden, so dass die Diagnose oft gar nicht in Betracht gezogen wird ... Wie können wir ein verwöhntes Kind von einem ADS-Kind unterscheiden? Wie können wir ein Kind mit emotionalen Problemen von einem Kind mit ADS unterscheiden?«[14]

Die Kritik, dass ADS in Wirklichkeit nicht mehr ist als eine Sammlung heterogener Symptome, die vielleicht eine wirkliche medizinisch-biologische Störung konstituieren, vielleicht aber auch nicht, kommt aus vielen Richtungen. Vielleicht ist am bemerkenswertesten die Geschichte der Diagnose selbst, die eine erstaunliche Inkonsistenz aufweist. Die frühen Diagnosen, die sich allein auf Hyperaktivität konzentrierten (wie beim »hyperkinetischen Syndrom des Kindesalters«), wurden gefolgt von einer Hinwendung zu Aufmerksamkeitsproblemen (»Aufmerksamkeitsdefizitsyndrom«) und dann von einer Entweder/Oder-Diagnose, die sich entweder für Hyperaktivität oder für Aufmerksamkeitsdefizite entschied (dies ist die gegenwärtige diagnostische Kategorie, das »Aufmerksamkeitsdefizitsyndrom mit oder ohne Hyperaktivität«). Bezüglich dieses Begriffs hebt der Professor für Psychiatrie Gerald Coles hervor: »Der ganze Terminus hat so viele Metamorphosen durchgemacht, dass man hinsichtlich der begrifflichen Sauberkeit nur von einer Katastrophe sprechen kann.«[15]

Es ist wichtig, sich klar zu machen, dass bei all diesen Wandlungen der psychiatrischen Begriffsbestimmung die Diagnose immer nur auf »weichen« Symptomen beruhte. Sie stützte sich nicht auf unabhängige medizinische Testverfahren, sondern vielmehr auf eine Ansammlung von Symptomen, von denen kein einziges sich ausschließlich dieser Störung zuordnen lässt. Sowohl Hyperaktivität wie Aufmerksamkeitsdefizite können aus einer Reihe verschiedener psychologischer Probleme entstehen, darunter Depression und Verhaltensstörungen; sie stellen zugleich einen Teil des normalen Verhaltensspektrums dar. Da die ADS-Symptome zu einem gewissen Grad bei allen Kindern beobachtbar sind, wird eine Diagnose erst dann für berechtigt erachtet, wenn genug von ihnen in Kombination auftreten und das Kind seine Betreuer überfordert. Kurz gesagt basiert die Diagnose auf einem unpräzisen System, bei dem es um die Häufigkeitsdichte von Verhaltensweisen geht, die ansonsten für normal angesehen werden.

Entsprechend der gängigen Diagnosepraxis muss ein Kind sechs von neun hyperaktiven Zuständen zeigen (zum Beispiel Zappeln) oder sechs von neun Zuständen der Aufmerksamkeitsschwäche (etwa, wenn sich das Kind leicht ablenken lässt). Wie es möglich ist, dass zwei Symptomgruppen für die gleiche Störung stehen können, wird nicht erklärt.

Warum ist eine Diagnose, die auf weichen Symptomen beruht, problematisch? Diese Frage bringt uns auf eine zweite Schwierigkeit bei der Definition von ADS, nämlich dass die Diagnose einfach nicht funktioniert. Ärzte, auch diejenigen, die speziell für diesen Diagnosetypus ausgebildet wurden, haben sich wiederholt als nicht verlässlich erwiesen. Woher wissen wir das? Vor allem wissen wir es aus formalen Untersuchungen, die Diagnosen vergleichen, welche von verschiedenen ausgebildeten Personen zu den gleichen Verhaltensprofilen gestellt wurden.[16] Eine Untersuchung benutzte Videos, um die Beurteilung der Hyperaktivität durch Ärzte aus vier verschiedenen Ländern zu vergleichen, und kam zu dem Schluss, dass »… die Wahrnehmung von Hyperaktivität zwischen den Ländern deutlich schwankt, auch wenn die gleichen Beurteilungskriterien vorgegeben sind«.[17] In einer anderen Untersuchung, die auf England beschränkt blieb, wurden 12 Prozent der »normalen« Kinder fälschlich als hyperaktiv diagnostiziert. Dies mag als tolerierbare Fehlerquote erscheinen, ist es aber nicht. Wenn das tatsächliche Auftreten von Hyperaktivität bei heutigen Kindern, sagen wir, 5 Prozent (ungeachtet der Ursache) beträgt, heißt dies, dass 95 Prozent der Kinder sich innerhalb eines normalen Bereichs der Hyperaktivität befinden; wenn aber 12 Prozent von diesen 95 Prozent fehldiagnostiziert werden, wäre die Mehrheit aller Kinder, denen die Diagnose ADS gestellt wurde, in Wirklichkeit »normal«.[18]

Der vielleicht bedenklichste Beleg, wie unbestimmt der Begriff ADS in Wahrheit ist, kommt von Untersuchungen, die prüfen, ob Ärzte in ihren Praxen, den heutzutage häufigsten Diagnoseorten, bei Kindern verlässliche Diagnosen stellen können. Weil Kinder, die sich innerhalb der Grenzen akzeptierbaren Verhaltens bewegen, manchmal hyperaktiv wirken, und weil hyperaktive Kinder oft »normal« wirken, insbesondere in der Arztpraxis, wirft dies ein ernstes Problem auf. Eine Untersuchung, die in der Zeitschrift *Pediatrics* vorgestellt wurde, fand heraus, dass 80 Prozent der Kinder, die laut Familien- und Schulberichten für hyperaktiv gehalten wurden, »in der Praxis ein musterhaftes Verhalten und keine Anzeichen von Hyperaktivität« zeigten. Dieses Ergebnis stimmt mit zahlreichen Untersuchungen überein – und mit Dutzenden von Zeitungsartikeln –, die beträchtliche Meinungsunterschiede zwischen Eltern, Lehrern und Klinikern darüber feststellten, wer für eine Diagnose qualifiziert sei.[19] Dies kann nur Zweifel an der Existenz von ADS als einem wirklichen medizinischen Phänomen wecken, da es allein diese Symptome sind, die die Basis der Diagnose bilden. Wie es in dem oben zitierten Absatz heißt, »ist (ADS) in seiner Symptomatologie nicht kohärent; es wird in der Praxis nicht verlässlich diagnostiziert«.

Ein dritter Beleg dafür, dass es sich bei ADS um ein unbestimmtes Konglomerat von Symptomen handelt, rührt von epidemiologischen Schätzungen bezüglich seiner Verbreitung her. Während Kritiker auf Verbreitungszahlen in Europa hinweisen, die nur von einem Zehntelprozent ausgehen, kommen Schätzungen in den USA auf 20 Prozent; die Schätzungen sind in den USA während der zweiten Hälfte des letzten Jahrhunderts zudem dramatisch angestiegen. Wie immer der gegenwärtige Stand der Verbreitung sein mag, hier geht es darum, dass solche Abweichungen die Unmöglichkeit spiegeln, eine scharfe Grenze zu ziehen zwischen denen, die für »gesund«, und denen, die für »krank« gehalten werden; sehr viel richtiger lässt sich wohl sagen, dass diese Symptome, statt in ein genau definiertes Schwarz-Weiß-Schema zu passen, ein Kontinuum bilden, das aus vielen Grautönen besteht.[20]

Die Schlussfolgerung – dass die Diagnose von ADS auch Störungen betrifft, die aus anderen Gründen auftreten – ist natürlich die gleiche wie bei MCS. Erneut bedeutet dies nicht, dass die Symptome nicht existieren; sie nehmen vielleicht sogar zu. Es bedeutet aber, dass die wissenschaftliche Evidenz für eine biologisch bewiesene medizinische Störung alles andere als überzeugend ist. Der Unterschied zwischen ADS und MCS liegt vielmehr an der unterschiedlichen Interpretation dieser Unklarheit. Im Fall von MCS ist die Tatsache, dass die Symptome von einer Vielzahl anderer Ursachen herrühren können, ein Schlüsselargument dafür, das es sich um eine pseudomedizinische Störung handelt. Wie wir gesehen haben, wird angenommen, dass die Symptome aufgrund anderer Erkrankungen oder aufgrund eines psychosomatischen Syndroms auftreten. Im Gegensatz dazu werden im Fall von ADS jene vagen Symptome dazu, und zwar erfolgreich, benutzt, um die Existenz der Störung zu beweisen. Wie geht das vor sich? Fürsprecher nutzen die Unklarheit von ADS, um seine plötzliche Zunahme zu erklären. Sie sagen, die Störung habe immer schon existiert, doch sei sie nie adäquat erkannt und behandelt worden. Genau dies finden wir in Hallowells und Rateys *Driven to Distraction* wieder: »Wenn man sich einmal mit diesem Syndrom beschäftigt hat, dann sieht man es überall. Bei Leuten, die man früher für desorganisiert oder manisch oder hyper oder kreativ, aber unberechenbar hielt, bei Leuten, von denen man weiß, dass sie mehr leisten könnten, wenn sie es nur ›auf die Reihe brächten‹, Leuten, die es in der Schule oder in ihrem Beruf nie an ihrem Stuhl hielt, Leuten, die es bis nach oben geschafft haben, aber noch immer getrieben oder desorganisiert wirken; sie alle sind vielleicht Leute, die in Wirklichkeit unter einem Aufmerksamkeitsdefizitsyndrom leiden. Manche der Symptome können Sie vielleicht sogar in Ihrem eigenen Verhalten entdecken.«[21] Hier werden wir mit einem klaren und gefährlichen Widerspruch konfrontiert. Wir können nicht die eine Störung als unbestimmt und spekulativ beiseite schieben und dann die Unbestimmtheit einer anderen als Beweis für deren Existenz nehmen. Mehr noch, die Vorstellung, eine Diagnose von ADS sei so einfach, wie bis drei zu zählen, wenn man erst einmal wisse, worauf man zu achten habe, zeigt eine beklagenswerte Arroganz mancher Psychiater, die uns an einen Fall in der Geschichte der Psychiatrie erinnert, den viele Angehörige des Berufsstands gern vergessen möchten.

In den frühen Siebzigerjahren entschloss sich D.L. Rosenhan zu überprüfen, ob Psychiater möglicherweise das tun, was Hallowell und Ratey in dem obigen Absatz tun: menschliches Verhalten durch eine verzerrte Linse zu interpretieren, die mit ihren spezifischen Vorurteilen darüber übereinstimmt, bei wem eine medizinische Erkrankung vorliege und bei wem nicht. Rosenhan schickte eine Reihe vollkommen normaler Menschen – darunter Psychologen, ein Psychiater, eine Malerin, eine Hausfrau usw. – zu verschiedenen psychiatrischen Kliniken in der Umgebung von San Francisco und anderswo. Sie waren von Rosenhan instruiert, sich so normal wie möglich zu verhalten, höflich und kooperativ zu sein und alle Fragen ehrlich zu beantworten. Die einzige Ausnahme war, dass sie, als sie sich in der Klinik anmeldeten, einen falschen Namen und Beruf angaben und davon berichteten, sie hörten seit kurzem eine Stimme die Worte »hohl«, »leer« und »Bums« sagen. Nachdem sie stationär aufgenommen worden waren, kamen sie später auf diese Stimmen nicht mehr zurück.

Rosenhan wollte herausfinden, wie viele seiner Scheinpatienten angenommen würden, und wenn ja, wie lange es dauern würde, bis man ihre geistige Gesundheit feststellte. In dem Untersuchungsbericht, der 1973 in *Science* publiziert wurde (»On Being Sane in Insane Places«), gestand Rosenhan, dass die Ergebnisse seine düstersten Erwartungen übertroffen hatten. Alle seine Versuchsteilnehmer wurden von den Kliniken aufgenommen und im Durchschnitt neunzehn Tage lang dabehalten.[22] Obwohl sieben von acht als schizophren diagnostiziert und selbst noch bei ihrer Entlassung als »schizophren in Remission« bezeichnet wurden, waren viele ihrer »Mitpatienten« ironischerweise davon überzeugt, dass sie nur so taten als ob. Gelegentlich klagten die Patienten, der Scheinpatient sei wahrscheinlich Journalist, der das Krankenhaus ausspioniere. Rosenhan kam zu dem Schluss, dass ausgebildete und erfahrene Ärzte wiederholt zwischen normalem und geisteskrankem Verhalten nicht unterschieden, und zwar trotz des normalen Verhaltens seitens der

Testteilnehmer. Stattdessen zeigten die Psychiater, was in der Sozialpsychologie als Wahrnehmungsassimilation definiert wird, nämlich die Neigung, »hineinzulesen«, was man zu sehen wünscht, statt zu sehen, was tatsächlich ist.

Jetzt lassen Sie uns dies auf die Probleme übertragen, die mit ADS zu tun haben. Wenn Hallowell und Ratey uns versichern: »Wenn man sich einmal mit diesem Syndrom beschäftigt, dann sieht man es überall«, so scheinen sie Recht zu haben. Wenn Psychiater, Kinderärzte, Lehrer und Eltern erst einmal darauf konditioniert sind, störend hohe Intensitäten eines ansonsten für normal gehaltenen Verhaltens oder psychischen Rückzugsverhaltens als angeborene Krankheiten anzusehen, dann werden sie schließlich umso leichter überall auf ADS stoßen. Sie werden dabei wahrscheinlich auch vergessen, dass der Begriff ADS allein durch diese Störungen konstituiert wird, und ADS selbst als Erklärung dafür heranziehen. Das ist natürlich eine platte zirkuläre Erklärung, weil wir in Ermangelung biomedizinischer Testverfahren keinen anderen Anhaltspunkt für die Existenz von ADS haben als die Symptome, mit denen wir ADS definieren. Wie Psychiater, Kinderärzte oder irgendjemand sonst zwischen angeborener Ruhelosigkeit und dem unterscheiden können, was Hallowell und Ratey als »kulturinduziertes ADS« bezeichnen, wird eine drängende soziale Frage.

Der doppelte Standard, den wir an die Interpretation der Unklarheit von ADS und MCS anlegen, wird in einem Bericht über MCS deutlich, der im ABC-Nachrichtenmagazin »20/20« gesendet wurde. »20/20« schickte zwei gesunde Mitarbeiter zu einem Arzt, von dem bekannt war, dass er keine Bedenken gegen die Diagnose von MCS hat. Nachdem sie einige Fragebögen ausgefüllt hatten und von dem Arzt befragt worden waren, wurde beiden Personen die Diagnose MCS gestellt. Natürlich war dies genau das, was die Journalisten wollten. Jetzt konnten landesweit im Fernsehen die Erkrankung als Unsinn und die sie behandelnden Ärzte als Scharlatane vorgeführt werden. Wir wissen, dass ADS eine solche Bloßstellung vor dem breiten

Fernsehpublikum bisher erspart geblieben ist, jedoch können wir uns durchaus vorstellen, was unter den gleichen Bedingungen geschehen würde. Was würde, mit anderen Worten, passieren, wenn wir ein paar unserer »Jungs sind nun mal Jungs« zum Kinderarzt oder Kinderpsychiater schickten? Es stellt sich heraus, dass wir die Antwort bereits kennen, und es ist die gleiche, die »20/20« über MCS berichtete. Wie die Untersuchungen oben vermuten lassen, können wir eine Fehldiagnose selbst dann erwarten, wenn wir die Kinder zu Ärzten schicken, die nicht auf diese Art von Störungen spezialisiert sind. Wenn wir jedoch wie in dem »20/20«-Report die Kinder zu einem Arzt schickten, der auf die Behandlung von ADS spezialisiert ist – und der regelmäßig Ritalin verschreibt –, könnten wir mit an Sicherheit grenzender Wahrscheinlichkeit eine ADS-Diagnose erwarten. Wieder besteht, wie dieses Beispiel zeigt, der Unterschied zwischen MCS und ADS nicht im wissenschaftlichen Nachweis, sondern darin, wie sie von den Medien, der Wissenschaft und der Medizin aufbereitet werden.

Natürlich beweisen unbestimmte Symptome an sich noch nicht, dass es sich bei MCS oder ADS um Pseudokrankheiten handelt. Zahlreiche medizinische Erkrankungen wie zum Beispiel Aids können schwer interpretierbare Symptome haben. Doch was dies im Fall von ADS (und MCS) zu einem ernsten Problem macht, ist der Mangel an harter klinischer Evidenz, um die Bedeutung dieser Symptome zu bestätigen. Es mag Ihnen selbstverständlich erscheinen, und zwar zu Recht, dass eine anerkannte medizinische Erkrankung durch medizinische Beweise gestützt sein sollte, aber dies trifft auf keines der beiden Syndrome zu und gerade deswegen handelt es sich eben auch um *Syndrome*.

Dieses Etwas namens ADS

Das Treffen der Diagnose, dass jemand ein medizinisches Leiden, eine Krankheit oder Störung hat, wird in den letzten Jahren immer fahrlässiger gehandhabt. Stanton Peele stellt in seinem Buch *The Diseasing of America* fest, dass unsere Gesellschaft davon besessen ist, jede anhaltende psychologische oder Verhaltensstörung mit dem Namen einer Krankheit zu versehen, von ADS über Alkoholismus und Depression bis zur Korpulenz.[23] Doch nur schon eine oberflächliche Betrachtung führt zu dem Schluss, dass diese Medizinisierung psychologischer Phänomene weit über das Ziel hinausgeschossen ist, insbesondere wenn wir uns vor Augen führen, wie sehr diese Probleme im Verlauf der Geschichte und in den verschiedenen Kulturen und Subkulturen variierten.[24] Solange diese Variationen nicht Ausdruck einer infektiösen Erkrankung sind, widerspricht es aller Erfahrung, dass vorgeblich biologisch begründete Störungen in so unterschiedlicher Verbreitung auftreten. Natürlich ist ein Nachweis der medizinisch-organischen Ursache für eine psychische Störung das Auffinden einer biomedizinischen Evidenz dafür. Aufgrund der Entdeckung »harter« Krankheitsbeweise wird der Wahnsinn infolge von Syphilis, werden Paranoia und Vergesslichkeit infolge von Alzheimer und das rätselhafte Verhalten einer Person mit Hirntumor nicht länger als psychologische Probleme missverstanden. Doch wie wir gesehen haben, gibt es solche Beweise für eine organische Erkrankung weder bei MCS noch bei ADS.

In seinem Essay über MCS schreibt Michael Fumento: »Die traditionelle Definition einer organischen Erkrankung lässt uns eine ziemlich begrenzte Anzahl von Symptomen, Ursachen und Behandlungsarten erwarten (sofern es diese gibt). Des Weiteren sollte es biologische Tests geben, um die Erkrankung zu bestätigen.«[25] Er zeigt dann, dass die Diagnose »MCS gegenüber allen traditionellen Krankheitsstandards – Symptome, Ursachen, Behandlungsarten und Tests – versagt«.[26] Ähnlich kritisiert der Wissenschaftler Ronald Gots MCS, weil es nach »allen möglichen Bluttests, Immunsystem- und Hirntests … immer noch keinen Nachweis für eine körperliche Erkrankung im Zusammenhang mit diesen Belastungen gibt«.[27] Selbst das »American Medical Association's Council of Scientific Affairs«, das sich mit den MCS-Behauptungen auseinander setzte, kam zu dem Schluss, dass es keinen harten Beweis für die Krankheit gebe und dass medizinische Tests bestenfalls experimentellen Charakter hätten.[28]

Ohne einen biomedizinischen Beweis für MCS kann ihre Diagnose als biomedizinische Erkrankung nur mit großem Misstrauen betrachtet werden. Im Fall von ADS jedoch scheint diese Logik nicht zu gelten. All die oben genannten Kritikpunkte treffen auch auf ADS zu und doch wird diese Klassifizierung vom amerikanischen medizinischen Establishment weiterhin unterstützt und verteidigt. In Wahrheit wurde für ADS noch nie eine biomedizinische *Ursache* nachgewiesen, geschweige denn hat es ein verlässliches diagnostisches Verfahren gegeben (mit der Ausnahme jener wenigen diagnostizierten Fälle, in denen eine Kinderkrankheit oder Verletzung im Spiel war), aber dies hat keineswegs die »Biologisierung« und damit auch »Medizinisierung« dieser Kindheitsstörungen durch die American Psychiatric Association (APA) und die AMA tangiert. Katherine Tyson, die als Professorin für Sozialpädagogik tätig ist, schrieb 1991:

> Die weit überwiegende Mehrheit der Forschung über Hyperaktivität im Kindesalter basierte auf einer verbreiteten reduktionistischen und nicht zu rechtfertigenden Annahme … (welche) behauptet, die kognitiven Symptome und Verhaltenssymptome des Kindes ließen sich am besten verstehen und behandeln, wenn man das zentrale Nervensystem als die wichtigste ätiologische Variable ansehe … Obwohl Tausende von Untersuchungen durchgeführt wurden, um den organischen Defekt zu finden, hat niemand je eine neurologische Funktionsstörung identifiziert, die für hyperaktiv eingestufte Kinder spezifisch wäre … (Ebenso wenig) wurde trotz zwanzigjähriger Forschung ein Defekt in der Aktivität von Transmittern nachgewiesen, die für hyperaktiv eingestufte Kinder spezifisch wäre, (und) viele Techniken zur Messung von Parame-

tern der zerebralen Neurophysiologie … haben keinerlei neurologische Funktionsstörung festgestellt, die hyperaktiv eingestuften Kindern eigen wäre.[29]

Die Geschichte, diesen Verhaltensstörungen eine biologische Ursache zuzuweisen, konnte ursprünglich sehr legitime Gründe für sich ins Feld führen. Die ersten Beobachtungen der Hyperaktivität wurden an Kindern gemacht, die eindeutig eine seltene Krankheit oder ein Trauma erlitten hatten, z.b. angeborene Hirnschäden, ein Geburtstrauma, postnatale Kopfverletzung, Meningitis, Enzephalopathie oder Epilepsie.[30] Natürlich wurde die beobachtete Hyperaktivität bei diesen Kindern auf die körperlichen Schäden zurückgeführt, die sie erlitten hatten. So wie im Fall jener Studie, die 1937 in den *Archives of Neurology and Psychiatry* publiziert wurde, entdeckten frühe Untersuchungen über Kinder mit Hyperaktivität häufig eine damit verbundene biologisch-organische Ursache. Ebenso bemerkenswert ist aber, dass man, wenn keine minimale Hirnstörung (*minimal brain dysfunction*) lokalisiert werden konnte, die Ursache der Störungen in der Umwelt als *environmental disturbances* vermutete oder auch bewies.[31]

Die letztere Erkenntnis ist von Gewicht, weil nur sehr wenige Kinder, die heute mit ADS diagnostiziert werden, an irgendeiner »minimalen Hirnstörung«, wie man es damals nannte, leiden. Was nicht bedeutet, dass diese Störungen nicht mehr auftauchen, sondern vielmehr, dass der Anteil der Kinder mit ADS-Diagnose, die ansonsten aber gesund sind, sprunghaft angestiegen ist. 1980 stellte die APA, die für die diagnostische Kategorie des ADS (heute ADHS) verantwortlich ist, fest, dass *nicht mehr als 5 Prozent der Kinder, bei denen ADS diagnostiziert werden könnte, eine solche identifizierbare neurologische Störung haben.*[32] Was wiederum zwei beunruhigende Fragen aufwirft. Erstens: Warum ist aus einer seltenen Störung, die mit nachweisbaren Kindheitserkrankungen und Hirnverletzungen verbunden war, eine allgegenwärtige Krankheit geworden, die mit einer Stoffwechselstörung im Gehirn zusammenhängen soll, deren Ursache unbekannt ist? Zweitens: Wenn diese frühen Ansichten über Hyperaktivität den Schluss nahe legen, dass der gewaltige Anstieg von ADS an Umwelteinflüssen und nicht an biomedizinischen Ursachen liegt, warum betrachten wir ADS dann als organische Krankheit? Schließlich gibt es keinen medizinischen Beweis für eine solche Behauptung.

Dass bei den meisten ADS-Kindern keine neurologische oder biochemische Funktionsstörung gefunden wurde, hat nicht verhindert, dass eine organisch-medizinische Störung konstruiert wurde, um Hyperaktivität und nachträglich auch Aufmerksamkeitsdefizite zu erklären. Die derzeitige Darstellung der Zusammenhänge hört sich etwa so an: In den letzten fünfzig Jahren hat es gewaltige wissenschaftliche Fortschritte gegeben. Viele Individuen leiden an einer neurobiologischen Behinderung, die erst seit kurzem wissenschaftlich definiert, diagnostiziert und erfolgreich behandelt werden kann. Obzwar es keine präzise biologische Erklärung für die Ursachen oder die zugrunde liegenden Mechanismen gibt, beweist die Effizienz von Ritalin – die meisten Menschen zeigen eine unmittelbare Reaktion auf die Einnahme des Medikaments – die Existenz der Störung und ihre innere, organische Ursache. Für die meisten wird ADS wie Diabetes eine lebenslange Behinderung darstellen, die eine ständige Medikation und besondere soziale Betreuung erfordert. Zwar mag es Überdiagnosen und Übermedikation und einen Missbrauch von Ritalin als Freizeitdroge geben und Letzterer sogar zunehmen, doch widerlegen diese Missbräuche keineswegs die Tatsache, dass ADS eine anerkannte neurobiologische Störung und eine schwere Behinderung darstellt.

Die Wahrheit über diese Dinge ist nicht annähernd so simpel. Wie zahlreiche Kritiker nun seit mehr als zwei Jahrzehnten bemerkt haben, hat die unablässige Suche nach einer biologischen Ursache wenig mehr erwiesen als die unerschütterliche Neigung, Probleme von Kindern medizinisch zu erklären. Der Kinderlobbyist Alfie Kohn kommt bei seiner Analyse des ADS-Mythos zu

dem Schluss, dass »die medizinischen Fachzeitschriften voll sind
von dem Müll ausrangierter Theorien, die vorgeben, die Ruhelosigkeit bei Kindern als Symptom einer Erkrankung zu erklären
… Bemerkenswert ist hier weniger das fortgesetzte Versagen im
Auffinden einer biologischen Ursache, sondern die Hartnäckig-
keit, mit der diese Forschungsrichtung weiterverfolgt wird«.[33]
Indem der medizinische Berufsstand darauf besteht, ADS sei
biologisch verursacht, obwohl es dafür, außer in Ausnahmefäl-
len, nicht den mindesten Beweis gibt, verrät er wiederholt einen
der wesentlichen Grundsätze seiner wissenschaftlichen Überzeugung. Wissenschaft erfordert, dass wir, während wir nach einer
Erklärung suchen, neutral genug bleiben müssen, um alle Möglichkeiten zu erwägen. In diesem Fall lautet die alternative Möglichkeit, die auch nahe liegt, dass die übergroße Mehrheit von
Kindern (und Erwachsenen), bei denen ADS diagnostiziert wurde, an einer Entwicklungsstörung leiden.[34] Doch stattdessen hören wir vom medizinischen Establishment (und jetzt von den
Medien) die paradoxe Behauptung, ADS sei fraglos ein biomedi-
zinisches Problem, auch wenn »seine Ursachen nicht klar erforscht sind«.[35]
   Diese Diagnose per Dekret zeigt in Wirklichkeit, dass die Au-
torität der amerikanischen Psychiatrie zum großen Teil als soziale und politische Macht fungiert, die der Wissenschaft nur eine
bestätigende Rolle zuweist. Wenn also biologisch orientierte Psychiater erklären, dass »die meisten der auf diesem Gebiet praktizierenden Ärzte darin übereinstimmen, dass die charakteristischen Störungen von Menschen mit ADS aus einer
neurobiologischen Fehlfunktion resultieren«[36], sagen sie eigentlich nur: »Vertraut uns, wir wissen, was für euch gut ist.« Doch
sie bitten nur um unser Vertrauen, weil ihnen die wissenschaftliche Beglaubigung fehlt, die ihre Ansicht stützen könnte. Wenn
sie wissenschaftliche Beweise in der Hand hielten, können wir
sicher sein, dass sie diese statt bloßer Meinungsumfragen ins
Feld führen würden. Statt des obigen Satzes würden wir lesen:
»Die meisten Untersuchungen deuten darauf hin, dass die cha-

rakteristischen Störungen von Menschen mit ADS einer neurobiologischen Fehlfunktion entstammen.« Ohne die beweiskräfti-
ge Bestätigung durch solche Untersuchungen stützen sie sich allein auf das Vertrauen der Öffentlichkeit und missbrauchen ihr
Privileg, indem sie das Bedürfnis der Menschen nach schnellen
Antworten für letztlich sehr komplexe Probleme ausbeuten.

Der vielleicht entlarvendste Fall dieser wissenschaftlichen
Täuschungspraxis ist eine Untersuchung, die 1990 im *New England Journal of Medicine* veröffentlicht wurde (detailliert im Kasten dokumentiert). Der Bericht von Alan Zametkin und seinen
Kollegen am »National Institute of Mental Health« ging von einem statistisch signifikanten Unterschied im Glukosestoffwechsel des Hirns bei Erwachsenen mit ADS-Symptomen aus.[37]
Doch einige Wissenschaftler haben entdeckt, dass diese weithin
zitierte und berühmte Untersuchung nicht die geringste Beziehung zwischen Hirnfunktion und Hyperaktivität aufwies.[38]

Wie man eine Krankheit verfertigt

*Man beginne mit Untersuchungen, deren Mangel an Methodik
durch die Stärke der Vorurteile wettgemacht wird*

»In einer wegweisenden Untersuchung, die jahrzehntelange
Verwirrung und Kontroversen ausräumen könnte, haben
Forscher am ›National Institute of Mental Health‹ (NIMH)
ADHS ... auf eine spezifische metabolische Anomalie im
Hirn zurückgeführt.« Diese Schlussfolgerung, am 26. November 1990 in *Time* zu lesen, bezieht sich auf eine Untersuchung, die eine Gruppe von Forschern unter der Leitung
von Alan Zametkin am NIMH durchgeführt hat.[39] Die Untersuchung, die im *New England Journal of Medicine* veröffentlicht wurde, benutzte die Positronemissionstomogra-
phie – PET Scans –, um den zerebralen Glukosestoffwechsel
bei hyperaktiven und nichthyperaktiven Erwachsenen zu
messen, während sie eine Konzentrationsaufgabe ausfüh-

ren.[40] Die Ergebnisse zeigten, dass die Stoffwechselrate bei den hyperaktiven Erwachsenen um 8,1 Prozent niedriger lag, was einen statistisch signifikanten Unterschied zwischen den beiden Gruppen darstellte. Dieses Ergebnis führte Zametkin und seine Kollegen zu dem Schluss, dass endlich nach vielen Jahren der Forschung eine biologische Ursache für ADS nachgewiesen worden war. Wie Zametkin in der *New York Times* anmerkte, »gibt es Leute, die sagen, dass man keine Medikamente geben solle, dass es an der Erziehung liege. Wir hoffen, dass diese Art Denken jetzt ein Ende hat«.[41]

Aber sind diese Ergebnisse wirklich aussagekräftig? Sollen wir wirklich aufhören, nach den Ursachen von ADS zu suchen, wie Zametkin fordert? Eine Reihe von Faktoren spricht dagegen. Erstens sind Versuche, die Ergebnisse von Zametkin et al. zu wiederholen, fehlgeschlagen; zahlreiche Untersuchungen wurden im Gefolge seines Berichts unternommen, ohne Brauchbares zu beweisen.[42] Zweitens waren die Untersuchungsteilnehmer vorwiegend Erwachsene, was die Geltung der Untersuchung für Kinder einschränkt. Drittens gibt es keinen Beweis dafür, dass bloße 8,1 Prozent Unterschied im Stoffwechsel einen klinisch signifikanten Unterschied im Verhalten, einschließlich Hyperaktivität, verursachen würden; wer sich mit statistischen Tests auskennt, weiß, dass man statistische und klinische Signifikanz nicht verwechseln darf. In der Tat schlugen sich die Unterschiede im Stoffwechsel bei den beiden Gruppen keineswegs in einem Unterschied bei der Ausführung der Konzentrationsaufgabe nieder. Viertens hat es den Anschein, dass die Ergebnisse selbst das Resultat einer verwirrenden Variable waren, die mit ADS nichts zu tun hatte. Während 72 Prozent der Teilnehmer in der hyperaktiven Gruppe Männer waren, waren es in der Kontrollgruppe nur 52 Prozent. Das heißt, dass der Unterschied, wenn Männer in dieser spezifischen Hirnregion einen niedrigeren Glukosestoffwechsel haben als Frauen, zwischen den beiden Gruppen schlicht daraus resultieren kann, dass mehr Männer in der hyperaktiven Gruppe vertreten waren. Tatsächlich hat ein anderes Team von Forschern den betreffenden Stoffwechsel zwischen den Männern und Frauen in der Kontrollgruppe der Zametkin-Untersuchung verglichen und genau diesen Unterschied im Stoffwechsel festgestellt.[43] Schließlich sagt uns die Untersuchung, selbst wenn es eine aussagekräftige Differenz im Stoffwechsel zwischen beiden Gruppen gegeben hat, nichts über die Ursache dieses Unterschieds. Die Hyperaktivität hat vielleicht gar nichts mit dem Stoffwechsel zu tun oder beide Phänomene könnten das Ergebnis einer anderen Gruppe von Kindheitsfaktoren sein.[44] Betrachten wir eine andere Studie, die mit PET Scans den Glukose-Stoffwechsel im Hirn feststellen wollte. Ein Team von Forschern, das sich mit obsessiv-kompulsiven Reaktionen (OKR) beschäftigte, fand heraus, dass sowohl eine medikamentöse Therapie (Prozac) wie eine Verhaltenstherapie die gleiche Wirkung auf das OKR-Verhalten sowie auf die Rate des Glukosestoffwechsels bei Individuen hatten, die an OKR litten.[45] Mit anderen Worten gibt es deutliche Belege dafür, dass die Raten des Glukosestoffwechsels in der Zametkin-Untersuchung eher das Ergebnis von Umwelteinflüssen gewesen sein könnten als biologisch begründet.

Man publiziere die mangelhaften Ergebnisse in einer
angesehenen medizinischen Zeitschrift, die das gleiche
Vorurteil hat

Trotz der vielen Mängel der Untersuchung von Zametkin und seinen Kollegen wurde sie in dem angesehenen *New England Journal of Medicine* veröffentlicht. Man kann nur darüber spekulieren, wie Pseudowissenschaft ihren Weg in eine so hoch geachtete Zeitschrift findet, auch wenn es in diesem Fall auf der Hand liegt, dass die Forscher ADS als biomedizinische Angelegenheit behandelten (statt als Entwicklungsproblem oder gesellschaftlich beeinflusstes Fehlverhalten), ein Vorurteil, das zweifellos von den Herausgebern geteilt wird.[46] Die Tatsache, dass dieses gleiche Forscherteam sogar noch irreführendere Ergebnisse gleichen Sinnes in dieser und ähnlich angesehenen Zeitschriften veröffentlicht hat, legt den Schluss nahe, dass ein solches Vorurteil zugunsten des Reduktionismus und der Medizinisierung in der Tat dem größten Teil der psychiatrischen Forschung und ihren Publikationen gemeinsam ist.[47] Mehr noch, angesichts der Schwächen der Untersuchung und des Wissens darum, dass solche Daten in den Medien als klarer Erweis der biologischen Basis von ADS gewertet würden, lässt ihre Publikation eine fahrlässige Missachtung der Wahrheit sowohl aufseiten der Forscher wie der Herausgeber vermuten.

Man füttere mit diesen scheinbar bedeutenden Entdeckungen
unkritische Medien, die blind wissenschaftsgläubig sind

Die Veröffentlichung jener Ergebnisse im *NEJM* fand tatsächlich ein beachtliches Medienecho.[48] Geradeso wie *Time* von einer »wegweisenden Untersuchung« sprach – in einem Artikel mit dem Titel »Warum Junior nicht still sitzen bleibt: Forscher sehen eine Verbindung zwischen hyperaktivem Verhalten und Hirnabnormalität« –, berichteten die *New York Times, Washington Post* und *Newsweek* ohne Verzögerung von dem angeblichen wissenschaftlichen Durchbruch.[49] Alles in allem wurde die Medienberichterstattung über diese so genannte Entdeckung unkritisch als Beweis für die lang gehegte Annahme genommen, dass ADS eine Störung innerhalb des Hirns sei. Wie Hallowell und Ratey in *Driven to Distraction* schreiben, ist die Zametkin-Untersuchung »eine der wegweisenden Untersuchungen im gesamten ADS-Bereich, eine Untersuchung, die tatsächlich einen Wendepunkt markiert, indem sie eine biologische

Grundlage von ADS etabliert … (und die) eine Brücke bau-
te, wo es zuvor nur einen gutgläubigen Sprung gegeben hatte«.[50] Wenn diese Untersuchung der beste Beweis dafür ist,
dass es sich bei ADS um eine biologische Störung handelt,
dann ist die Überzeugung, ADS sei ein biologisches Problem, unverändert ein gutgläubiger Sprung ins Ungewisse.

Vielmehr musste das Forschungsteam, als es seine unerwiesenen
Befunde wiederholen wollte, in einem Bericht aus dem Jahre
1993 zugeben, dass es eine Verbindung zwischen dem gemessenen Hirnstoffwechsel und ADS tatsächlich nicht gab.[51] Ein Jahr
später berichteten diese Forscher über einen weiteren Versuch,
ADS mit dem Glukosestoffwechsel im Hirn zu verbinden; dies-
mal wollten sie zeigen, dass Ritalin, wenn ADS die Folge einer
mangelnden Glukoseumwandlung im Hirn war, dadurch funk-
tioniere, dass es den Stoffwechsel erhöhte.[52] Erneut ging der
Versuch schief: Zwar hatte die Einnahme des Medikaments die
üblichen Wirkungen auf das Verhalten der Personen, korrespon-
dierte jedoch nicht mit Änderungen im Hirnstoffwechsel. Währenddessen fuhren die angesehensten Zeitungen und Magazine,
die Ärzteschaft und die ADS-Industrie fort, diese Untersuchung
als den endgültigen Beweis zu feiern, dass es sich bei ADS um eine biologische Störung handle.

Hätten diese Untersuchungen eine stichhaltige Beziehung
zwischen dem Hirnstoffwechsel und ADS festgestellt, so hätten
sich die Forscher sofort einer noch größeren Herausforderung
gegenübergesehen. Nicht nur hatten sie vor allem Erwachsene
und Jugendliche statt Kinder untersucht und nicht nur korres-
pondierten Veränderungen im Hirnstoffwechsel keineswegs mit
den Veränderungen im Verhalten der Untersuchten, sondern die
Autoren verkannten zudem, dass die Unterschiede im Hirnstoffwechsel höchstwahrscheinlich das *Ergebnis* von Hyperaktivität
oder Unaufmerksamkeit, nicht ihre Ursache waren. »Die Autoren übersehen, dass die Demonstration des Vorhandenseins einer organischen Anomalie nicht das Gleiche ist wie die De-

monstration der auslösenden Ursache einer Krankheit«, schreibt Katherine Tyson.[53] Weil zukünftige Untersuchungen zweifellos der gleichen falschen Logik folgen werden, wollen wir diese Frage von »Ursache« und »Wirkung« eingehender betrachten.

Nicht nur im Fall von ADS, sondern überhaupt in weiten Teilen der Psychiatrie und der Medien gilt heute als ausgemacht, dass jede Korrelation zwischen psychologischen Problemen und der Neurophysiologie einen Beweis für die biologische Basis der Störungen darstellt. Psychiater und Neurowissenschaftler gehen oft in diese Falle, weil sie von einem obsoleten Dualismus von Geist und Körper ausgehen, in dem der Geist keine Materie und der Körper keinen Geist hat. Die berühmte Physiologin Candace Pert fasste die Grenzen dieses Dualismus bei ihrer Aussage auf dem Capitol Hill zusammen: »Ich glaube, dass die Daten klar zeigen, dass das Bewusstsein nicht auf das Hirn beschränkt ist, sondern auf jedes Körperorgan einwirkt … Eines Tages werden wir voller Bedauern auf diese seltsam gedankenlose Zeit krasser Übermedikamentierung und unbekümmerter chirurgischer Eingriffe bei ursächlich psychischen Leiden zurückblicken, ähnlich wie wir heute die unwissende Medizin des 19. Jahrhunderts betrachten, als Bakterien und Viren noch unbekannt waren und die Ärzte diejenigen verspotteten, die glaubten, dass Händewaschen wichtig sei.«[54]

Das dualistische Denken wirft, wie wir im zweiten Teil dieses Kapitels sehen werden, im Bereich der psychischen Gesundheit Probleme auf, weil Faktoren, die stabile psychische Eigenschaften bedingen, auch ausgeprägte Veränderungen im Gehirn zur Folge haben.[55] Nicht nur können Unterschiede auf der physiologischen Ebene eine biologische Störung oder eine Verhaltensstörung indizieren, sondern es trifft ebenso zu, dass – was immer die Ursache sein mag – signifikante Unterschiede im kindlichen Verhalten immer auch mit signifikanten Unterschieden auf der biochemischen und neurophysiologischen Ebene einhergehen. Trotz dieser Tatsachen besteht der Reduktionismus, den Pert kritisiert, in weiten Teilen der Psychiatrie fort, weil er eine effektive Grundlage für die medikamentöse Behandlung von psychischen Störungen und Verhaltensproblemen ist. Wenn wir die Störung erst einmal als ursprünglich biologisch oder physiologisch ansehen, werden wir uns wahrscheinlich auch für eine individuelle und medikamentöse Behandlung entscheiden. Mit anderen Worten: Wenn wir das genetische Material als Ursache betrachten, grenzen wir das Problem allein auf die Natur des Individuums ein (und schließen die »Natur« der Gesellschaft aus) und simplifizieren das Problem dergestalt, dass individualisierte, marktwirtschaftliche Lösungen wie Ritalin möglich werden. Solcher Dualismus passt also nicht nur in die Weltsicht der Psychiatrie, sondern ist in einer Zeit der vermehrten nichtstationären Betreuung psychisch Kranker sicherlich auch geschäftsfördernd.

Eine Untersuchung aus dem Jahr 1971 zeigt recht gut, warum wir bei der Interpretation von Forschungsergebnissen bezüglich des Zusammenhangs von Geist und Körper vorsichtiger sein müssen. Diese Untersuchung erforschte die Konzentration des Hormons Serotonin bei mehr als zwei Dutzend hyperaktiven Kindern.[56] Die Ursache der Hyperaktivität lag im Dunkeln, da von keinem der Kinder die Geschichte einer schweren Erkrankung oder Verletzung bekannt war. Um festzustellen, ob ihr Serotonin-Niveau abnorm niedrig war, wurde es mit dem einer Gruppe von Kindern verglichen, die nicht hyperaktiv, ansonsten aber ähnlich waren. Wie erwartet hatten selbst die Kinder mit dem niedrigsten Serotonin-Niveau in der »normalen« Gruppe ein höheres Serotonin-Niveau als alle Kinder der hyperaktiven Gruppe. Mit anderen Worten können wir allein durch biochemische Messungen hyperaktive Kinder von nichthyperaktiven Kindern unterscheiden.

Heutzutage würde dieses Ergebnis sofort zu der Schlussfolgerung führen, die A.J. Zametkin und seine Kollegen gezogen haben: dass ADS das Ergebnis einer angeborenen biologischen Störung sei. Doch gingen die Forscher dann einen entscheidenden

Schritt weiter. Sie nahmen die beiden hyperaktivsten Kinder und testeten, ob ihr Niveau an chemischen Substanzen im Hirn sich änderte, wenn sie sich im Forschungshospital und nicht in ihrem normalen Lebensumfeld aufhielten. Das Ergebnis war schlagend. Im Laufe der Zeit begann das niedrige Serotonin-Niveau der Kinder zu einem normalen, höheren Niveau zurückzukehren. Dann nach einem Monat, als die Kinder das Forschungshospital verließen, fanden die Forscher heraus, dass das biochemische Niveau bei beiden wieder zum vorangegangenen niedrigen Niveau zurückgekehrt war. Vielleicht war die Tatsache am wichtigsten, dass, anders als in der Studie von Zametkin et al., diese Veränderungen im Hirn mit den erwarteten Veränderungen im hyperaktiven Verhalten korrelierten: Als der Serotoninwert zunahm, nahm die Hyperaktivität ab; als der Serotoninwert abnahm, nahm die Hyperaktivität zu. So führte diese Untersuchung, statt verschiedene Hirnzustände als Beleg dafür zu nehmen, dass ADS angeboren ist, den harten Beweis, *dass unsere Lebensbedingungen gleichzeitig unsere Hirnchemie und unser Verhalten verändern können;* das Messen von Hirnzuständen allein wirft nur die Frage auf, ob die gemessenen Werte Ursache oder Wirkung von ADS-ähnlichen Symptomen darstellen.

Die unkritische Anerkennung von Untersuchungen, die behaupten, eine biologische Basis von ADS gefunden zu haben, zeigt die Neigung zu rein individuumsbezogenen Lösungen in der Medizin. Zwar hat die »American Medical Association« MCS mangels biomedizinischer Beweise als Diagnose aufgegeben, doch gleichzeitig hat sie sich sowohl die Position der ADS zugeneigten»Pseudowissenschaft« zu Eigen gemacht als auch eine gefährliche Missachtung der Beweisgründe gezeigt, die dagegensprechen. Das heißt jedoch nicht, dass Einzelne – sei es in Medizin, Wissenschaft oder Medien her – bewusst konspirieren, um den wissenschaftlichen Kenntnisstand zu hintertreiben. Auch wenn das sicher vorkommt, ist sehr viel wahrscheinlicher, dass der Prozess von stillschweigend hingenommenen individuellen und institutionellen Grundannahmen und Vorurteilen herrührt.[57] Ebenso wie ein soziales Stereotyp bestätigt wird, wenn Menschen dafürsprechende Indizien wahrnehmen, aber unbewusst Indizien, die dagegensprechen, ignorieren, findet die Verfertigung einer Krankheit innerhalb eines historischen Kontexts gemäß bestimmter ungeprüfter kultureller Vorurteile statt. Sowie diese Grundannahmen Eingang in die allgemeine Lebensanschauung gefunden haben, wie wir bei Rosenhans Untersuchung psychiatrischer Anstalten gesehen haben, beginnen Mediziner die Welt so wahrzunehmen, wie es ihren Erwartungen entspricht. *So haben bei ADS die frühen Beweise, dass Hyperaktivität aus Erkrankungen oder Verletzungen in der Kindheit resultieren kann, den Weg für die Annahme bereitet, alle Fälle seien biologisch verursacht.* Dass es nie einen stichhaltigen Beweis für diese erweiterte Behauptung gegeben hat, führte jedenfalls nicht dazu, sie infrage zu stellen; vielmehr hat dies nur zu einer intensivierten Suche nach diesem Beweis geführt, der auch bis heute noch nicht beigebracht wurde.

Wer wird krank?

Die dritte Ähnlichkeit zwischen MCS und ADS – dass sie nur bestimmte Untergruppen betreffen – stützt ebenfalls unsere allgemeine Schlussfolgerung, dass kulturelle Einflüsse Krankheit erzeugen. Im Fall von MCS lautete die Kritik, dass diejenigen, bei denen am ehesten die Diagnose gestellt wird – gebildete Frauen aus der Mittelschicht –, nicht die sind, bei denen eine Belastung mit Chemikalien am wahrscheinlichsten zu erwarten wäre. Seit langem haben Untersuchungen gezeigt, dass Fabrikarbeiter (und ihre Familien) sehr viel eher giftigen Mengen chemischer Belastung ausgesetzt werden, und zwar aus einem einfachen Grund: Diese Menschen arbeiten in Industrien, die solche Substanzen produzieren oder benutzen. Wir wissen auch schon seit langem, dass die Personengruppe, die am meisten unter psychosomatischen Erkrankungen leidet, aus welchen Gründen auch immer, Frauen sind.[58] Das Profil derer, die an MCS erkranken, legt den Schluss nahe, dass es sich um ein psychologisches und kulturelles Syndrom handelt, nicht um eine Krankheit im biologischen oder medizinischen Sinn.

Das Gleiche lässt sich von ADS sagen. Nur sieht das Profil anders aus: Jungen werden drei bis fünf Mal häufiger mit ADS diagnostiziert als Mädchen – auch wenn die Kluft sich zu verringern scheint. Während es sicher zutrifft, dass wir Jungen von Natur aus für hyperaktiver und unaufmerksamer halten als Mädchen, hat diese »Jungs sind nun mal Jungs«-Anschauung mindestens ebenso viel mit der Erziehung von Jungen wie mit ihren Geschlechtsgenen zu tun. Doch statt zu fragen, warum Jungen so viel öfter die ADS-Diagnose erhalten, gehen Wissenschaftler und Ärzte einfach davon aus, dass Jungen eben eine Veranlagung zu solchen Störungen mitbringen. Natalie Angier schreibt hierzu in der *New York Times*: »… biologische Erkenntnisse können nur bis zu einem bestimmten Punkt erklären, warum die Kindheit amerikanischer Jungen neuerdings als Zustand einer Proto-Erkrankung angesehen wird. Schließlich waren die Jungenhirne in anderen Ländern auch Testosteronen im Mutterleib ausgesetzt, und doch ist es äußerst unwahrscheinlich, dass Ärzte außerhalb der USA massenhaft Verhaltensstörungen oder ADHS diagnostizieren.«[59]

Wenn man sich hingegen dem Phänomen ADS unter entwicklungsspezifischen und kulturellen Gesichtspunkten nähert, kann man besser erklären, warum es diese Geschlechtsunterschiede gibt, warum die Kluft zwischen den Geschlechtern sich allmählich schließt und warum auch eine wachsende Zahl von Erwachsenen ADS attestiert bekommt. Wenn die psychologischen und kulturellen Bedingungen, die diese Symptome produzieren, immer virulenter werden, was offensichtlich der Fall ist, kann es nicht überraschen, dass Mädchen öfter auf dem Radarbildschirm auftauchen; vom Gesichtspunkt der Reizabhängigkeit lässt sich annehmen, dass Mädchen, weil sie insgesamt gewöhnlich reifer sind als Jungen, gegen die Wirkungen der

Schnellfeuer-Kultur gefeiter sind, aber auch sie werden nicht verschont. Annähernd Gleiches gilt für Erwachsene, bei denen ADS diagnostiziert wird. Vor einer Generation setzten die meisten Kinder, die auf Ritalin waren, das Medikament während der Adoleszenz beziehungsweise im jungen Erwachsenenalter ab und verloren auch die Symptome. Eine Studie kam 1957 zu dem Schluss: »In späteren Jahren lässt die Störung meist spontan nach und verschwindet. Wir haben sie bei keinen Patienten gesehen, die wir bis ins erwachsene Lebensalter hinein beobachteten.«[60] Eine andere Untersuchung aus dem Jahr 1965, die hyperaktive Kinder über einen Zeitraum von 14 Jahren begleitete, folgerte, dass dieses Syndrom »… größtenteils auf Kindheit und Jugend und dort meist auf das schulische Umfeld beschränkt bleibt«.[61] Wie eine medizinische Störung auf geheimnisvolle Weise einfach verschwinden kann, wurde nie erklärt. Jetzt, eine Generation später, bedarf es dessen auch nicht mehr. Die meisten Kinder von heute behalten die Diagnose und den Medikamentenkonsum bei, und zwar durch die Adoleszenz hindurch und bis ins Erwachsenenalter hinein. Doch es stellen sich weitere Fragen: Wie kann sich die Prognose einer solchen Störung plötzlich verschlimmern? Wie kann eine Störung, die ehemals nur Kinder betraf, diese Betroffenen plötzlich das ganze Leben hindurch begleiten? Warum nimmt die Störung plötzlich bei Erwachsenen zu? Historisch war ADS allein auf Kinder beschränkt, warum haben wir also neuerdings eine Erwachsenenstörung, die man in manchen Ländern außerhalb der USA vergebens sucht?

Diese Fragen mögen verblüffend sein, aber sie sind es nur, solange wir sie aus medizinischer Perspektive betrachten. Wenn wir sie stattdessen vom Entwicklungsstandpunkt aus angehen, löst sich das Verwirrende auf. Erstens erkennen wir, dass sich die Diagnose von ADS als kulturgeneriertes Phänomen einfach infolge der gewandelten Akzeptanz der »Störung« radikal verschieben kann. Zweitens erwarten wir nicht länger, dass Hyperaktivität und Unaufmerksamkeit während der Adoleszenz abnehmen noch der Gebrauch von Ritalin, da die Entwicklungsbedingungen, die zu diesen Reaktionen führten, sich eher verschlimmern. Die Welt ist mehr denn je mit konstanter Bewegung übersättigt, und die Strukturen des Alltagslebens unterliegen einer weiteren Fragmentierung und Beschleunigung. Wenn also immer mehr Kinder eine ADS-Diagnose erhalten, ist es nur allzu plausibel, dass sie ihre Probleme mit ins Erwachsenenleben schleppen werden, ebenso wie es einleuchtet, dass manche erst im Erwachsenenalter Anzeichen der Störung zeigen. Jede dieser Entwicklungen bestätigt die Annahme, dass der Einfluss der Reizabhängigkeit, sowohl direkter wie indirekter Art, zunimmt und immer mehr Menschen in ihrem unsichtbaren Netz fängt. Für die Wehrlosesten bedeutet dies schwerere und länger anhaltende Probleme; für die Stabileren bedeutet dies, dass die Probleme erst im Erwachsenenalter auftreten.

Auf den Standpunkt kommt es an

Dies führt uns zu einer letzten Ähnlichkeit zwischen MCS und ADS, der wir nachgehen wollen. Indem Kritiker die Grundlage von MCS als einer tatsächlichen medizinischen Erkrankung infrage stellten, haben sie gleichzeitig die Motive der Ärzte, welche die Erkrankung diagnostizieren, in Zweifel gezogen und ihnen berufliche und finanzielle Interessen unterstellt. Michael Fumento schreibt: »Klinische Umweltmediziner haben ein finanzielles Interesse daran, dass Menschen krank bleiben. Sie wollen ihre Patienten behalten. Und also sagen sie: ›Sehen Sie, ich sorge dafür, dass Sie sich auf den Beinen halten können, aber wahrscheinlich werden Sie mich jetzt für den Rest Ihres Lebens brauchen.‹ Und sie werden ihnen sagen, dass multiple chemische Sensitivität bislang von der medizinischen Wissenschaft als unheilbar eingestuft wird ...« Diese Anklage ließe sich gegenüber jedem ärztlich Handelnden erheben, auch gegenüber jenen, die Alzheimer, Parkinson oder Krebs behandeln, da sie mit der Behandlung chronisch kranker Patienten ihr Geld verdienen. Doch da MCS im Gegensatz zu den anderen Krankheiten den wissenschaftlichen Nachweis schuldig geblieben ist, kommt der Frage der Motivation eine größere Bedeutung zu.

Doch halten wir fest, dass solche Vorwürfe nie im Zusammenhang mit ADS erhoben wurden, obgleich die Ärzte, welche ADS-Diagnosen vertreten, die gleiche Kritik verdienen. Wenn wir Fumentos Bemerkungen in Bezug auf ADS umformulieren, lesen sie sich so: »Manche Psychiater und Kinderärzte haben ein Interesse daran, dass Menschen krank bleiben. Sie wollen ihre Patienten behalten. Und also sagen sie: ›Sehen Sie, ich werde dafür sorgen, dass Sie sich auf den Beinen halten können, aber wahrscheinlich werden Sie mich jetzt für den Rest Ihres Lebens brauchen.‹ Und sie werden ihnen sagen, dass die Aufmerksamkeitsdefizitstörung bislang von der medizinischen Wissenschaft als unheilbar eingestuft wird.« Auch wenn ich hervorheben möchte, dass es viele Ärzte gibt, die den gegenwärtigen Verbrauch von Ritalin unverantwortlich finden, trifft diese hypothetische Äußerung auf einen großen Teil der Psychiatrie zu. Um nur ein Beispiel zu geben: Dort, wo ich wohne, gibt es eine Psychiaterin, die monatlich zweihundert Rezepte für Ritalin ausschreibt. Durchdrungen von der biologischen Weltsicht der APA, hat sie nicht nur ein finanzielles Interesse daran, dass diese Kinder krank bleiben, sondern sie sagt ihnen auch, dass die medizinische Wissenschaft diese Störung für unheilbar hält.

Ein Märchengespinst

Warum, wenn all das zutrifft, finden wir dann kaum jemanden, der in der Öffentlichkeit und in den Medien auftritt und ADS die organische Verursachung abspricht? Zwar werden die Stimmen der Kritik mittlerweile vernehmlicher, doch das öffentliche Interesse konzentriert sich weiterhin fast ausschließlich darauf, ob zu viele Kinder von der Diagnose betroffen sind. Das Problem, dem wir hier gegenüberstehen, ist folgendes: Während

Kritiker den Vorwurf erheben, dass MCS als Ausgeburt der Pseudowissenschaft bestenfalls mit Randgruppenmedizin zu tun habe, lässt sich ein solcher Einwand gegenüber ADS nicht so leicht erheben, wie zutreffend er auch immer ist. Dies liegt nicht an einer unterschiedlichen wissenschaftlichen Legitimierung dieser beiden Syndrome, sondern an nichtwissenschaftlichen Faktoren, zu denen die immense Macht, die Mittel und die Durchsetzungskraft des medizinischen Establishments gehören, das sich für ADS ausspricht, der gewaltige finanzielle Druck der pharmazeutischen Industrie, die wachsende Vorherrschaft von Störungen wie Hyperaktivität und Konzentrationsschwäche sowie der offenbare Mangel einer glaubwürdigen anderen Erklärung.

Wie fiktiv die ADS-Diagnose auch sein mag, diejenigen, die sie vertreten, bilden gewiss keine Randgruppe der amerikanischen Gesellschaft. Die AMA unterstützt Tausende von praktizierenden Psychiatern und Kinderärzten, die sich auf die Diagnose stützen, die pharmazeutische Industrie, die jedes Jahr viele Millionen Dollar mit ADS-Medikamenten umsetzt, und Hunderttausende von Familien und Lehrern, die unter dem Angriff der Schnellfeuer-Kultur Schutz hinter der Diagnose und ihrer so genannten Behandlung suchen. Wie in Kapitel 1 erwähnt, gab es 1988 nur 29 Niederlassungen von CH.A.D.D. (Children and Adults with Attention Deficit Disorder), der ADS-Selbsthilfeorganisation. Dank der kontinuierlichen finanziellen Unterstützung durch den Hersteller von Ritalin, Novartis, gibt es heute mehr als fünfhundert Niederlassungen von CH.A.D.D., mit mehr als 32.000 Mitgliedern (der Ritalin-Hersteller erhöhte seine Finanzierung von CH.A.D.D. von 50.000 Dollar im Jahr 1992 auf fast 400.000 Dollar im Jahr 1994). Angesichts der Tatsache, dass die Öffentlichkeit ADS für eine tatsächliche medizinische Störung hält, nimmt es kaum Wunder, dass die Verteidiger des Glaubens leichtes Spiel haben.

Der mächtige Einfluss der Ritalin-Lösung auf die Akzeptabilität der ADS-Diagnose spiegelt noch ein anderes Phänomen in unserer Gesellschaft: den Glauben der Menschen, dass der technische Fortschritt die Lösung für unsere sozialen Probleme bringe. Heutzutage waltet in der Öffentlichkeit und in den Medien die weit verbreitete Erwartung vor, dass medizinische und pharmazeutische Wissenschaften sowie Neurowissenschaften ständig wundergleiche Durchbrüche erzielen würden. Wie wir im nächsten Kapitel in Verbindung mit Ritalin sehen werden, sieht die Wirklichkeit anders aus. Angesichts all der fortbestehenden psychischen und sozialen Probleme, mit denen amerikanische Kinder und Erwachsene konfrontiert sind, sowie der Tatsache, dass keine psychotrope Droge sie je heilen wird, scheint es unwahrscheinlich, dass der medizinische Fortschritt unsere Rettung sein wird. Ritalin ist ein sehr gutes Beispiel, da es oft als ein Spezialmedikament für ADS-Kinder angesehen wird, während es in Wahrheit ein ganz gewöhnliches Stimulans ist, das keineswegs für seine derzeitige Verwendung entwickelt wurde.

Es gibt noch weitere Unterschiede zwischen MCS und ADS, die entscheidend zu ihrem unterschiedlichen Stellenwert in der öffentlichen Wahrnehmung beigetragen haben. Vielleicht am wichtigsten ist die Glaubwürdigkeit, die ADS durch seine vermeintliche medikamentöse Behandlung gewonnen hat. In Ermangelung eines medizinischen Beweises, dass ADS biologischen Ursprungs ist, haben sich die Fürsprecher massiv auf die »Behandlungserfolge« durch Ritalin berufen, um die Störung medizinisch zu legitimieren. Wie der Psychiater Ted Hallowell 1997 schrieb, ist der eindrucksvollste Beweis der »biologisch-organischen Grundlage« von ADS, »die klinische Erfahrung aus Berichten von Millionen Patienten, die die Diagnosekriterien erfüllten und auf spektakuläre Weise von der Standardbehandlung profitiert haben«.[62] Dies ist jedoch ein Märchengespinst, weil viele der bekanntesten Forscher auf diesem Feld freimütig zugeben, dass die Wirkungen von Psychostimulanzien (»Standardbehandlung«) sich mindestens ebenso deutlich bei nicht-hyperaktiven Kinder zeigen.[63] Nichtsdestoweniger kann kaum Zweifel darüber bestehen, dass die Ritalin-Lösung – zusammen mit den zig Millionen Dollars, die der Hersteller von Ritalin seit den frühen Sechzigerjahren in die Werbung gesteckt hat – der einzige und wichtigste Faktor für die Anerkennung von ADS ist. Dies ist insofern ein riesiger Unterschied zwischen ADS und MCS, als es für MCS kein solches magisches Patentrezept gibt.

Der Siegeszug von ADS profitierte von einer weiteren wichtigen Eigenschaft, die seine Akzeptanz in der amerikanischen Medizin förderte, einer Eigenschaft, die ein Schlaglicht auf den Prozess wirft, wie Ansichten über Krankheiten durch die Zusammenarbeit von Gesundheitseinrichtungen, Medien und Regierung konstruiert werden. Anders als MCS ist ADS als eine medizinische Störung definiert, die im einzelnen Individuum ihren Ausgang hat. Während die Existenz von MCS eine grundlegende Veränderung von Industrie und Umweltpolitik erfordern würde, passt ADS perfekt in die Schublade einer wohldefinierten, beim Individuum ansetzenden Lösung: Ritalin. In dieser Hinsicht hat sich das amerikanische medizinische Establishment vollkommen konsequent verhalten. Eine psychologische Erklärung für ADS (»ADS ist eine Entwicklungsstörung«) abzulehnen, für MCS hingegen zu akzeptieren (»MCS ist eine psychosomatische Erkrankung«), scheint auf den ersten Blick widersprüchlich, aber es entspricht in Wahrheit dem allem übergeordneten institutionellen Ziel, dass die Symptome nicht als gesellschaftliches Problem betrachtet werden dürfen. Menschen mit ADS und MCS brauchen psychiatrische Hilfe, sagen die Ärzte; sie sind wirklich krank, aber nicht durch etwas in der Außenwelt, das man ändern müsste.

Eine Erklärung wie aus Tausendundeiner Nacht: Sucht nach Sinnesreizen

Wenn ich den öffentlichen Glauben an die »Krankheit« ADS untergrabe, ist mein Ziel keineswegs, ihn durch eine andere dogmatische Position zu ersetzen. Vielmehr muss das letzte Ziel sein, eine kritische Prüfung der Fakten anzuregen, eine schonungslose Suche nach dem, was getan werden kann, um unseren Kindern und deren Kindern ein seelisch, geistig und körperlich gesünderes Leben zu ermöglichen. Sich daran zu gewöhnen, unseren Kindern bewusstseinsverändernde Drogen zu geben oder selbst welche zu nehmen, kann keine erwünschte »Lösung« sein. Es ist buchstäblich eine zu bittere Pille, um sie zu schlucken. Nichtsdestoweniger vertritt der größte Teil der Öffentlichkeit nach wie vor die rigide Ansicht, dass alle Fälle von ADS eine unheilbare Erkrankung darstellen, mit der Millionen amerikanischer Kinder geschlagen sind, die tägliche Dosen stark wirkender und potenziell gesundheitsschädlicher Psychopharmaka einnehmen müssen. Wenn tatsächlich 7 Prozent der Weltbevölkerung an ADS leiden sollte, wie die Pharmaindustrie und einige medizinische »Experten« verlautbart haben, dann hieße dies, dass 400 Millionen Menschen, mehr als die Bevölkerung der USA, Mexikos und Kanadas zusammen, Ritalin verschrieben bekommen könnten.[64]

Die Ritalin-Lösung ist heute so weit verbreitet, dass wir uns nicht mehr darüber aufregen, wie schädigend und zerstörerisch die Einnahme auf lange Sicht ist. Ein Beweis für diese Normalisierung und Verdrängung der Ritalin-Bedrohung lässt sich leicht erbringen: Im Gegensatz zu uns heute gaben 1970 viele Menschen ihrer Empörung Ausdruck, als die Zahl der Kinder, denen stimulierende Psychopharmaka verabreicht wurden, 100.000 überstieg. Unter ihnen waren Peter Schrag und Diane Divoky, die 1975 *The Myth of the Hyperactive Child* schrieben: »Eine ganze Generation wird langsam darauf getrimmt, ihren eigenen Instinkten zu misstrauen, jede etwaige Abweichung von den immer enger werdenden Standards gebilligter Normen als Krankheit zu betrachten und sich auf staatliche Institutionen sowie die medizinischen Technologien zu verlassen, wenn es um die Definition und Erhaltung ihrer ›Gesundheit‹ geht. Durch die Verstärkung der Macht des Staates und die Zerstörung der schlichten Fähigkeit, sich Alternativen vorzustellen und die Freiheiten zu verstehen, die man ehedem hätte nutzen können, um sie zu verteidigen, werden die Auswirkungen dieser Konditionierung so gut wie unabsehbar.«[65]

Während 1997 *Psychology Today* die Titelgeschichte »Warum ich froh bin, ADS zu haben« veröffentlichte, erschienen zwanzig und ein paar Jahre früher kritische Artikel wie »Wir gehen zu leichtfertig mit Hyperaktivität um«, »Eine sklavische Unterwerfung unter Medikamente – sind wir die Dealer für unsere eigenen Kinder?« und »Big Brother und die Psychotechnologie«. In den Siebzigerjahren konnten wir in den Nachrichtenmagazinen auch lesen, dass bereits Ende der Sechzigerjahre in Schweden der Konsum von Ritalin verboten worden war, nachdem Straßenhandel und Missbrauch zugenommen hatten, und dass die FDA (Food and Drug Administration) und die »National Academy of Sciences« in den USA energisch vor der Gefahr des Missbrauchs gewarnt hatten; 1978 berichtete *Newsweek* in einem Artikel mit dem Titel »Boom bei illegalen Pillen« von Problemen des Ritalinmissbrauchs. Doch nur wenig von solchen wichtigen Informationen wird in den Mainstream-Medien von heute transportiert, man findet sie stattdessen in Fachzeitschriften für Soziologen und Sozialarbeiter.

Wir haben gesehen, dass die allgemeine Behauptung, ADS sei ausschließlich eine biologische Erkrankung, einer kritischen Prüfung der Fakten nicht standhält: Dieselbe Kritik, mit der einschlägige Organisationen MCS den Boden entzogen haben, trifft auf ADS zu. Daher die alternative Sichtweise, die wir hier vertreten: dass ADS in Wirklichkeit ein Bündel von Entwicklungsproblemen ist, von denen viele mit der beschleunigten Gesellschaft und der Züchtung von Reizabhängigkeiten zu tun haben. Diese alternative Sichtweise soll dem Leser nicht als *fait accompli* präsentiert werden, sondern vielmehr als Mittel, eine gewisse Distanz zwischen sich und den blendenden Behauptungen der ADS-Industrie herzustellen. Wie wir aus Untersuchungen über die Heranbildung wissenschaftlicher Überzeugungen wissen, legen Wissenschaftler und Öffentlichkeit eine Theorie, gleichgültig wie unzutreffend sie sein mag, erst dann ad acta, wenn eine plausiblere vorhanden ist. Bildlich gesprochen liegt vor der Küste der vorherrschenden konventionellen Anschauungen unsere Darstellung wie eine Insel, von der aus wir die Dinge allmählich etwas klarer zu sehen vermögen. Die Frage wird sein, ob uns die Entwicklungsperspektive einen besseren Zugang zu den Problemen eröffnet, die sich uns im Zusammenhang mit der ADS-Diagnose zeigen.

Wie kulturelle Probleme in psychische Probleme umschlagen

Eine der mit größtem Aplomb eingefädelten Geschichten des Jahres 1997 gibt einen tiefen Einblick in die Entwicklung der Sucht nach Sinnesreizen. Wie zunächst in einer Titelgeschichte von *Time* (»Fertile Minds«) und dann in einer Sondernummer von *Newsweek* (»Your Child, from Birth to Three«) und in einer Spezialsendung von *ABC* (»I Am Your Child«) berichtet, hat sich eine neue soziale Bewegung etabliert, die sich auf die Bedeutung der Entwicklung in den frühen Kindheitsjahren konzentriert.[66] Der Hauptgrund für dieses neu erwachte Interesse am Leben kleiner Kinder (von der Geburt bis zum sechsten Lebensjahr) ist die zunehmende Erkenntnis, dass die Entwicklung des kindlichen Hirns eigentlich erst *nach* der Geburt richtig einsetzt. Es war schon lange bekannt, dass Neugeborene und sehr kleine Kinder für ihre normale Entwicklung besonderer Zuwendung bedürfen, doch erst kürzlich haben die Neurowissenschaften klargestellt, in welchem Umfang die Entwicklung tatsächlich stattfindet. »Wissenschaftler erkennen erst jetzt, dass Erfahrungen nach der Geburt – und nicht irgendwelche inneren Vorgänge – die tatsächliche Vernetzung des menschlichen Hirns determinieren«, heißt es in einem Artikel in *Newsweek*. »Ein Baby wird mit einem Kopf auf den Schultern und einem Hirn geboren, das auf Lernen programmiert ist. Aber es bedarf Jahre der Erfahrung – sehen, hören, spielen, mit den Eltern interagieren –, um die Milliarden komplexer neuraler Schaltkreise zu vernetzen, welche das sprachliche, mathematische, musikalische, logische und emotionale Vermögen steuern.«[67]

Hier finden sich gleich zwei wichtige Erkenntnisse. Die erste ist die, dass das Bewusstsein die kombinierten Aktivitäten von etwa zehn bis einhundert Milliarden zusammengeschalteter Neuronen im zerebralen Kortex des Hirns repräsentiert. Weil diese Nervenzellen des Hirns manchmal Hunderte oder Tausende von Verbindungen mit anderen Neuronen herstellen, schaffen sie zusammen einen gewaltigen Dschungel neuraler Vernetzungen – etwa eine Billiarde Verbindungen insgesamt. Das heißt, dass sich im Hirn in einem Raum von der Größe eines großen Streichholzkopfes etwa eine Milliarde neuraler Verbindungen befinden, und dies repräsentiert nur die spezifischen Verbindungen, die wir bei einem gesunden Kind finden dürften. Da sich jedes Hirn bezüglich der neuralen Verbindungen verschieden entwickelt, ist die Gesamtzahl *möglicher* Verbindungen in einem gesunden menschlichen Hirn so astronomisch hoch, dass sie sich schwer vorstellen lässt. Der Nobelpreisträger Gerald Edelman beschreibt sie als die Zahl 10, der Millionen Nullen angehängt sind.[68] Kurzum, das Bewusstsein und der menschliche Geist entstehen in einem Hirn, das von einer ungeheuerlichen Komplexität ist – einer Komplexität, die auch eine enorme Flexibilität bedeutet.

Diese Flexibilität ist der zweite wichtige Aspekt in jenen Erkenntnissen. Wir glaubten früher, dass das Hirn des Kindes bei der Geburt zum großen Teil vollendet sei. Wir hatten wirklich keine Ahnung davon, dass beim Neugeborenen in jeder Minute 4,7 Millionen Zweige aus den Neuronen wachsen, die mit den Nachbarzweigen anderer Neuronen Verbindung aufnehmen.[69] Die Hirnverbindungen sprießen nach der Geburt in weitem Umfang, und Erfahrung lenkt und beschneidet dann diese Verbindungen.[70] Das Wissen darum, dass dies im Kind stattfindet, ist geradezu schockierend, insbesondere wenn wir uns klar machen, warum diese Entwicklung nach der Geburt einsetzen muss, da das Hirn Wirklichkeitserfahrungen braucht, um sein eigenes Wachstum zu steuern. Natürlich spielt unser Genom eine grundlegende Rolle, aber es verfügt kaum über die nötige Weisheit, 10 Milliarden Nervenzellen zu sagen, wo sie ihre scheinbar unendlichen Kombinationen neuraler Verbindungen anlegen sollen.[71] Dieser Entwicklungsprozess ist deswegen so überaus verblüffend, weil er unmittelbar mit den Augenblickserfahrungen des Kindes verbunden ist, die gleich vor unserer Nase stattfinden. Wie ein Artikel in *Time* es formuliert, sind »Eltern die ersten und wichtigsten Lehrer des Hirns«.[72]

Großenteils wegen der Suggestivkraft dieser Bilder von der Hirnentwicklung gewannen Eltern und andere mehr denn je die Überzeugung, dass frühkindliche Erfahrungen im Guten wie im Schlechten über die Zukunftschancen der Kinder entscheiden. Individuen und Gesellschaft müssen einen hohen Preis für das zahlen, was während dieser entscheidenden Jahre geschieht oder versäumt wird. Also müsste es exponentiell größere Dividenden ergeben, Zeit und Energie in die Entwicklung der Sinne des Kindes zu investieren und sie nicht durch einen hektischen, elektronisch verstärkten Lebensstil zu erdrücken, als sich später darum zu kümmern, wenn der größte Teil der Hirnorganisation bereits abgeschlossen ist. Dies führt uns zu einer naheliegenden Frage: Was sind die Implikationen dieser frühen kritischen Phase für das Aufwachsen kleiner Kinder in der Beschleunigungsgesellschaft? Wenn das, was wir ADS nennen, vor allem ein Entwicklungsproblem ist, könnten uns diese neurowissenschaftlichen Erkenntnisse grundlegende Hinweise darauf geben, wie die

Schnellfeuer-Kultur das menschliche Bewusstsein transformiert und Reizabhängigkeit erzeugt.[73]

Um zu verstehen, warum die Gehirne von Kindern heute anders »strukturiert« sind, können wir uns zunächst die Frage stellen, auf welche Weise Probleme mit Aufmerksamkeit, Impulsivität und Hyperaktivität als Entwicklungsprobleme erscheinen. Sind sie schon bei Geburt erkennbar, wie die genetische Sichtweise behaupten würde, oder treten sie während der frühen und mittleren Kindheit schrittweise in Erscheinung? Wenn diese Probleme grundsätzlich genetischer Natur sind, dann sollte ein Wandel der gesellschaftlichen Bedingungen nichts an ihrer Größe, Häufigkeit und Entwicklung ändern. Doch wenn wir uns die geläufigen diagnostischen Kriterien für ADS anschauen, finden wir Folgendes: »Es ist besonders schwierig, die Diagnose bei Kindern unter vier oder fünf Jahren zu stellen.«[74] Da Psychologen festgestellt haben, dass sich genetisch bedingte Temperamentsunterschiede bereits bei Neugeborenen beobachten lassen, könnte man erwarten, dass auch Anzeichen von Aufmerksamkeitsdefiziten oder von Hyperaktivität sich früh zeigen müssten – vorausgesetzt, die Störung wäre wirklich genetisch bedingt. Doch dieser Aspekt der ADS-Diagnose macht deutlich, dass die Störungen bei sehr kleinen Kindern nicht nachgewiesen werden können. Tatsächlich erweist sich der einzige Verhaltensmaßstab in der Frühkindheit, der auf späteres ADS hinweisen könnte – das Temperament –, als untauglich, um Hyperaktivität oder Aufmerksamkeitsdefizite vorherzusagen.[75] Obwohl es unwahrscheinlich ist, dass genetische Hintergründe keinerlei Rolle spielen, hat es den Anschein, dass diese Störungen von bestimmten Entwicklungserfahrungen bedingt sind – Erfahrungen, die schließlich darüber entscheiden, ob ein Kind (oder Erwachsener) schließlich eine ADS-Diagnose bekommen wird.

Wie bereits erwähnt gibt es für jede Untersuchung, die möglichen Entwicklungsfaktoren bei ADS nachgeht, Dutzende, die nach physiologischen oder genetischen Ursachen forschen. Nach wie vor herrscht ein dringender Bedarf nach Langzeitstudien, welche die Kindesentwicklung in der Realzeit dokumentieren, von der Zeit, bevor die ADS-Symptome auftreten, bis zu der Zeit danach. Der Vorteil dieser Methode liegt in ihrer Fähigkeit, Faktoren im frühen Kindesleben zu berücksichtigen, die zu Hyperaktivität und Aufmerksamkeitsdefiziten führen können, und so den Beschränkungen retrospektiver Studien zu entgehen, die kaum sinnvoll zwischen Ursache und Wirkung unterscheiden können. In der vielleicht einzigen Studie, die Hyperaktivität und Aufmerksamkeitsdefizite bei Kindern prospektiv erforschte, waren die Ergebnisse ziemlich überzeugend. Diese Studie, die in den Siebzigerjahren begonnen und 1995 veröffentlicht wurde, untersuchte 191 Kinder, beginnend im Alter von sechs Monaten und dann durch die frühe und mittlere Kindheit hindurch. Jedes Mal wurde eine Vielzahl verhaltensbezogener, psychologischer und familiärer Variablen gemessen.[76]

Die Forscher fanden vor allem heraus, dass Variablen auf der familiären Ebene Voraussagen darüber zuließen, ob Kinder diese Störungen entwickeln würden oder nicht. Die Schlussfolgerung lautete zusammenfassend: »In der frühen Kindheit ließ die Qualität der Zuwendung sehr viel deutlichere Voraussagen auf Ablenkbarkeit, einem frühen Vorläufer von Hyperaktivität, zu als frühe biologische Faktoren oder solche des Temperaments. Zuwendung und kontextuelle Faktoren zusammen mit früher Ablenkbarkeit deuteten bündig auf Hyperaktivität in der mittleren Kindheit voraus.«[77] Der eheliche (oder nichteheliche) Status zur Zeit der Geburt, die emotionale Unterstützung, welche die primär betreuende(n) Bezugsperson(en) während der Entwicklung des Kindes erhielt(en), und die Qualität von Betreuung und Zuwendung waren die aussagekräftigsten Faktoren.

Unnötig zu sagen, dass all diese Faktoren entweder direkt oder indirekt von der Beschleunigungskultur und der Kultur der Vernachlässigung beeinflusst werden. Alleinerziehende und Eltern, die nur geringe Unterstützung von außen erhalten, sind deutliche Beispiele für die Überforderungssituationen, die von Prioritäten, die eine Beschleunigungskultur setzt, begünstigt werden. David Elkind schreibt dazu: »Diese zerfallenden Grenzen und zunehmenden Belastungen, zusammen mit einem erschreckenden Mangel an institutioneller Unterstützung für Familien, machen das Leben in einer durchlässigen Familie für viele postmoderne Eltern gewiss nicht einfach.«[78] Solche allgemeinen kontextuellen Faktoren schaffen auch die Bedingungen für eine ruhelose und reizüberflutete Lebensweise der Kinder. Tatsächlich spricht diese Studie in ihrem signifikantesten Punkt – der Qualität der Zuwendung und Betreuung – genau diese Möglichkeit an, wenn sie sich auf die Überstimulierung bezieht, die Kinder während der frühesten und frühen Kindheit empfangen. Überstimulierung bezieht sich hier auf die unbewusste Praxis von Eltern, ihr eigenes Zeitgefühl dem Kind aufzuzwängen, das dadurch in seinem eigenen Rhythmus und im Verfolgen seiner Interessen unterbrochen wird. Wenn ein Kind einer solchen Form der Betreuung chronisch ausgesetzt ist, lässt es sich immer leichter ablenken und befindet sich in einem Vorstadium späterer Hyperaktivität. Die Wirkungen des gehetzten und hektischen Lebens der Eltern entfalten in der kindlichen Welterfahrung, die einem eigenen Rhythmus unterliegt, zerstörerische Kraft.

Natürlich addieren sich zu den familiären Bedingungen, die eine solche Überstimulierung fördern, weitere Ablenkungsquellen aus der Umwelt des Kindes, so das Tempo der Aktivitäten im Tagesverlauf und der Umgang mit elektronischen Medien (z.B. das Fernsehen). Wie eine Untersuchung zeigte, schauen nicht nur Kinder generell mehr und intensiver die Programme im Fernsehen als Kleinkinder und Erwachsene, sondern insbesondere mit ADS diagnostizierte Kinder sehen mehr fern als ihre Altersgenossen. Diese Untersuchung, die in *Child and Adolescent Social Work* publiziert wurde, berichtete, dass sowohl ADS-Kinder wie ihre Eltern häufig leidenschaftliche Fernsehzuschauer sind. Als Fernsehgewohnheiten unter fünf Gruppen von Kindern verglichen wurden, die alle eine spezifische Störung des Kindheitsalters aufwiesen (so wie ADS, Verhaltensstörungen oder Anpassungsschwierigkeiten), kamen die Autoren James Shanahan und Michael Morgan zu dem Ergebnis, dass »Kinder mit primärer (ADS-)Diagnose mehr Zeit vor dem Fernseher zubrachten als jede andere Gruppe, und zwar fast eine ganze Stunde (pro Tag) über dem Durchschnitt … (und dass) Kinder von stark fernsehenden Eltern mit größerer Wahrscheinlichkeit ADS diagnostiziert bekommen«.[79]

Obendrein fördern Eltern, deren Kinder bereits auf dem Weg zur Reizabhängigkeit sind, diese Entwicklung mehr und mehr dadurch, dass sie zu Stimulierungen greifen, die zumindest kurzfristig das Kind besänftigen. Laut dem Psychiater Michael Gordon »kompensieren manche Eltern die Impulsivität und Ablenkbarkeit ihres Kindes, indem sie das Familienleben so einrichten, dass Situationen, die zu Problemen führen können, minimiert werden«.[80] Eine Mutter sagt: »Wir zwingen ihn (beim Essen) nicht mehr, mit uns am Tisch zu sitzen, weil er so furchtbar herumzappelt, alle zehn Sekunden aufsteht, um sich Saft zu holen oder irgendeinem Geräusch im Wohnzimmer auf den Grund zu gehen oder zum millionsten Mal den Fernsehsender zu wechseln. Und er unterbricht andauernd unsere Gespräche, so dass er besser isst, wenn er mit dem Spielen fertig ist.«[81]

Ein damit verbundenes Verhaltensproblem, dem die oben erwähnte Langzeitstudie nachgeht, ist die Notwendigkeit für das Kind, die Fähigkeit zur Selbstregulierung zu erlernen, die wir auch als Fähigkeit zur Selbstkontrolle definieren können. Einer der Autoren, Alan Sroufe, belegt in seinem Buch *Emotional Development: The Organization of Emotional Life in the Early Years*, dass Eltern, ob sie es wissen oder nicht, eine entscheidende Rolle bei der Internalisierung gesunder regulatorischer Gewohnheiten im Kind spielen, die umgekehrt auf die Selbstkontrolle des Verhaltens, auf die emotionale Entwicklung und das Selbstwertempfinden zurückwirken.[82] Mit anderen Worten: Eine dysfunktionale Regulierung und Organisation des Kindesverhaltens – wie bei der Überstimulierung, von der die Langzeitstudie sprach – führen zur Unterminierung dieser Entwicklung.

Die in Rede stehende Langzeitstudie macht schlagend klar, dass Hyperaktivität und Aufmerksamkeitsdefizite mit Merkmalen zusammenhängen, die sich in vielen Familien von heute identifizieren lassen. Dieser Untersuchungstypus gibt der Frage, woher die »ADS«-Symptome stammen, eine äußerst wirkungsvolle neue Richtung und deshalb brauchen wir mehr davon. Bedenken Sie zum Beispiel, dass Eltern manchmal davon berichten, dass ihr Kind »immer« schwer zu lenken war, und dies als Beweis einer organischen Störung ansehen. Wir wissen jedoch, dass viele Kinder mit zwei Jahren schwer zu bändigen sind. Mehr noch, ungefähr 40 Prozent aller Vierjährigen werden von ihren Müttern als hyperaktiv beschrieben, und etwa 25 bis 35 Prozent aller Sechs- bis Achtjährigen werden von ihren Eltern entweder als impulsiv oder hyperaktiv beschrieben.[83] Darüber hinaus legen Langzeitdaten den Schluss nahe, dass diese frühe Evidenz für eine Störung die gleiche Evidenz ist, die wir für eine Verhaltensstörung erwarten würden, insbesondere für eine, die sich aufgrund von Messdaten des Familienkontexts bei der Geburt und bei einem Lebensalter von sechs Monaten prognostizieren lässt. Wir dürfen schließlich nicht vergessen, dass eine Verhaltensstörung meist früh beginnt und sich dann langsam verstärkt, bis sie einen Krisenpunkt erreicht. Frühe Anzeichen von Verhaltensstörungen lassen oft auf spätere Probleme schließen, weil die kontextuellen Faktoren, die sie vor allem hervorriefen, fortbestehen. So kam die Langzeitstudie zu dem Ergebnis: »Während frühe Hyperaktivität am sichersten auf spätere Hyperaktivität in den ersten Schuljahren vorauswies, trugen Faktoren der familiären Zuwendung und kontextuelle Faktoren zur Aufrechterhaltung der Hyperaktivität in dieser Kindheitsphase bei und wiesen, unabhängig von früherer Hyperaktivität, auf die spätere Symptomatik von ADHS hin. Die Erkenntnisse legen den Schluss nahe, dass sich der gestörte Verhaltenszyklus, wenn er erst einmal etabliert ist, selbst stabilisiert.«[84]

Interkultureller Vergleich

Das sowohl historisch wie im Kulturenvergleich stark variierende Auftreten von ADS ist ein weiteres Indiz dafür, warum wir es als eine Entwicklungsstörung ansehen sollten. Erst seit den Siebzigerjahren erleben wir eine signifikante, exponentielle Zunahme des Ritalinkonsums bei Kindern, obwohl stimulierende Psychopharmaka zur Behandlung von Hyperaktivität seit den Fünfzigerjahren anerkannt waren. Noch bemerkenswerter ist der Anstieg der Erwachsenen, die für Ritalin und die erforderliche ADS-Diagnose anstehen. Beide historischen Veränderungen sind von den ADS-Fürsprechern mit dem Argument vom Tisch gewischt worden, der Fortschritt der medizinischen Erkenntnis sei für den Wandel verantwortlich.

Das Problem ist hier nur, dass Experten aus europäischen Ländern für ein beträchtlich geringeres Auftreten von ADS votieren, als es gegenwärtig von den USA berichtet wird (in England zum Beispiel ist der Gebrauch von Medikamenten wie Ritalin weitaus geringer als in den USA, obwohl sein Konsum seit 1990 um das Vierundzwanzigfache gestiegen ist[85]). Tatsächlich wird geschätzt, dass Kinder in den USA zwischen zehn und fünfzig Mal häufiger eine ADS-Diagnose bekommen als in England oder Frankreich. Selbst unter westeuropäischen Medizinern, die an die Diagnose »ADS« glauben, stellen die meisten eine sehr viel geringere Rate in ihren Ländern fest als in den USA. Manche dieser interkulturellen Unterschiede haben damit zu tun, dass Europäer, im Gegensatz zu Amerikanern, diese Störungen immer noch eher für verhaltensbedingt und psychisch halten und nicht so sehr für organisch und medizinisch; und offensichtlich sind Störungen wie Hyperaktivität, Impulsivität und Aufmerksamkeitsdefizit nicht in allen Ländern Westeuropas so verbreitet wie in den USA.[86]

Die Unterschiede zwischen amerikanischen und europäischen Kindern bereiten nicht nur Kritikern Kopfzerbrechen; sie beunruhigen auch ADS-Fürsprecher, die in den interkulturellen Unterschieden eine mögliche Gefahr für das Dogma sehen, dass ADS eine angeborene Krankheit sei. Einmal, als wir im Radio über diese Themen sprachen, überraschte mich mein psychiatrischer Gesprächspartner, als er den Hörern im Brustton der Überzeugung erzählte, dass solche Disparitäten sich durch genetische Unterschiede bei denen, die zuerst von Europa in die Vereinigten Staaten emigriert seien, erklären ließen. Meine unmittelbare Reaktion darauf war verblüfftes Schweigen, denn ich konnte mir kaum eine lachhaftere Herleitung vorstellen. Nicht nur erklärt sie nicht, warum ADS bei ethnischen Minderheiten ebenso verbreitet ist wie bei den europäischstämmigen Einwohnern der USA[87], sondern vor allem sagt sie nichts darüber aus, warum sich die Verbreitung von ADS in den letzten vierzig Jahren so radikal verändert hat. Die erste bekannte Studie über Hyperaktivität, die amerikanische Psychiater gern zitieren – ein Aufsatz von George F. Still aus dem Jahr 1902 –, handelt überdies von Beobachtungen an englischen, nicht an amerikanischen Kindern. Wenn es sich bei ADS um ein USA-eigenes genetisches Phänomen handelt, warum sollten dann die ersten Beobachtungen darüber aus England stammen?

Damals tat ich diese phantasievolle Erklärung als verzweifelte Ausflucht eines Psychiaters ab, der wirtschaftlich stark mit der ADS-Industrie verbandelt war. Später fand ich jedoch heraus, dass es sich dabei um einen weit verbreiteten Mythos in der ADS-Literatur handelt. Die Psychiater Hallowell und Ratey greifen zum Beispiel in *Driven to Distraction* auf diese Erklärung zurück, wenn sie schreiben, dass »eine mögliche Erklärung (der Unterschiede zwischen den USA und England) ist, dass unser Gen-Pool schwer mit ADS belastet ist. Die Menschen, die dieses Land gründeten und es weiterhin bevölkerten, entsprachen genau dem Typus, der ADS gehabt haben könnte. Sie saßen nur ungern still.«[88] Solche in hohem Maße »eigensinnigen« Hypothesen zeigen nicht nur, wie bedrohlich für Pro-ADS-Ärzte die Implikationen interkultureller Unterschiede bezüglich der Hyperaktivität sind – tatsächlich sind Studien über solche Unterschiede selten –, sondern sie demonstrieren auch, wie unmöglich es ist, ihren Glauben mit Beweisen des Gegenteils zu erschüttern.

Wie wir im vorangegangenen Kapitel gesehen haben, steht die unerschütterliche Weigerung der Psychiatrie, die signifikanten Veränderungen im Leben der Kinder wahrzunehmen, in scharfem Kontrast zu dem, was Kinderexperten und Entwicklungsstudien sagen. Eine der umfassendsten dieser Studien aus dem Jahr 1989 untersuchte Kinder und Jugendliche über einen Zeitraum von dreizehn Jahren und berichtete eine signifikante Zunahme an Störungen, die nicht nur Aufmerksamkeit, sondern Sozialverhalten, Angst, Delinquenz und Aggressivität betrafen.[89] Eine weitere Studie, 1993 erschienen, kam zu dem Ergebnis, dass 25 Prozent aller Schulkinder echte körperliche Symptome entwickeln, die großenteils psychosomatischer Natur sind.[90] Solche Untersuchungen animierten Daniel Goleman in seinem Buch *Emotional Intelligence* zu schreiben, »dass sich, wenn sich nichts ändert, die langfristige Aussicht für Kinder von heute auf eine Ehe und ein erfülltes, stabiles gemeinsames Leben mit jeder Generation düsterer darstellt«.[91]

Bei dem, was sich im modernen amerikanischen Leben zuträgt – bei einer Scheidungsrate, die 50 Prozent höher als in allen anderen Ländern ist, mit 25 Prozent Kindern, die in Armut leben, und mit 45 Prozent Kindern unter einem Jahr, die in Tagesstätten betreut werden (und zwei Drittel unter sieben Jahren) –, gibt es allen Grund, sich darüber Sorgen zu machen, was mit den Kindern geschieht. Wenn wir zudem die Wirkungen des gesellschaftlichen Beschleunigungswahns auf die Hirnentwicklung des Kindes betrachten, wie wir sie nun verstehen, lässt sich leicht begreifen, warum neuerdings die Frage gestellt wird, ob sich in Amerika die Gründung einer Familie noch guten Gewissens empfehlen lässt.

Anpassung und Sucht

Das Kernproblem der kindlichen Entwicklungskrise ist die Sucht nach Sinnesreizen. Zu Recht können wir uns fragen, welche Beziehung zwischen der Reizabhängigkeit und den oben besprochenen empfänglichen Bewusstseinsstrukturen bei Kindern besteht. Als ich dieses Kapitel zu schreiben begann, hat zum Beispiel der damalige Präsident Clinton ein Zwanzig-Milliarden-Dollar-Programm beantragt, um die Unzulänglichkeiten in der Kinderfürsorge der USA zu beheben; und während Mr. Clinton die Notwendigkeit hervorhob, dass Unternehmen die Stellen arbeitender Eltern flexibler gestalten müssten, sprach die First Lady vor ausgewählten Gruppen über die Beziehung zwischen dem Familienleben und Forschungen zur kindlichen Hirnentwicklung.

Was die Forschung betrifft, so wissen wir vor allem, dass das Hirn eine unglaubliche Fähigkeit zur Anpassung an die Stimuluswelt hat. Der ursprüngliche evolutionäre Zweck dieses Prozesses war wahrscheinlich der, unsere Aufmerksamkeit auf wichtige Stimuli zu richten und von unwichtigen abzuziehen. Wie Wahrnehmungsforscher seit langem wissen, ist die Welt voll von Myriaden solcher Stimuli und nur einen kleinen Ausschnitt der äußeren Welt können wir tatsächlich wahrnehmen; wenn wir uns all der Stimuli in unserem Wahrnehmungsfeld bewusst wären, könnten wir nicht mehr unterscheiden, was wichtig ist und was nicht.

Haben Sie zum Beispiel schon einmal gemerkt, wie ein Notizzettel, den Sie am Eisschrank befestigen, schon nach kurzer Zeit nicht mehr weiter auffällt, weil Sie sich so an ihn gewöhnt haben, dass Sie ihn nicht mehr »sehen«? In wenigen Tagen wird der Zettel alltäglich und verschwindet im Hintergrund, wo er sich mit all den anderen Tausenden von Stimuli vermischt, die Ihre Aufmerksamkeit erheischen, aber nicht bekommen. Wir passen immer noch auf rotes und grünes Ampellicht auf, das ist wahr, aber das meiste, was wir jeden Tag »sehen«, wird von uns übersehen. Der kognitive Psychologe Shelley Taylor geht diesem Prozess bei Kleinkindern nach: »Wenige Wochen nach der Geburt beginnt der Säugling, seine Umwelt zu erforschen, reagiert mit gespannter Konzentration und Gebrabbel auf einen neuen Stimulus, sagen wir eine bunte Rassel. Doch wenn er die Rassel genug erforscht hat, zeigt der Säugling bald nur noch eine geringe Reaktion, wenn die Rassel vor ihm geschüttelt wird, reagiert aber mit der gleichen Spannung auf ein Schachbrett, das er noch nicht kennt … Erfahrung und die Fähigkeit, Veränderungen in der Umwelt herbeizuführen, haben ihren Sinn in sich selbst … Geringfügig veränderte Umgebungen, in denen sich Objekte befinden, die das Kind noch nie gesehen hat, sind weitaus interessanter und stimulierender als radikal neue Umgebungen oder Umgebungen voller bekannter Objekte.«[92]

Der Begriff der Reizanpassung (*sensory adaptation*) umfasst verschiedene wichtige Phänomene. Erstens zeigt die Forschung deutlich, dass sich ein Kind schrittweise an einfach strukturierte und als angenehm empfundene Eindrücke gewöhnt und dabei ein wachsendes Bedürfnis nach Stimuli entwickelt, die eine noch größere Wirkung auf die Sinne haben. In der Vergangenheit stellte die dann meist vergeblich erfolgende Jagd kein großes Problem dar, weil es für die Stärke der Stimuli eine natürliche Beschränkung gab. Doch mit dem technologischen Wandel der Verkehrsmittel und dem Beginn des elektronischen Zeitalters wurde diese Beschränkung aus den Angeln gehoben. Wie die Produzenten von Filmen, Videospielen und MTV entweder wussten oder bald herausfanden, gibt es immer ein – zumeist junges – Publikum, das begierig darauf wartet, dass der Sesamöffne-dich der Stimuluswelt immer größere Komplexität und Rasanz bietet. Die Geschwindigkeitsrevolution, die wir im letzten Jahrhundert erlebt haben, führt uns so zu einer spezifisch modernen Frage: Wie rasend schnell muss unser Erleben sein, bis es unangenehm oder anpassungshinderlich wird? Die gleichen Untersuchungen über die kindliche Hirnentwicklung, die Grund zu der Vermutung geben, dass eine chronische Stimulation zu Reizabhängigkeit führt, besagen schließlich auch, dass ein normales Maß an Stimulierung in der frühen Entwicklung für eine gesunde Entwicklung unerlässlich ist. Doch angesichts der sprunghaften Fortschritte in der Technologie und angesichts der allgemeinen Annahme, sie hätten keinerlei Einfluss auf die Struktur des Bewusstseins, gerät dieser Anpassungsprozess heute außer Kontrolle. In der Tat entwickeln wir ein solches Verlangen nach Stimulation, dass ein großer Teil unseres Zeitvertreibs schnell veraltet und nur die Symptome einer Reizabhängigkeit zurücklässt sowie die virtuellen Realitäten, die wir schaffen, um ihr zu entfliehen.

Um zu erkennen, dass die Sucht nach Sinnesreizen nur die Perversion eines alltäglichen Prozesses ist, vergleiche man sie mit der Drogenabhängigkeit. Über Letztere gibt es Hunderte von Laboruntersuchungen an Tieren (und Menschen), aus denen wir wissen, dass psychoaktive Drogen in der Regel Erlebnisse schaffen, die eine weitere Selbstmedikamentierung ermuntern und aufrechterhalten, insbesondere wenn andere gewünschte Aktivitäten sich nicht realisieren lassen (wie die Möglichkeit zu sozialen Interaktionen). Vollkommen gesunde Tiere sind bereit, sich mit den gleichen psychoaktiven Drogen zu versorgen, die Menschen einnehmen und missbrauchen (eine Entdeckung, auf die wir im nächsten Kapitel im Zusammenhang mit Ritalin eingehen werden). Diese Untersuchungen liefern den wissenschaftlichen Beweis, dass es sich bei Drogen suchendem Verhalten um einen normalen und nicht, wie früher angenommen wurde, um einen pathologischen Prozess handelt (zum Beispiel gestörte Persönlichkeitsmerkmale). Andrew Weil dokumentiert in *The Natural Mind*, dass zwar die Einnahme von Drogen manchmal zu Drogenabhängigkeit führt, es aber keineswegs abnorm ist, seinen Bewusstseinszustand ändern zu wollen, sei es mit bewusstseinsverändernden Drogen, Meditation oder anderen Formen von Stimuli.

Aufgrund dieser Folgerung können wir schließen, dass es vollkommen natürlich ist, neue und komplexe Stimuli zu suchen, um seinen Bewusstseinszustand zu ändern. Und genauso, wie der Wunsch nach Drogen die Möglichkeit der Drogenabhängigkeit in sich birgt, birgt der Wunsch nach neuen Sinneserfahrungen die Möglichkeit der Reizabhängigkeit in sich, insbesondere unter der Bedingung der Schnellfeuer-Kultur. Wenn wir uns heute umsehen, dann treffen wir in vielen Teilen der Welt auf einen verbreiteten Gebrauch psychoaktiver Drogen, doch nur in wenigen Teilen sind ernste Suchtprobleme damit verbunden. Das Gleiche gilt für den Konsum von sinnlich empfundenen Umwelteindrücken, ob sie sich nun sehen, hören, schmecken oder berühren lassen: Wir finden sie überall in der Welt, doch nur an wenigen Orten führt ihr »Konsum« zu ernsten Problemen, d.h. zu Reizabhängigkeit. Dass wir in den USA Drogensucht und Sucht nach Sinnesreizen nebeneinander finden, sollte uns daher nicht verwundern. Noch sollte es uns überraschen, dass diese beiden Welten im Fall von Ritalin zusammentreffen, wo ein Stimulans als Substitut für eine ersehnte äußere Stimulation fungiert.

Die natürliche Anziehungskraft neuer Sinneserfahrungen und die normale Toleranz, die sich ihnen gegenüber entwickelt, lässt sich in der Neigung Neugeborener erkennen, Sinneserlebnisse zu suchen und sich an vertraute anpassen. Wir haben dies auch in Laborversuchen an Tieren beobachtet. Ebenso wie Versuchstiere bereitwillig reagieren, um mit bewusstseinsändernden Drogen versorgt zu werden, so reagieren sie auch, um komplexere Stimuli und Änderungen in der Intensität der Stimulation zu erreichen. Zum Beispiel haben psychologische Studien an Ratten und Schimpansen eine Präferenz für fortschreitend komplexere Stimuli gezeigt.[93] Wenn Tiere eine Versuchsanordnung kennen und dann nach wenigen Änderungen erneut damit konfrontiert werden, verbringen sie deutlich mehr Zeit damit, die neuen, ungewohnten Bereiche zu untersuchen.[94] Ebenso wählen Tiere zwischen zwei visuell verschiedenen komplexen Aktivitätsbereichen den komplexeren.[95] Damit nicht genug, denn die Tiere versuchen auch aktiv, Veränderungen in ihrem Stimulusumfeld herbeizuführen. Zum Beispiel haben Untersuchungen an Affen und Tauben gezeigt, dass sie daran arbeiten, aus ihrer Versuchskammer hinaussehen zu können,[96] was den Schluss nahe legt, dass, wie Shelley Taylor über das Kleinkind schrieb, »die Erfahrung und die Fähigkeit, Veränderungen in der Umwelt herbeizuführen, ihren Sinn in sich selbst (haben)«.

Doch ebenso wie Kleinkinder ziehen Tiere Stimuli, die zu komplex oder zu abweichend sind, nicht vor.[97] Hierbei ist es wichtig, zu wissen, dass dasjenige, was »zu« komplex ist, immer nur im Verhältnis zu den vergangenen Erfahrungen einer Person (oder eines Tieres) gilt. Wie D.E. Berlyne in seiner Arbeit über Neugier feststellt, kann nicht ohne Kenntnis der Geschichte des Tieres oder der Person entschieden werden, ob ein Stimulus neu oder komplex ist.[98] Die Neigung, komplexere weniger komplexen Stimuli vorzuziehen, verändert sich ständig, denn was als neu oder komplex empfunden wird, schwankt mit dem Grad der Gewöhnung. Dies erklärt, warum die Mutter zum/zur Jugendlichen sagt: »Wie kannst du dir nur so etwas anhören?«, denn was für ihren Sohn oder ihre Tochter Musik ist, empfindet sie nur als Lärm.

Die Feststellung, dass die Komplexität eines Stimulus relativ zur persönlichen Erfahrung ist, macht eine weitere Verbindung zwischen Drogen- und Reizabhängigkeiten deutlich, da die Sinnesanpassung der Drogen-*Toleranz* ähnelt, bei der mehr von der gleichen Substanz benötigt wird, um die gleiche Wirkung hervorzurufen. Betrachten wir die Ergebnisse von Studien, in denen die Gewöhnung von Menschen an Hintergrundgeräusche untersucht wurden. Sie zeigen, dass sich unsere Sinne rasch an die vorherrschende Intensität der uns umgebenden Stimuli anpassen, von Gerüchen bis zu Geräuschen. In einer dieser Studien wurden die Probanden gebeten, die Lautstärke eines Düsenflugzeugs so einzustellen, dass sie mit der einer Propellermaschine vergleichbar ist. Obwohl die Probanden im ersten Versuch den Düsenlärm um circa vierzehn Dezibel herabstuften, waren es beim zweiten Versuch nur noch zehn Dezibel und beim dritten nur noch acht. Die Anpassung an diesen Lärm fand ebenso schnell wie signifikant statt. Es scheint, dass Individuen rasch »Toleranz« entwickeln, sogar gegenüber lästigen Stimuli in der Umwelt.

Der berühmte Theoretiker der Reizanpassung Harry Helson kommt bezüglich der Wahrnehmung moderner Kunst zu einer ähnlichen Erkenntnis. Er schließt mit einem Absatz aus Rudolf Arnheims klassischem Text *Art and Visual Perception* (1954; dt. Kunst und Sehen, 1965) und schreibt:

> Die meisten Individuen sind sich des hochkomplizierten und spezifischen Stils vieler ihnen vertrauter Kunstwerke nicht bewusst, die in ihrer eigenen Zeit oder in vorangegangenen Zeiten geschaffen wurden. Unbekannte Werke jeder Epoche beeindrucken uns durch ihre ungewöhnlichen Formeigenschaften. Wir akzeptieren heute Cézanne und Renoir, aber vor nur wenigen Jahrzehnten schienen sie der damaligen Generation von Bildbetrachtern provozierend unwirklich. Arnheim wagte in Übereinstimmung mit dieser Analyse die folgende Voraussage: »… Jeder, der sich mit moderner Kunst beschäftigt, wird es immer schwieriger finden, die Abweichungen von der realistischen Abbildung wahrzunehmen, die dem unbedarften Betrachter so mächtig ins Auge springen. Auch wenn unser Alltagsleben mit allen Stilmitteln moderner Kunst überschwemmt ist, indem Designer sie für Tapeten, Schaufenster, Bucheinbände, Plakate und Verpackungen benutzen, hat sich der Mann auf der Straße kaum über das Wirklichkeitserleben hinausbewegt, das um 1850 in der Malerei und Bildhauerei vorherrschte. Ich muss nachdrücklich betonen, dass es mir hier nicht um Geschmacksfragen geht, sondern um die sehr viel grundlegendere Wahrnehmungserfahrung. Ein moderner Kunstkritiker, der sich ein Stillleben von van Gogh anschaut, sieht ein anderes Bild als das, das sein Kollege 1890 sah.«[99]

Wie dieses Beispiel zeigt, werden die bedeutenden Symbole von heute wahrscheinlich die seichten Stimuli von morgen, so wie das, was heute noch »zu« übermächtig wirkt, alle Chancen hat, zum bevorzugten Medium von morgen zu werden. Natürlich trifft dies intensiver auf die jüngere Generation zu, weil sie synchron mit der neuesten Geschwindigkeitskultur aufwächst. Beim Kleinkind können wir sicher sein, dass es bereits sein Interesse an seiner nächsten Umgebung verliert und bald krabbeln, gehen und rennen wird, um schließlich zu radeln, mit dem Auto zu fahren und nach immer neuen und intensiveren sinnlichen Genüssen zu suchen. Da aber die Stimuluswelt keinen natürlichen Beschränkungen mehr unterliegt, sind Kinder und Eltern mit dem Problem konfrontiert, sich selbst diese Beschränkungen aufzuerlegen. Doch weil wir dies in der Vergangenheit versäumt haben, leben wir nun unter Bedingungen einer extremen sinnlichen Inflation, Bedingungen, die darauf abzielen, unsere erhöhten Reizerwartungen zu befriedigen, es aber nicht tun. Sie tun es nicht, weil sie es schlicht nicht können, zumindest nicht auf lange Sicht.

Anatomie und Physiologie der Sucht nach Sinnesreizen

Nachdem wir die Reizanpassung zur Schnellfeuerkultur sowie zur Ausbildung von Hyperaktivität und Konzentrationsstörungen in Beziehung gesetzt haben, können wir nun eine letzte Verbindung zwischen Reizanpassung und unserem Wissen über die Bewusstseinsentwicklung von Kindern herstellen. Weitere Forschungen, die gezeigt haben, wie das Säugetierhirn durch Anpassung unwichtige Stimuli ausfiltert, so dass wir uns wichtigen Stimuli zuwenden können, geben uns einen direkten Einblick in den Mechanismus, wie Sinneserfahrungen die physische Funktionsweise des Hirns verändern können, so dass das Hirn auf vertraute Stimuli immer weniger aufmerksam reagiert. Kehren wir zu unserem Grundmodell der Anpassung zurück: Wir wissen bereits, dass neue und wichtige Stimuli das Bewusstsein zur Wahrnehmung veranlassen, während gewohnte und uninteressante Stimuli ignoriert werden. Doch wie genau verändert Erfahrung das Hirn, so dass sich dieses Lernen in ihm niederschlägt? Forschungen über visuelle Aufmerksamkeit bei Affen lehren uns, dass die Nervenzellen im Hirn untereinander in ei-

ner Art darwinschem Wettbewerb stehen.[100] Wie im wirklichen
Leben gibt es in dieser Untersuchung drei grundlegende Arten
von Stimuli. Abhängig von der gegenwärtigen Situation und
vergangenen Lernerfahrungen sind Stimuli entweder bekannt
und unwichtig, bekannt und wichtig oder aber neu. Der Wettbewerb funktioniert nun, indem er sicherstellt, dass beim üblichen Vorhandensein mehrerer solcher Stimuli im Gesichtsfeld
nur die neuen und wichtigen Stimuli einen physiologischen Effekt auf die höheren Hirnbereiche ausüben und damit vom bloßen Sinneseindruck ins Reich der bewussten Wahrnehmung
vordringen.

Um dies klarer zu machen, beginnen wir mit der grundlegenden Tatsache, dass ein Stimulus, der auf unsere Netzhaut trifft,
anfänglich eine neurale Reaktion in den visuellen Bahnen des
Nervensystems hervorruft. Doch da wir nicht alle Stimuli aufnehmen können, muss irgendwo und irgendwie das Nervensys-
tem entscheiden, ob es diese neurale Reaktion unterstützen oder
ausblenden will. Dabei handelt es sich *per definitionem* um einen
unbewussten Prozess, weil wir nicht Stimuli erfahren können,
um zu entscheiden, welche wir erfahren wollen. Hauptsächlich
funktioniert dies so: Alle visuellen Stimuli, die auf die Netzhaut
treffen, haben in der Tat ihre Chance vor Gericht, aber die Rich-
ter sind durch vergangene Erfahrungen stark befangen. Wenn
dieser Stimulus schon einmal vorgesprochen hat, aber nicht viel
zugunsten seiner Wichtigkeit vorbringen konnte, überstimmen
ihn andere Nervenzellen im visuellen Kortex, indem sie seine
Aktivität unterbinden. Wenn sich andrerseits ein neuer oder
wichtiger Stimulus zeigt, bleiben nicht nur die stimulierten Nervenzellen aktiv, sondern sie aktivieren auch zusätzliche Neuronen und verstärken damit den neuralen Eindruck des Stimulus.[101] Wenn die neurale Wirkung in dieser Weise verstärkt
wird, erfährt der Stimulus Aufmerksamkeit und wird wahrgenommen.

Die psychologische Relativitätstheorie

In den letzten Jahrzehnten haben Psychologen ihre eigene Relativitätstheorie entwickelt, die so genannte Adaptations-niveau-Theorie. Nach dieser Denkschule adaptieren wir uns nicht nur an das Niveau der sinnlichen Stimulation, die uns umgibt, wie z.B. die schnelleren und komplexeren Stimuli, die aus unserem Fernseher kommen, sondern wir adaptieren uns auch an unsere Lebensbedingungen und Lebensstile. So seltsam es erscheinen mag, die Befriedigung bzw. Unzufriedenheit, die wir in unserem eigenen Leben finden, ist eher relativ als absolut zu sehen. Die Erwartungen, mit denen wir aufwachsen, die Erwartungen, die uns von Werbeagenturen nahe gebracht werden, und unsere eigenen Erwartungen setzen einen Standard, dem wir gerecht werden müssen, wenn wir uns erfolgreich und glücklich fühlen wollen. Der Psychologe David Myers hat geschrieben, Adaptation bedeute, dass das, »was sich früher gut anfühlte, heute als neutral anfühlt, und das, was sich früher neutral anfühlte, heute wie eine Entzugssituation darstellt. Dies hilft erklären, warum der Durchschnittsamerikaner trotz der schnellen Zunahme des Realeinkommens während der letzten Jahrzehnte nicht glücklicher ist«.[102] Wie Mütter manchmal sagen: »Hänge deine Träume nicht zu hoch, sonst wirst du irgendwann enttäuscht.« Aus diesem Grund ist ein Fotomodell wahrscheinlich nicht glücklicher als eine robust gebaute Frau, denn sie wird sehr hohe und wahrscheinlich unerfüllbare Erwartungen an ihre »Attraktivität« knüpfen. Das Gleiche gilt für das Opfer eines Autounfalls, das den Gebrauch seiner Beine verliert; zum Glück wird es sich nach einer Zeit der Trauer an seine neuen Erwartungen anpassen und eine neue Art des Glücks entwickeln. Die Adaptationsniveau-Theorie warnt uns jedoch, dass wir, wenn sich unsere Erwartungen erst einmal erfüllt haben, dazu neigen, sie zu steigern und damit eine aussichtslose Jagd nach Glück zu beginnen. Untersuchungen über Menschen, die in Lotterien gewonnen haben, zeigen übereinstimmend, dass sich an den Gewinn großer Geldsummen so hohe Erwartungen knüpfen, dass die kleinen Freuden des Lebens schnell verloren gehen (ganz zu schweigen von Freunden und Verwandten). Folglich zeigen diese Untersuchungen bei den Menschen keinerlei Zugewinn an Lebenszufriedenheit. Eine dieser Studien trug den treffenden Titel »Lottogewinner und Unfallopfer: Ist Glück relativ?«[103] Die psychologische Relativitätstheorie bringt uns der Erklärung der beschleunigten Gesellschaft ein ganzes Stück näher: Die konstante Anhebung der Erwartungen an den Lebensstil veranlasst uns, mehr »Leben« in unser Leben zu stopfen. Dies führt zu erhöhten Reizanpassungen und Erwartungen sowie zu einer beschleunigten und verdichteten Zeitwahrnehmung. Daher wird es zum Problem, in einer relativen und rasant sich verändernden Welt der Sinnesreize nach absoluter Glückseligkeit zu suchen.

In einer Forschungsarbeit zu diesem Prozess haben Wissenschaftler am »National Institute of Mental Health« die Aktivität spezifischer Neuronen in den Hirnen von Affen untersucht, die eine visuelle Aufgabe erlernen sollten. Als die Affen gleichzeitig mit verschiedenen Stimuli konfrontiert wurden, von denen aber nur einer für eine richtige Reaktion bedeutend war, erhielten alle Stimuli ein gleiches Maß neuraler Aufmerksamkeit, was zu einem Verhalten führte, das der Aufgabe natürlich nicht entsprach. Doch nachdem die Affen die Konsequenzen für ihr Fehlverhalten erfuhren, wurden die unwichtigen Stimuli schnell von den benachbarten Neuronen ausgeschaltet. So begann das Hirn aufgrund von Erfahrung auszufiltern, welche Stimuli die Ebene des Bewusstseins erreichten.[104]

Ob Stimuli in der Umwelt unsere Aufmerksamkeit gewinnen oder nicht, scheint also das Endergebnis eines Konkurrenzkampfs zu sein, der unter den Milliarden neuraler Verbindungen in den Lernzentren des Hirns stattfindet. Dieser Konkurrenzkampf ist ein starker inerter Mechanismus zur Förderung der Anpassung, ein Mechanismus, der sicherstellt, dass die jeweiligen persönlichen Erfahrungen entscheidend helfen, was in der Welt bewusst erfahren wird. Diese adaptiven Änderungen finden nicht nur flüchtig in der Peripherie des Hirns statt, vielmehr betreffen sie elementare Zentralfunktionen des Gehirns. Ein Bericht fasste es so zusammen: »Jüngste Untersuchungen zeigen, dass neurale Lern- und Gedächtnismechanismen die Repräsentation visueller Reize im Kortex erwachsener Affen dynamisch abwandeln und dauerhaft verändern.«[105]

Diese Untersuchung über neurale Anpassung liefert den ersten physiologischen Beweis, dass Erfahrungen das Gehirn so verändern, dass es gegenüber bestimmten Stimuli empfänglicher ist als gegenüber anderen. Von hier führt nur ein kleiner Schritt zu dem Schluss, dass eine chronische Erfahrung der Schnellfeuer-Kultur während der Entwicklung einen chronischen Bewusstseinszustand schafft, der sehr stark an die Schnellfeuer-Reizwelt angepasst ist und damit ein verzögertes Zeitempfinden und eine rastlose Jagd nach konstanter Stimulierung zur Folge hat. Wir wissen bereits, dass sich das Bewusstsein schnell auf die Intensität ankommender Stimuli einstellt, und wir haben jetzt gesehen, dass es einen spezifischen Prozess gibt, der Stimuli daran hindert, in den bewussten Bereich der Aufmerksamkeit vorzustoßen. Zusammen genommen drängen diese Resultate den Schluss auf, dass das Aufwachsen in den Fängen der Schnellfeuer-Kultur unvermeidlich zur Sucht nach Sinnesreizen führt. Die Intensität und Komplexität von Stimuli einer älteren Generation genügen nicht mehr, um die Reizbedürfnisse jener zu befriedigen, die zur Jahrtausendwende in den USA und anderen Ländern leben.[106]

3. Kapitel

Eine Generation wird

Krankgeschrieben

War ich gelangweilt? Nein, ich langweile mich ... nicht. Ich langweile mich nie. Das ist das Problem mit euch, ihr langweilt euch alle so. Man hat euch die Natur erklärt und ihr seid gelangweilt; man hat euch den lebendigen Körper erklärt und ihr seid gelangweilt, man hat euch das Universum erklärt und ihr seid gelangweilt. Also wollt ihr jetzt einfach billigen Nervenkitzel, und zwar so viel wie möglich. Mag es noch so geschmacklos und hohl sein, Hauptsache, es ist neu und flimmert ... in vierzig Farben ... und piepst. Ihr könnt alles Mögliche über mich sagen, aber ich ... langweile mich nicht.
Mike Leigh, »Naked«

So gut wie niemand zieht in Zweifel, dass die moderne Technologie und der westliche Individualismus sowohl für vorangegangene wie für heutige Generationen neue Freiheiten erschlossen haben. Dabei wird jedoch übersehen, dass diese beiden Entwicklungen zugleich eine Lawine selbstzerstörerischer Kräfte losgetreten haben, Kräfte, die mittlerweile viele dieser hart erkämpften Freiheiten bedrohen. Um uns aus dem Schatzkästchen der Populärkultur zu bedienen, können wir das hektische Selbst von heute mit Dorothy aus dem Zauberer von Oz vergleichen, einem Mädchen, dessen unschuldige Wünsche sie aus ihren beschaulichen und geborgenen Lebensbezügen zu Hause reißen und in eine Welt voll gefährlicher Illusionen schleudern, ohne dass sie eine Karte hätte, mit deren Hilfe sie wieder nach Hause finden könnte. So verläuft auch die Geschichte unserer Gegenwart, in der unser Streben nach immer mehr Wohlstand uns dahin gebracht hat, Technologie und Fortschritt als die großen Garanten des Glücks anzusehen und dabei soziale Errungenschaften dem materiellen Erfolg und Sicherheit der Sensationslust zu opfern.

Das Ergebnis dieser Impulse kann man durchaus als ambivalent bezeichnen. Unser Wohlstand und Überfluss an Ressourcen ist größer als je zuvor. Zugleich jagen wir dem gleichen flüchtigen Traum nach, der uns schon vor einem Jahrhundert auf Trab hielt. Wir sind ruhelos statt entspannt. Wir fühlen Angst statt Sicherheit. Wir empfinden Sorge statt Zufriedenheit. Wir fühlen uns psychisch entleert statt erfüllt. Aus dem Kontext des technologischen und ökonomischen Fortschritts tauchen plötzlich das ADS-Syndrom und die Ritalin-Lösung in der Landschaft auf, wie Abkömmlinge des Wettlaufs, den die beschleunigte Gesellschaft gegen die Zeit anstrengt. Kurzfristig wirkende Gegenmittel wie Tranquilizer und Alarmanlagen zeigen unsere Entschlossenheit, eher die Schutzvorrichtungen als uns selbst in den Griff zu bekommen. Endlose technokratische »Lösungen« wie Trabantenstädte, Schnellstraßen und Handys zeigen unsere Neigung, die Dinge eher komplizierter als einfacher zu machen. Im Grunde enthüllen all diese Angebote eindrucksvoll den hartnäckigen Versuch, unsere bereits gescheiterten individualistischen Lösungen durch noch individualistischere zu ersetzen.

Währenddessen führten der Medikamentenkonsum und andere technische »Lösungen« für unsere innere Unbehaustheit, wenn wir in der Zeit festzusitzen vermeinen, nur zu virulenteren psychischen Störungen, zu denen ADS *bei Erwachsenen* zählt. Indem wir die Technologie statt uns selbst beherrschen und soziale Probleme auf biologisch-organische reduzieren, wurde unser Verständnis von Entwicklungsproblemen – wie wir werden, was wir sind, und warum wir so fühlen, wie wir es tun – vollkommen vernachlässigt. Mit den Worten des französischen Soziologen Émile Durkheim haben wir den Sinn für die Priorität der Gemeinschaft verloren, wie nämlich die Gemeinschaft als der Ort, wo aus dauerhaften sozialen Umgangsformen und Traditionen Bedeutung und Wert erwachsen, unsere jeweilige Individualität prägt.

Ironischer- und traurigerweise starb die Darstellerin von Dorothy aus dem Zauberer von Oz, Judy Garland, 1969 an einer Überdosis Tabletten, nachdem sie jahrelang von dem Beruhigungsmittel Seconal und dem Aufputschmittel Benzedrin abhängig gewesen war, wobei Letzteres im Jahr 1937 als erstes Medikament eingesetzt wurde, um hyperaktive Kinder zu »beruhigen«.[1] Wie in Jacqueline Susanns Bestseller »Das Tal der Puppen« entfloh Garland der Schinderei im Haushalt nur, um schließlich in einer leeren Existenz aus Glanz und Glitzer gefangen zu werden. In Garlands Leben stellten der Konsum und Missbrauch verschiedener Stimulanzien den vergeblichen Versuch dar, die katerähnlichen Nachwirkungen der Tranquilizer, die sie als Schlafmittel nahm, zu überwinden. Anscheinend war sie nicht nur als Dorothy, sondern auch im wirklichen Leben ihrer Zeit voraus, indem sie die dramatische Zunahme psychotroper Drogen vorwegnahm, mit denen das existenzielle Leid des amerikanischen Selbst gelindert werden soll. Jetzt, etwa drei Jahrzehnte später, konsumieren wir Amerikaner ungefähr so viel Psychopharmaka wie der gesamte Rest der Welt, darunter etwa 80 Prozent der weltweiten Ritalinproduktion (fünf Mal mehr als jede andere Nation) und den weitaus größten Anteil an Prozac.

Da bei etwa 90 Prozent aller »ADS«-Fälle ausschließlich Ritalin verabreicht wird, besteht heute die Hauptfunktion der ADS-Diagnose darin, eine Art Verkaufsgarantie für Ritalin zu geben. Wenn wir uns vergegenwärtigen, dass der Ritalinkonsum in den USA seit den Neunzigerjahren um mehrere 100 Prozent gestiegen ist, während bis heute der Beweis für eine echte medizinische Erkrankung namens ADS aussteht, stellt sich die Frage, ob die Behandlung der Störung oder die Störung der Behandlung nützt.[2] Auf jeden Fall kann eine geschichtliche Bestandsaufnahme ADS nicht retten, da der Einsatz von Stimulanzien zur Behandlung diagnostizierter Kinder stabiler war als die Diagnose, die sich im Lauf der letzten paar Jahrzehnte mehrfach geändert hat – und zwar ohne ersichtlichen Grund. Weil stimulierende Medikamente zwei Jahrzehnte vor der Diagnostizierung hyperaktiver Kinder zugänglich waren, so argumentiert Peter Conrad in der Zeitschrift *Social Problems*, erscheint es wahrscheinlich, dass »ADS« und ältere Kategorien abweichenden Verhaltens erst im Gefolge der Entdeckung verhaltenskontrollierender Medikamente entwickelt wurden.[3] Eines ist sicher wahr: Ob es »ADS« wirklich gibt oder nicht, die Tablette, die dagegen eingenommen wird, gibt es jedenfalls. Ritalin ist ein starkes stimulierendes Psychopharmakon, dessen biochemische Wirkungen denen von Amphetamin und sogar von Kokain sehr ähnlich sind.[4]

Auf dem Weg zu Ritalin

Das Medikament Methylphenidat-Hydrochlorid wurde in den frühen Sechzigerjahren unter dem Markennamen Ritalin auf den Markt gebracht und verdrängte Psychostimulanzien wie Benzedrin als Mittel der Wahl, um Hyperaktivität zu dämpfen. Ungeachtet der genehmigten Verabreichung an Kinder bleibt Ritalin ein Liste-II-Medikament, das – zusammen mit anderen missbrauchten Drogen wie Morphium und Kokain – von der »Drug Enforcement Administration« (DEA) als eine stark wirksame und potenziell Sucht erzeugende Substanz klassifiziert wurde. Trotz der weit verbreiteten Verschreibungspraxis und des Mediengeredes über seine Beliebtheit weiß ein großer Teil der Öffentlichkeit immer noch nicht, was Ritalin eigentlich ist. Manche halten es für eine Art Tranquilizer, der Kinder beruhigt, andere glauben, es sei nur ein sanftes Aufputschmittel. Die letztere Ansicht ist durch irreführende Informationen bis in die höchsten Etagen verbreitet. Zum Beispiel beschreibt der Hersteller von Ritalin, Novartis (früher Ciba Geigy), das Mittel als »ein sanftes Stimulans des zentralen Nervensystems«,[5] und ähnlich die *New York Times*, die es ebenfalls als ein »mildes Stimulans« bezeichnet, »vergleichbar einer starken Tasse Kaffee«[6].

Zwei historische Ereignisse, die noch gut in Erinnerung sind, führten dazu, dass Ritalin als Droge mit großem Missbrauchspotenzial klassifiziert wurde.

Ende der Sechzigerjahre fand in Schweden ein epidemischer Missbrauch von Ritalin statt, woraufhin es dort verboten wurde. Kurz darauf nahm auch in den USA die Beliebtheit von Stimulanzien zu, darunter Amphetamin und Kokain.[7] Zwar wird es heute kaum je erwähnt, doch die »Food and Drug Administration« und die »National Academy of Sciences« warnten in den Siebzigerjahren beide davor, dass Ritalin einen Schwarzmarktwert als Freizeitdroge entwickle. Seither hat die Verbreitung von Psychopharmaka als Freizeitdrogen beträchtlich zugenommen.

Der Kokain- und Crackboom in den Achtziger- und Neunzigerjahren, das Auftauchen populärer Halluzinogene mit aufputschenden Eigenschaften wie Ecstasy, der unübersehbare epidemische Missbrauch von Methamphetamin (»meth«) im Südwesten der USA, die Kaffee-Bars, die in den Neunzigerjahren wie Pilze aus dem Boden schossen, und der Beginn der Ritalin-Lösung – all diese Tendenzen deuten auf den Konsum von Stimulanzien für ein schnelleres Leben hin, deren Verbreitung vom rasanten Lebensrhythmus der beschleunigten Gesellschaft begünstigt wird. Sehen Sie sich folgende Beschreibung eines Methamphetamin-Wahns an, der 1996 in der kleinen Stadt Newton, Iowa, ausbrach und es auf die erste Seite der *New York Times* schaffte: »›Das ist die bösartigste Sucht erzeugende Droge, die die Menschheit kennt‹, sagte Dr. Michael Abrams vom Krankenhaus in Des Moines, wo im letzten Jahr mehr Leute wegen Methamphetamin-Missbrauchs als wegen Alkoholismus behandelt wurden. ›Es wird oft von Arbeitern eingenommen, die unter dem Druck stehen, längere Zeit sehr schnell arbeiten zu müssen. Und am Anfang funktioniert es auch. Es macht sie zu einem Leistungswunder. Es gibt nichts, was sie nicht tun können – eine Weile lang.‹«[8]

Trotz fortdauernder Bemühungen, ADS als biologische Störung aufzubauschen und gleichzeitig Ritalin als starke bewusstseinsändernde Droge herunterzuspielen, wissen wir, dass Ritalin so wirkungsvoll ist wie jedes andere Stimulans, insbesondere wenn es zerstoßen und geschnupft (oder gespritzt) wird. Ein Journalist beschrieb die Ähnlichkeiten zwischen Ritalin und Kokain folgendermaßen: »Die Amerikaner wären entsetzt, wenn sie erführen, dass zwei Millionen Kinder im ganzen Land von ihren Eltern und Ärzten Kokain verabreicht bekommen, damit sie sich in der Schule besser verhalten. Es ist allerdings wahr, dass nur ein Chemiker den Unterschied feststellen kann.«[9] Wir kennen die Ähnlichkeit der beiden Drogen aus grundlegenden Studien und epidemiologischen Berichten. In den Siebzigerjahren führte eine zuverlässige Untersuchung des Suchtpotenzials von Drogen zu dem Ergebnis, dass Ritalin, wenn es auf gleiche Weise eingenommen wird wie Kokain, vergleichbar aufputschende Wirkung entfaltet. Dieser Versuch, der die Drogeneinnahme an einem Tiermodell erforscht, dient Wissenschaftlern (sowie der FDA und der World Health Organization) dazu, das Missbrauchspotenzial eines neuen Mittels vorauszusagen. Der Laborversuch, der analog zu menschlichem Drogenkonsum angelegt war, erregte in den Siebziger- und Achtzigerjahren öffentliche Aufmerksamkeit, als die Forscher berichteten, dass Tiere sich mit genau den gleichen Medikamenten versorgen, die Menschen einnehmen und in der Freizeit missbrauchen, von verschreibungspflichtigen Tranquilizern wie Seconal und Valium bis hin zu Straßendrogen wie PCP, Kokain und THC (die pharmakologische Substanz in Marihuana).

Als Kokain die Schlagzeilen zu erobern begann, haben einige dieser Berichte die Gefahren leider übertrieben. Zum Beispiel konnten wir 1989 in der Zeitschrift *Science* lesen: »Kokain ist das stärkste Aufputschmittel, das bekannt ist … Eine Vielzahl von Spezies, von Affen bis zu Mäusen, lernen schneller als bei jeder anderen Droge, sich mit Kokain selbst zu versorgen, und tun es, bis sie sterben.«[10] 1992 stand in der *New York Times:* »Kokainsüchtige neigen zu exzessivem Konsum, und Affen, die an der Spritze hängen, injizieren es sich immer wieder, verweigern Essensaufnahme, Sex und Schlaf, bis sie sterben.«[11]

Diese Darstellungen in den Medien unterschlagen eine Reihe von wesentlichen Fakten. Zum Beispiel bezogen die Wissenschaftler, welche die Untersuchungen durchführten, andere Psychostimulanzien ein, die unter den gleichen Bedingungen die gleichen toxischen Effekte erzeugten. Mit anderen Worten, diese Untersuchungen haben im Gegensatz zu dem, was die Medien uns glauben machen wollten, keineswegs gezeigt, dass Kokain gefährlicher wäre als andere Stimulanzien, einschließlich Ritalin. Sie zeigten vielmehr das Gegenteil: Die Laborversuche, die zu dem eben zitierten Bericht der *New York Times* führten, hatten auch zum Ergebnis, dass Versuchstiere, denen freisteht, zwischen vergleichbaren Dosen Kokain und Ritalin zu wählen, keines der beiden vorziehen.[12] Das fand in dem Bericht der *Times* allerdings keine Erwähnung. Laut Charles R. Schuster, einem ehemaligen Chef des »National Institute on Drug Abuse«, und seiner Kollegin Chris E. Johanson »zeigte sich beim Vergleich gleich hoher Dosen von Kokain und Methylphenidat [Ritalin] keine Präferenz«.[13] Eine ähnliche Untersuchung zeigte, dass Affen sich auf die gleiche Weise um die Erlangung von Ritalin bemühten wie um Kokain.[14] Diese Fakten sind kein dunkles Geheimnis, das Forscher in irgendwelchen versteckten Labors hüten. Vielmehr hat Gene Haislip, ein ehemaliger stellvertretender Abteilungsleiter der DEA, öffentlich festgestellt: »Wir sind das einzige Land der Welt, in dem Kinder eine solche riesige Menge von Stimulanzien verschrieben bekommen, die praktisch die gleichen Eigenschaften haben wie Kokain.«[15] Angesichts solcher Folgerungen scheint das Paradoxe an Ritalin nicht zu sein, dass Stimulanzien hyperaktive Kinder »beruhigen« – was, wie wir wissen, ein unzutreffendes Paradox ist –, sondern dass Kinder, die Ritalin nehmen, nicht süchtig werden.

Welchen Sinn ergeben diese Resultate? Wie können Millionen von Kindern ein Medikament nehmen, das pharmakologisch einer anderen Droge, nämlich Kokain, sehr ähnlich ist, welche nicht nur als gefährlich und Sucht erzeugend gilt, sondern deren Kauf, Verkauf und Konsum kriminelle Handlungen darstellen? Wenn die Kombination dieser Ergebnisse Sie verwirrt, so stehen Sie nicht allein. Die Verwirrung ist ebenso in der wissenschaftlichen und medizinischen Welt verbreitet, wie eine Studie, welche die Neuropharmakologie von Kokain und Ritalin 1995 verglich, in den *Archives of General Psychiatry* dokumentiert: »Kokain, das eine der aufputschendsten und suchterzeugendsten Missbrauchsdrogen ist, hat sehr ähnliche pharmakologische Wirkungen wie Methylphenidat [Ritalin], welches in den USA das am häufigsten *verschriebene* Psychopharmakon für Kinder ist.«[16] Mit »pharmakologischen Wirkungen« meinen die Autoren, dass zwar die molekulare Struktur von Kokain und Ritalin verschieden ist, sie aber die gleichen biochemischen Reaktionen im Hirn hervorrufen.

Um diese offenbar widersprüchlichen Ergebnisse zu verstehen, muss man sich zunächst einmal klar machen, dass diejenigen, die Ritalin *verschrieben* bekommen, es oral einnehmen. Die orale Einnahme wird normalerweise nicht als Idealbedingung für Sucht angesehen, da es den Wirkungsbeginn verlangsamt und somit die unmittelbare Erfahrung der Droge schwächt. Tatsächlich umgehen diejenigen, die die Droge zu Freizeitzwecken missbrauchen, diese Einschränkung, indem sie sie zerstoßen und schnupfen (oder sich in einer Lösung injizieren). Dennoch steht selbst die orale Einnahme eines Stimulanziums wie Ritalin in Kontrast zu Psychopharmaka, die nicht als Freizeitdrogen genommen werden, so wie Prozac, deren psychologische Wirkung erst nach mehreren Tagen oder Wochen einsetzt.

Teilweise rührt die Verwirrung von der Tatsache her, dass unsere Kultur dazu neigt, psychoaktive Drogen generell entweder zu glorifizieren (wie zum Beispiel Prozac) oder zu verdammen (wie zum Beispiel Crack). Die einzige bemerkenswerte Ausnahme ist Alkohol, den wir aus der Schusslinie heraushalten, indem wir uns einzureden versuchen, er sei gar keine Droge (in dem Sinne, wie man z.B. von »Drogen und Alkohol« spricht). Wegen dieses kulturellen Vorurteils, dass Drogen an sich entweder gut oder schlecht sind, verkennen wir, dass der Charakter einer Droge sich grundlegend ändern kann, je nachdem wie man sie einnimmt. Wie wir von den Narkotika, die im Krankenhaus unseren Schmerz lindern, wissen sollten, hängt die Frage, ob ein Medikament gut oder schlecht ist, eher vom Kontext und der persönlichen Perspektive ab als von der Pharmakologie. Die Art und Weise der Einnahme ist ein Beispiel: Die orale Einnahme von Ritalin dämpft die psychologische Wirkung und schließt das »High« der Droge aus, so dass die Kinder die Wirkung der Droge bei sich nicht bemerken. Ein zweites Beispiel betrifft den Gesamtkontext des Ritalinkonsums: Kinder erleben nicht die gleichen psychologischen Wirkungen von Ritalin wie ein Freizeitkonsument, weil die Erwartungen an die Droge und die Gründe für ihren Konsum so verschieden sind. Dies wissen wir aus einer Reihe von Quellen, darunter experimentelle und nicht-experimentelle, also lebensweltliche Untersuchungen, die zeigen, dass es starke psychologische und soziale Faktoren gibt, die Drogenerfahrungen determinieren. Wir wissen dies auch von Konsumenten starker Analgetika wie Morphium, die aus Schmerzgründen regelmäßig zu der Droge greifen. Wie 1997 im Magazin *Reason* zu lesen und im TV-Nachrichtenmagazin *20/20* zu sehen war, gibt es Hunderte von Fällen, in denen Einzelne regelmäßig Narkotika nehmen, die wir für Sucht erzeugend halten, ohne je eine Sucht zu entwickeln.

Gleichgültig wie stark eine Droge ist, ihre »bewusstseinsverändernden« Wirkungen hängen ebenso von der konsumierenden Person und dem Umfeld des Konsums ab wie von der chemischen Zusammensetzung der Droge selbst. Dies ist detailliert von dem Psychologen Stanton Peele beschrieben worden. In seinem Buch *The Meaning of Addiction* (Die Bedeutung und Sucht) dokumentiert Peele eingehend, wie eine Vielzahl kultureller, so-

zialer und psychologischer Faktoren zusammenkommen, um
die Gesamtheit der Drogenerfahrung zu etablieren und damit zu
entscheiden, ob eine solche Erfahrung das Leben eines Individuums dominieren wird oder nicht.[17] Für Kinder, die Ritalin nehmen, ist es erst einmal ein »Medikament«, da es in einem medizinischen Kontext gegen etwas eingenommen wird, und zwar
gegen etwas, das als medizinisch-organische Störung definiert
wurde. Dies ändert aber nichts an der Tatsache, dass solche Kinder eine starke, schnell wirkende Droge einnehmen, die häufig
missbraucht wird. Es erklärt allerdings, warum Ritalin pharmakologisch sehr ähnlich wie Amphetamin und Kokain wirken
kann, ohne auf Anhieb ähnlich zu erscheinen.

Inzwischen fördert die allgemeine Zugänglichkeit von Ritalin
den jugendlichen Drogenmissbrauch, etwa wenn Kinder ihr eigenes Ritalin weitergeben, es gestohlen bekommen oder gar verkaufen. Der oben erwähnte Artikel aus den *Archives of General
Psychiatry*, der die Pharmakologie von Kokain und Ritalin ver-
gleicht, war Teil einer Spezialausgabe über ADS. Die Herausgeber dieser Ausgabe, die Psychiaterin Rachel Klein und ihr Kollege Paul Wender, widersprachen Berichten über Ähnlichkeiten
zwischen Kokain und Ritalin, indem sie darüber klagten, dass
»der Untersuchung von Volkow et al. ... die Sorge über den
Missbrauch von Methylphenidat [Ritalin] zugrunde liegt, da es
in so weitem Umfang an Kinder mit (ADS) verabreicht wird. Es
gibt jedoch keinen Grund für diese Besorgnis. Es gibt nahezu
keinerlei Missbrauch von Methylphenidat bei den damit behandelten Kindern und Jugendlichen trotz der sehr weitflächigen
Medikation«. Diese Auslassungen sind in zweierlei Hinsicht bemerkenswert. Einerseits drücken sie die richtige Ansicht aus,
dass Kinder, die Ritalin nehmen, im Allgemeinen keine »pro-
totypischen« Drogensüchtigen werden. Sie mögen ein psychisches Bedürfnis nach der Droge haben, aber sie sind nicht
süchtig danach wie vielleicht ein Freizeitkonsument. Andererseits führen die Ausführungen in die Irre, weil es bei der Sorge
über einen Ritalinmissbrauch nicht so sehr darum geht, dass

Kinder, denen es verschrieben wurde, Drogenabhängige werden, als vielmehr darum, dass ein Teil der gewaltigen Mengen von Ritalin, die landesweit in die Schulen, einschließlich Colleges, geschwemmt werden, eindeutig für den Freizeitkonsum abgezweigt wird.[18] In einer Umfrage an meinem College entpuppte sich Ritalin zum Beispiel nach Marihuana und Halluzinogenen als Nummer drei beim Drogenmissbrauch. Ritalin wird auch als Aufputschmittel bei längeren Lernzeiten benutzt. Ein Harvardstudent gesteht: »Ehrlich gesagt habe ich seit meinem dritten Jahr in der High School (vergleichbar dem 11. Schuljahr in Deutschland) keine einzige Facharbeit ohne Ritalin geschrieben. Ich habe sogar meinen Essay für Harvard damit geschrieben. Es hält einen wach, wenn man müde ist, und macht einen viel konzentrierter. Auch wenn es gewisse Risiken dabei gibt, glaube ich, dass es das wert ist.«[19]

Die Popularität von Ritalin als »Medikament« erhöht auf zweierlei Weise die Möglichkeit seines Missbrauchs. Offensichtlich ist zunächst die leichte Verfügbarkeit. Da sich Ritalin als Freizeitstimulans relativ mühelos und mit wenig Risiko einer Strafverfolgung beschaffen lässt, ist es eine echte Option für viele, die sich mit Drogen amüsieren wollen. Und je mehr Kinder die Droge auch in weiterführenden Schulen einnehmen, umso größere Mengen geraten in Umlauf.

Ebenso ernst, wenn auch subtiler ist die Tatsache, dass der weit verbreitete Konsum von Ritalin Kindern Drogen und deren Konsum normal erscheinen lässt. Trotz solcher Slogans wie »Keine Macht den Drogen« konterkariert die laxe Art, in der Kindern psychotrope Medikamente von Prozac bis Ritalin verschrieben werden, die Antidrogen-Rhetorik. Wie ein Psychologe in *Public Interest* bemerkt: »Es hat etwas Merkwürdiges, wenn nicht geradezu Groteskes, wenn Millionen von amerikanischen Schulkindern aus dem ›Keine Macht den Drogen!‹-Unterricht kommen, um sich für die Mittagsdosis Amphetamin bei der Schulkrankenschwester anzustellen.«[20] Diesen Widerspruch illustrieren auch Berichte, die besagen, dass Antidrogen-Programme wie D.A.R.E. keinerlei Einfluss auf den Drogenkonsum von Jugendlichen haben.[21] Die Antidrogen-Rhetorik mag für sich allein Wirkung entfalten, aber sie richtet wenig aus, wenn sie überschattet wird von dem, was Kinder im Zusammenhang mit anderen Drogen, einschließlich Ritalin, sehen und hören. Glauben wir wirklich, dass das ADS-Kind von unseren erwachsenen Kategorien »Medikament« und »Droge« überzeugt ist, wenn wir ihm sagen, es soll seine Pillen nicht an andere Kinder weitergeben, die sie schlucken oder verkaufen wollen? Als ich ein Kind war, gab es keine »Medizin«, die andere Kinder verkaufen, kaufen oder einfach zum Spaß einnehmen wollten.

Jedermann weiß, dass das, was wir Erwachsenen tun, sehr viel mehr Einfluss auf die Erziehung der Kinder hat als das, was wir sagen. Die Idee, ein gutes Beispiel zu geben, ist auf den Drogenkonsum durch Eltern erweitert worden, vom Alkoholtrinken bis zum Rauchen von Marihuana. Dabei wurde jedoch übersehen, dass Kinder, wenn starke psychoaktive Drogen erst einmal als so harmlos wie Vitaminpillen angesehen werden, die Fähigkeit verlieren, zwischen angemessenem und unangemessenem Gebrauch zu unterscheiden. Ein tragisches Beispiel dafür ereignete sich am 1. März 1997, als vierzehn Teenager aus der Nähe von Boston ins Krankenhaus eingeliefert wurden, nachdem sie das verschreibungspflichtige Muskelrelaxans Baclofen gleich handvollweise genommen hatten.[22] Zwar starb keiner der Jugendlichen an der Überdosis, doch ihre Haltung gegenüber Medikamenten – »*just looking for an easy high*« – verweist auf das größere Problem, dass Medikamente sowohl medizinisch wie zum Spaß äußerst zwanglos und fahrlässig eingenommen werden. Wenn wir als Gesellschaft in Hinblick auf Ritalin Mühe haben, einen angemessenen Gebrauch vorzuschreiben, dürfen wir uns nicht wundern, wenn Kinder hinsichtlich der Einnahme von Drogen falsche Entscheidungen treffen.

Trotz eines beklagenswerten Mangels an epidemiologischen Untersuchungen über den Missbrauch von Ritalin braucht man nur in den Zeitungen im ganzen Land zu blättern, um zu erkennen, dass sich die Besorgnisse über einen möglichen Ritalinmissbrauch, die vor zwanzig Jahren geäußert wurden, heute bewahrheitet haben (siehe den Kasten »Auf dem Ritalin-Highway von Küste zu Küste«). Eine große Anzahl von Kindern, Jugendlichen und Erwachsenen, sogar Lehrer und Schulschwestern wurden mit dem gesetzwidrigen Gebrauch von Ritalin in Verbindung gebracht, wobei das Medikament geschluckt, geschnupft und gespritzt wurde. (Die DEA berichtete, dass der Ritalinmissbrauch in den obersten High-School-Klassen zwischen 1992 und 1995 von 3 auf 16 Prozent angestiegen ist.)[23] Um ein Beispiel zu geben, was alles passieren kann, erzählte eine Collegestudentin: »Ich kenne ein Mädchen aus dem ersten Semester, die einen Verschreibungsblock aus dem Zimmer der Schulschwester gestohlen hat und sich ihre eigenen Rezepte fälscht. Sie ist ein unglaublich intelligentes Mädchen, ... glaubt aber, dass sie Ritalin schnupfen muss, um ihre Arbeit zu schaffen. Sie ist ein totaler Speed-Freak geworden – die ganze Nacht auf und tagsüber todmüde. Ironischerweise fällt sie jetzt in zwei Kursen durch.«[24]

1991 wurden nur in 25 Fällen zehn- bis vierzehnjährige Kinder wegen Ritalinmissbrauchs in Notfallambulanzen registriert. 1995, vier Jahre später, stieg die Zahl auf mehr als 400 Einweisungen an; das ist in dieser Altersgruppe eine gleiche Zahl von Fällen wie bei Kokain.[25] *Newsweek* fasste in einem Artikel von 1995 – »A Risky Rx for Fun« – die Zunahme des Ritalinmissbrauchs zusammen: »Das verschreibungspflichtige Medikament Ritalin ist heute auf dem Campus ein populäres Rauschmittel – mit ernsten Nebenwirkungen.«[26] Vielleicht war in diesem Artikel die Erkenntnis am beunruhigendsten, dass es sich beim Ritalinmissbrauch um ein »Phänomen der weißen oberen Mittelschicht« handelt, da dies einen ziemlich zynischen doppelten Maßstab in unserer gegenwärtigen Drogenpolitik offenbart: Während die Mehrheit der gesetzwidrigen Ritalinkonsumenten aus der weißen Mittel- und Oberschicht stammt, gehört die Mehrheit der vor Bundesgerichten angeklagten Kokainkonsumenten der schwarzen Unterschicht an.

Kosmetische und prothetische Pharmakologie

Ebenso wie der Ausbruch von Hyperaktivität und Aufmerksamkeitsstörungen lässt sich auch die Verbreitung von stimulierenden Drogen auf den mittelbaren und unmittelbaren Einfluss des Lebens in der beschleunigten Gesellschaft zurückführen. Wie wir sahen, sind beide Trends Teile desselben Puzzles: Das reizsüchtige Bewusstsein, das Impulsivität und kurze Konzentrationsspannen zur Folge hat, verlangt nach Stimulation und dafür sind Stimulanzien natürlich bestens geeignet. Parallel zu dieser großen gesellschaftlichen Problematik gibt es eine damit zusammenhängende Tendenz, zu der auch die Ritalin-Lösung gehört. Während der letzten Jahrhunderthälfte hat es eine dramatische Verschiebung im Gebrauch psychoaktiver Medikamente gegeben. Gewiss ist die Suche nach dem Patentrezept nicht neu. Zum Beispiel war selbst der Pharmakonzern Parke-Davis Ende des 19. Jahrhunderts davon überzeugt, dass Kokain das Zeug zu einer Wunderdroge habe, mit der sich alle möglichen Leiden, von Müdigkeit bis zur Abhängigkeit von Narkotika, heilen ließen.[27] Doch neu ist die Bereitwilligkeit, mit der wir uns heute dem Diktat des »Besser leben durch Chemie« unterwerfen. In einer Titelgeschichte in *Newsweek* aus dem Jahr 1994, »Jenseits von Prozac«, stand zu lesen, dass »Prozac, um unsere Laune zu heben, und Ritalin, um unsere Konzentration zu erhöhen, nur die prominentesten neuen Bewusstseinsdrogen sind«.[28]

Auf dem Ritalin-Highway von Küste zu Küste

Die folgenden Auszüge stammen aus US-amerikanischen Zeitungen

ROCKVILLE, DISTRICT OF COLUMBIA: Joe, ein Schüler an der Thomas S. Wootton High School in Rockville, wartete gewöhnlich bis zum Lunch, bevor er ein paar seiner Mitschüler ansprach. Wenn es so weit war, sagte er: »Gehen wir in mein ›Büro‹«, und sie stahlen sich auf eine kleine Betonveranda nach draußen. Er holte aus seiner Tasche mehrere winzige Pillen hervor. Dann brachte er als Nächstes sein Feuerzeug oder seinen neuen Führerschein oder irgendetwas anderes zum Vorschein, womit er die Pillen zu Pulver zerstoßen konnte. Manchmal benutzte er seinen Schuhabsatz und zerrieb die Pillen auf dem Boden, bevor er das Pulver in eine eingerollte Dollarnote füllte. Ein Schnupfer davon gab Joe einen Ruck, vergleichbar einer schnell getrunkenen Tasse starken Kaffees. Zwei Schnupfer und »ich dachte, ich könnte wieder weiterarbeiten. Ich hatte Lust, wieder zur Klasse zu gehen«. Von April bis zum Spätsommer schnupfte Joe mehrmals am Tag, um *high* zu sein. Seine bevorzugte Droge: RITALIN.[29]

NEW ORLEANS, LOUISIANA: Der Tod eines 19-jährigen High-School-Schülers im Jahr 1995 wurde auf RITALIN-Missbrauch zurückgeführt. Das Opfer galt nicht als chronischer Konsument, das Medikament war ihm nicht verschrieben worden. Er wurde mit adrenergischer Aktivität, Herzrhythmusstörungen, Fieber und rasendem Puls in ein Krankenhaus in Roanoke eingeliefert. 17 Stunden später war er tot.[30]

GARDEN GROVE, KALIFORNIEN: Vier Verdächtige wurden am Mittwoch bei der Razzia eines illegalen Drogenlabors festgenommen. Sie wollten die pulverige Substanz wahrscheinlich verpacken und auf der Straße als »Speed« verkaufen, gaben Beamte bekannt. Die Polizei sagte, die Droge — verschreibungspflichtig und unter dem Medikamentennamen RITALIN auf dem Markt — hätte einen Wert von mehr als 1 Million Dollar haben können.[31]

NASHVILLE, TENNESSEE: Ein drogensüchtiger Lehrer, der aus dem Safe einer Mittelschule das für Schulkinder dort deponierte RITALIN stahl, wurde gestern zu 1000 Dollar Strafe und 37 Tagen Gefängnis verurteilt. James Smith, 35, ist der zweite Lehrer der Grassland Middle School, der des Diebstahls von RITALIN aus dem Medikamententresor der Schule überführt wurde.[32]

GRAND RAPIDS, MINNESOTA: Einige Jugendliche kaufen oder stehlen RITALIN von Klassenkameraden, denen das Medikament verschrieben wurde. Sie pulverisieren die Tabletten und schnupfen das Pulver wie Kokain, sagte der Kriminalbeamte Joe Tompson, der letzte Woche einen High-School-Studenten verhaftet hatte, nachdem dieser mit dem Medikament Handel getrieben hatte. Manche kochen die Tabletten und injizieren sie sich wie Heroin, sagte er.[33]

LOS ANGELES, KALIFORNIEN: Es begann mit Pillen, »roten« und »weißen«, als Ben Lawson in East Los Angeles in die sechste Klasse ging. Marihuana, LSD, RITALIN, Kokain und Heroin folgten. In seiner 22-jährigen Suchtkarriere auf der Schattenseite der Subkultur, wo Chemikalienmissbrauch und Abhängigkeit herrschen, konsumierte Smith so gut wie jede Droge, die es auf der Straße zu kaufen gab.[34]

WASHINGTON, D.C.: Eine Schülerin der T.C. Williams High School in Alexandria erinnert sich daran, letzten Winter im Toilettenraum der Schule eine mehrfache Dosis RITALIN geschluckt zu haben. »Ich war das ganze Wochenende über glücklich«, sagt sie. Am nächsten Freitag nahm sie sogar noch mehr und bedauerte es bereits, als sie zu Hause ankam. »Ich fühle mich, als müsste ich sterben«, erklärt sie. »Ich zitterte am ganzen Körper, meine Zehen prickelten. Ich sagte: ›Mein Gott, das ist die Hölle.‹«[35]

NORTH CHARLESTON, SOUTH CAROLINA: Als im letzten Oktober ein Schulbus zur Wando High School fuhr, holte ein

14-jähriges Mädchen eine Packung heraus und ließ ein paar Pillen herumgehen. Das Mädchen, das die Medizin im Bus verteilte, sollte eigentlich jede Woche eine Packung mit Pillen zur Schulkrankenschwester bringen, sagte ihr Vater. Die Schwester sollte dann täglich eine bestimmte Dosis verabreichen. Stattdessen behielt das Mädchen die Medizin bei sich. »Die Schule hat sich übrigens nie bei mir gemeldet und gesagt: ›Wieso bekommen wir eigentlich keine Pillen?‹ Hat sie nicht.« Und obwohl das Mädchen ihre Medikamente nicht einnahm, sagte ein Lehrer zu den Eltern, das Verhalten des Mädchens habe sich verbessert, seit sie RITALIN nehme.[36]

ORANGE COUNTY, KALIFORNIEN: Die staatlichen Aufsichtsbehörden versuchen die Zulassung eines Arztes aufzuheben, der über 30 Jahre in Orange County praktiziert hat und der, nach seinem eigenen Eingeständnis, über die Hälfte dieser Zeit drogenabhängig war. Joe Smith, 62, der in eidesstattlichen Erklärungen und Verhören als respektierter, beliebter und freundlicher Arzt beschrieben wurde, erwarten überdies 22 Strafanzeigen wegen der Ausstellung falscher oder betrügerischer Verschreibungen, mit denen er sich selbst das Stimulans RITALIN beschaffte.[37]

ALLENTOWN, NEW YORK: Ein 13-jähriger Schüler der Eyer Junior High School nahm im Oktober RITALIN, zwei Tage bevor die Schulleitung ihn suspendierte, weil er das Medikament an einen Mitschüler weitergegeben hatte. Der Junge sagte, er habe bezweifelt, dass er das Medikament brauche, und beschlossen, es nicht zu nehmen. Als die Schulkrankenschwester ihm die RITALIN-Pille gab, trank er das Wasser, versteckte die Pille und nahm sie dann mit hinaus aus dem Zimmer. Während des Unterrichts, so sagte er, bat ihn ein Mitschüler um die Droge und er gab sie ihm.[38]

JACKSON, MISSISSIPPI: Spuren von RITALIN fanden sich in

dem Körper eines ehemaligen Vorzeigeschülers der John Curtis Christian School, der auf der Polizeiwache verstarb, nachdem er nackt in einen Rangierbahnhof in Jackson, Miss., gerannt war. Der tote Schüler Joseph Fay, ehemals ein Starathlet und Topschüler am Curtis, starb Samstag früh an einem Schädelbasisbruch. Nach Auskunft der Polizei hatte er seinen Schlafraum unbekleidet verlassen, dann war er dreißig Minuten lang nackt in der Innenstadt von Jackson umhergewandert, bevor die Polizei kam, um ihn im Rangierbahnhof in Gewahrsam zu nehmen. RITALIN, wenn es geschnupft wird, kann in Menschen den Wahn übermenschlicher Kräfte und psychotisches Verhalten auslösen, erklärte der amtliche Leichenbeschauer.[39]

WASHINGTON, D.C.: An der Episcopal High School, einem Internat in Alexandria, wurden im letzten Frühjahr drei Schüler relegiert, nachdem laut Schulleitung 25 Schüler beim Missbrauch des Medikaments erwischt wurden. Der Direktor sagte, dass vier Jungen, denen RITALIN verschrieben worden war, das Medikament mit anderen Schülern geteilt hatten, die auf diese Weise ihre Konzentration und Leistung bei Prüfungen und Klassenarbeiten zu verbessern hofften.[40]

WEST PALM BEACH, FLORIDA: Statt am Essenstisch Sandwiches und Desserts zu tauschen, experimentierten Siebtklässler an der ältesten katholischen Schule im County mit Drogen, verlautete es am Freitag von der Polizeidienststelle. Die Polizei sagt, dass etwa ein Viertel der 26 Siebtklässler an der St. Ann's Catholic School RITALIN abgaben oder einnahmen.[41]

RALEIGH, NORTH CAROLINA: Ein 15-jähriger Junge wurde am Dienstag zu einem Jahr Haft auf Bewährung verurteilt, weil er zu Beginn des Jahres das ihm verschriebene Medikament RITALIN unter seinen Freunden auf der Githens

Middle School verteilt hatte. Der Teenager, dessen Name nicht genannt wird, wurde im Zusammenhang mit diesem Vorfall im Februar angeklagt. Das Medikament wurde an etwa zwölf Schüler weitergereicht, die es zu Pulver zerstießen und schnupften, um *high* zu werden.[42]

St. Louis, Missouri: Am Dienstag wurden fünf Schüler von der Parkway Northeast Middle School wegen des Besitzes und Verbreitens des verschreibungspflichtigen Medikaments Ritalin vom Unterricht suspendiert. Zwei der Siebt- und Achtklässler gaben drei Mitschülern fünf der Tabletten. Die beteiligten Schüler – zwei Jungen und drei Mädchen – wurden für zehn Tage vom Unterricht suspendiert. Nach einer Anhörung auf Bezirksebene können sie bis zu 180 Tage suspendiert oder ganz von der Schule relegiert werden.[43]

North Charleston, South Carolina: Es war schon eine Weile nach Mitternacht, als die vier Kadetten der Zitadelle die Pillen gebrauchsfertig machten. Sie befanden sich in Joe Thomas' Zimmer auf dem Campus. Eine Decke verhängte das Rückfenster und Schwarzlicht hing über ihren Köpfen. Sie lernten, und manchmal würfelten sie, wobei sie ihre Punktzahlen in ein Spiralheft eintrugen. Sie zermörserten die kleinen weißen Ritalin-Pillen und schnupften das Pulver durch die Plastikhülse eines Kugelschreibers. Es war nicht das erste Mal, dass sie Ritalin konsumierten, um zu lernen oder wach zu bleiben. Tom Clay hatte eine gültige Verschreibung, während Fred Kendrick seine vor Wochen hatte verfallen lassen. »Es hilft mir, mich zu konzentrieren«, erklärte Kendrick. »Ich habe keine verbotene Droge genommen.« Doch die vier Kadetten – Clay, Thomas, Kendrick und John Brown – wurden schließlich erwischt, und nach einer Anhörung im letzten Dezember wurden drei von ihnen wegen »illegalen Drogenkonsums« aus der Zitadelle entlassen.[44]

NORTH CHARLESTON, SOUTH CAROLINA: »Es gibt jede Menge Jungs, die Verschreibungen haben und das Zeug nicht nehmen. Sie verkaufen es«, sagte Brown. »Ich habe mit eigenen Augen gesehen, wie höhere Dienstgrade ins Zimmer von jemand gegangen sind und gesagt haben: ›Hey, ich hab dich dies und das tun sehen, und ich werde dich fertig machen, es sei denn, du gibst mir etwas von deinem RITALIN.‹ Ich habe gesehen, wie Leute es gekauft haben.«[45]

SALEM, OREGON: Vor 27 Jahren wurde ein Kind mit Namen Sam Conner, dessen Vater bei der Armee war, unfreiwillig Teil der ersten amerikanischen RITALIN-Generation. Conner wuchs Ende der Sechzigerjahre in Kalifornien auf und bekam wegen seines aufsässigen, hyperkinetischen Verhaltens in der Schule RITALIN verabreicht. Eine Droge führte für Conner zur nächsten. 17 Jahre lang medikamentierte er sich unablässig selbst, indem er verschreibungspflichtige Tabletten, Marihuana und andere Drogen konsumierte.[46]

DALLAS, TEXAS: In der letzten Woche gab ein Dutzend von Schülern aus der Barnett Junior High School zu, dass sie das verschreibungspflichtige Medikament RITALIN konsumieren, verkaufen oder unter Mitschülern verteilen. Die Schüler wurden für drei Tage vom Unterricht suspendiert und mussten in isolierten Klassenräumen den Lehrstoff des Sommers absolvieren. Damit waren in diesem Jahr zum zweiten Mal Schüler von Barnett an der illegalen Verbreitung von RITALIN beteiligt.[47]

MILWAUKEE, WISCONSIN: Ein ehemaliger Lehrer der Muskego Grundschule wurde am Dienstag in drei Fällen des illegalen Besitzes einer verschreibungspflichtigen Droge angeklagt, die er laut Behörden Schülern entwendet hatte. Douglas Smith, 44, stahl laut Anklage des Waukesha County Circuit

Court Anfang des Jahres RITALIN-Pillen aus den Rezeptfla-
schen, die in einem Büro der Country Meadows Grundschule verwahrt wurden.[48]

WASHINGTON, D.C.: Joanne, eine Schülerin im vorletzten
Schuljahr an der Seneca Valley High School in Germantown,
sagte: »Ich konnte jederzeit an RITALIN kommen. Meine
Mutter hatte Rezepte dafür. Sie hörte auf, es einzunehmen,
und dann habe ich es genommen. Der kleine Bruder meiner
besten Freundin hatte es auch, und ich hatte noch zwei
Freundinnen, denen es verschrieben worden war.« Joanne,
die nun eine andere Schule im County besucht, sagte, dass
sie jeden Tag RITALIN schnupfte, entweder bei sich oder bei
ihrer Freundin zu Hause. »Wir waren kleine Perfektionis-
ten«, sagte sie von sich und ihrer Freundin. »Wir nahmen
Mörser und Stößel und zermahlten es wirklich fein.«[49]

FULTON COUNTY, GEORGIA: Julia Salomon, Schülerin der
Ridgeview Middle School, fand in einer nichtwissenschaftlichen Befragung heraus, dass 10 Prozent der 300 Schüler und
Schülerinnen der beiden obersten Klassen der High School
RITALIN missbrauchten. Und mehr als ein Viertel der Teenager sagte, sie kennten jemanden, der das Medikament miss-
brauche. Schüler, die an der Umfrage an der Ridgeview
Middle School und der Riverwood High School teilnahmen,
gaben an, sie hielten RITALIN für sicher, da es etwa zwei Millionen amerikanischen Kindern und auch Erwachsenen gegen ADHS verschrieben werde. »RITALIN ist legal, also ist es
besser, als Speed zu nehmen«, schrieb ein Achtklässler.[50]

FORT PIERCE, FLORIDA: Die Krankenschwester der Fort
Pierce Central High School, die beim Mittagessen war, als
letzte Woche ein Schüler ins Krankenzimmer eindrang und
sechs Packungen RITALIN entwendete, wurde wieder einge-
stellt, sagten Beamte am Freitag. Eine andere Angestellte

passt normalerweise auf das Zimmer auf, während Schwester Joanne Frank zu Tisch ist. Doch diese Angestellte sah nicht, wie der Schüler ins Krankenzimmer eindrang. Der 15-jährige Schüler, der sich letzten Mittwoch der Medikamente bemächtigte, versuchte sie zu verkaufen, doch als sich niemand dafür interessierte, nahm er selbst eine Hand voll davon und begann, den Rest zu verschenken, sagte ein Sprecher des Sheriffs am Freitag. Der Junge wurde wegen des Handels mit verschreibungspflichtigen Medikamenten und wegen Bagatelldiebstahls angezeigt. Er wurde für zehn Tage vom Unterricht suspendiert und soll in Einklang mit der Kampagne »Null Toleranz für Drogen und Waffen auf dem Campus« ganz von der Schule relegiert werden.[51]

New Orleans, Louisiana: Ein paar Monate nach seiner Einschreibung am College begann sich Tom, ein 19-jähriger Schüler in Virginia, seltsam zu verhalten. Manchmal wirkte er überängstlich, dann wieder konnte ihn eine Kleinigkeit in Rage bringen. Manchmal zog er sich ganz zurück und schlief stundenlang. Im Laufe des Jahres verschlimmerten sich Toms Symptome und seine Eltern machten sich begründete Sorgen. Im Frühjahr seines ersten Studienjahres kannten sie ihren Sohn kaum wieder, und sie entschlossen sich, ihn von der Schule zu nehmen, um ihm bei seinen sonderbaren Persönlichkeitsproblemen in der Familie zu helfen. Tom, so stellte sich heraus, missbrauchte Ritalin. Wie viele seiner Freunde im College konsumierte er die Droge, um sich aufzuputschen, zermahlte die kleinen Tabletten zu feinem Pulver und schnupfte dieses dann durch die Nase ein.[52]

Garden Grove, Kalifornien: Roger Guevara, Mitarbeiter der staatlichen »Drug Enforcement Administration«, sagte, dass – abgesehen vom Missbrauch – Ritalin manchmal auf verbotenen Kanälen von Menschen gekauft wird, denen das Medikament verschrieben wurde, die aber aufgrund von Lieferschwierigkeiten nicht darankommen könnten. »Da das Medikament häufig missbraucht wird, hat die Regierung eine Quotierung der Produktion erlassen«, sagte Guevara. »Infolgedessen kann die Versorgung gegen Ende des Jahres stark eingeschränkt sein. Tatsächlich kommt es vor, dass Menschen, die ein Rezept haben, das Medikament nicht mehr erhalten können.«[53]

ALLENTOWN, NEW YORK: Im letzten Frühjahr gaben drei Schüler der Howard A. Eyer Junior High School vor, krank zu sein, als es im Büro bei der Schulkrankenschwester sehr geschäftig zuging. Während die Schwester abgelenkt war, stahl einer von ihnen eine Flasche mit den verschreibungspflichtigen Tabletten RITALIN aus dem Schrank. Vier Schüler waren in den Fall verwickelt, einschließlich eines Teenagers, der angeboten hatte, seinen Klassenkameraden Tabletten abzukaufen.[54]

PITTSBURGH, PENNSYLVANIA: In amerikanischen Krankenhäusern wird das Medikament RITALIN unter Verschluss gehalten, weil die Regierung seinen Missbrauch fürchtet. In den Krankenhäusern gehört es zur Regel, dass die Krankenschwestern jeweils am Anfang und Ende ihrer Schicht den Bestand an RITALIN und anderen überwachten Medikamenten kontrollieren, so dass jede verabreichte Dosis im Schrank für Narkotika nachprüfbar ist. Jedes Fehlen muss sofort dem Aufsichtspersonal mitgeteilt werden. Im Gegensatz zu dieser strengen Kontrollpraxis wird an vielen Schulen mit RITALIN sorglos umgegangen. Eine Schulkrankenschwester berichtete, dass RITALIN an ihrer Schule in einem Schuhkarton in einem unabgeschlossenen Büroschreibtisch aufbewahrt wurde.[55]

Nirgendwo jedoch wurde dieser Haltung klarer Ausdruck gegeben als in dem Bestseller *Listening to Prozac* des Psychiaters Peter

Kramer.[56] Darin prägt Kramer den Begriff der »kosmetischen Pharmakologie«, den er anlässlich der Frage einführt, wie wir psychotrope Medikamente einsetzen können, um unser psychisches Selbst kosmetisch zu verändern. Kosmetische Pharmakologie bedeutet das Herumpfuschen an der Biochemie unseres Hirns, nicht weil darin etwas zu Schaden gekommen wäre, sondern weil uns ein Medikament, das unser Wohlbefinden steigern kann, auch zugänglich sein sollte: Warum sollten wir es nicht einnehmen?

Der Begriff der kosmetischen Pharmakologie hat deutliche Bezüge zu Ritalin. Ohne unseren neuen *Laisser-faire*-Umgang mit der Verschreibungspraxis bei Medikamenten zu berücksichtigen, werden wir nicht verstehen, wie es möglich war, dass beinahe über Nacht Millionen von Kindern auf eine Droge gesetzt wurden, die vordem von der Regierung als Bedrohung für die Gesellschaft angesehen wurde. Die amerikanische Gesellschaft ist im Umgang mit manchen Drogen (zum Beispiel Kokain und Marihuana) so rigide geworden, dass es proportional zu seiner Bevölkerung mehr Menschen hinter Gitter steckt als jedes andere Land der Erde. Was jedoch unsere Drogenkultur so merkwürdig macht, ist, dass wir gleichzeitig eine gewaltige Zunahme in der Beliebtheit anderer psychoaktiver Drogen feststellen (wie zum Beispiel Ritalin und Prozac). In der Tat deuten Pläne, Prozac mit Pfefferminzgeschmack auf den Markt zu werfen, darauf hin, dass man sich von dem wachsenden Drogenmarkt »für Kinder«, der von Ritalin ausgegangen ist, ein Stück abschneiden will. So ist einer der Gründe, warum Stimulanzien eine oft gehandhabte Behandlungsoption für ADS darstellen, auch darin zu suchen, dass jede Kritik an einem fahrlässigen Umgang mit starken Medikamenten so gut wie unausweichlich ein negatives Licht auf unseren grenzenlosen Appetit auf psychiatrische, also »erlaubte« Drogen werfen würde.

Wie sehr sich Ritalin als »Behandlung« von ADS durchgesetzt hat, wurde 1996 anhand eines toxikologischen Berichts der Regierung schlagend deutlich, der zeigte, dass eine langfristige Ein-

nahme von Ritalin zu Krebs führen kann.[57] Die Untersuchungen, durchgeführt vom »U.S. Department of Health and Human
Services«, veranlassten die Hersteller von Ritalin, die Packungs-
beilage zu ändern, die nunmehr die Verbraucher warnte, Tier-
versuche hätten gezeigt, dass das Medikament Krebs verursachen könne, wenn es oberhalb der therapeutisch angezeigten
Dosierung eingenommen werde (Probleme tauchten bei Dosierungen auf, die nur 2,5-mal über der empfohlenen Dosierung
lagen).[58] Die Autoren der Untersuchung gingen sogar so weit zu
sagen, dass das Medikament am besten ganz zu meiden sei. Gewiss ist dieses Ergebnis kein Beweis dafür, dass Ritalin vom
Markt genommen werden sollte, zumindest nicht für immer, da
die Forschungsergebnisse nur vorläufig sind. Toxikologen sagen
zum Beispiel, dass zwar alle Karzinogene für Menschen auch für
Nagetiere karzinogen sind, das Umgekehrte aber keineswegs immer zutrifft; Ritalin mag bei Nagetieren Krebs auslösen, bei
Menschen nicht unbedingt.

Doch unbeschadet dieser Möglichkeit war die Promptheit,
mit der die Vertreter der ADS-Industrie diese potenziell bedroh-
lichen Erkenntnisse herunterspielten, ein deutlicher Hinweis darauf, dass wir von ihnen objektive Entscheidungen zugunsten
der gegenwärtigen (und zukünftigen) Konsumenten, die meisten davon Kinder, nicht erwarten können. Wie die FDA hervorhob, sind diese Erkenntnisse teilweise schon deshalb von Bedeutung, weil Kinder heute ihren Ritalinkonsum bis ins
Erwachsenenalter hinein fortsetzen. Um eine nur allzu nahe-
liegende Analogie anzustellen: Wenn alle Zigarettenraucher ihr
Rauchen im frühen Erwachsenenalter aufgeben würden – so
wissen wir aus epidemiologischen Untersuchungen –, würde das
Zigarettenrauchen keine signifikante Quelle für Krebserkran-
kungen darstellen; doch solange Menschen ihr ganzes Leben
lang rauchen, nimmt das Krebsrisiko drastisch zu. Das Gleiche
könnte für Ritalin zutreffen. Während weitere Forschungen diese Ergebnisse gewiss klären werden, sollte deshalb, bis sie abgeschlossen sind, Ritalin unter strenger Kontrolle gehalten und

nicht mit einer Mischung aus Furcht, Unwissenheit und Gott-
vertrauen wahllos an Patienten verabreicht werden.

Ein weiteres Element des kosmetischen Drogengebrauchs, das
Licht darauf wirft, wie sehr wir uns an Ritalin gewöhnt haben,
hat mit seiner Fähigkeit zu tun, psychische Alltagsprobleme zu
»lösen«, denen Eltern und Schulen aus Zeitmangel nicht gewachsen sind. Oder schlimmer noch, Eltern sehen in der ADS-
Diagnose vielleicht ein positives Signal, ihre Kinder in einer
stark konkurrenzbetonten Welt mit Ritalin zu füttern, und hoffen, dass ihnen daraus dann Vorteile gegenüber anderen Kindern erwachsen. Beide Fälle gehören zur Kategorie des kosmetischen Gebrauchs, weil Ritalin nicht zur Behandlung einer realen
Störung eingesetzt wird, sondern als schnelle und probate pharmakologische Technik, um das Verhalten des Kindes unter Kontrolle zu bekommen und zu maskieren. Wenn überhaupt, wird
Ritalin übrigens nur in Zusammenhang mit schulischen Prüfungen oder sportlichen Wettkämpfen kontrovers diskutiert. Und
dennoch: Auch, wenn das US-amerikanische Olympische Komitee und andere nationale Komitees die Einnahme von Ritalin
bei ihren Wettkämpfen verboten haben, gibt es viele Bereiche,
wo der Konsum trotz seiner möglichen akuten leistungssteigern-
den Wirkungen als »Medikation« akzeptiert wird.[59] Zu diesen
Bereichen gehören Prüfungssituationen wie die nationalen Auf-
nahmeprüfungen für spezifische Studiengänge und an Univer-
sitäten als auch sportliche Prüfungen für professionelle und
universitäre Organisationen wie die »National Basketball Association« und die »National Collegiate Athletic Association«. Das
Problem ist natürlich, dass Konsumenten von Ritalin (oder
deren Eltern) die Droge einmal als »Medikation« verstanden
wissen wollen, während andere darin vor allem den Missbrauch
eines Stimulanziums zur möglichen Leistungssteigerung sehen.

In diesem Zusammenhang gibt es eine Art des kosmetischen
Drogenkonsums, die wir prothetische Pharmakologie nennen
könnten und die für Ritalin vielleicht am bezeichnendsten ist.
Diese Kategorie deckt den größten Teil des Konsums psychotro-

per Drogen ab, weil sie sich auf alle Fälle bezieht, in denen Menschen Medikamente in ihr Leben einbauen, ohne damit ihre Probleme zu lösen, sondern einfach nur, um mit Stress, Verhaltensproblemen oder negativen Gefühlen fertig zu werden. In Anbetracht der bekannten Verbindung zwischen psychischen Problemen und dem Verlangen nach Drogen, sei es deren Gebrauch oder Missbrauch, ist die prothetische Pharmakologie wahrscheinlich auch für einen Teil des Konsums von Straßen- und Ladendrogen zuständig (wie Alkohol und Zigaretten und das »Nikotinpflaster«).[60] Eine solche Möglichkeit der Selbstmedikamentierung wurde von dem Analytiker der Drogenpolitik Ethan Nadelmann vorgeschlagen, der schreibt: »… in vielen Fällen stellt der Gebrauch von Kokain und Heroin eine Form der Selbstmedikamentierung gegen körperlichen und emotionalen Schmerz bei Leuten dar, die keinen Zugang zu Psychotherapie oder Prozac haben.«[61]

Im Kontext der Reizabhängigkeit bedeutet prothetische Pharmakologie, dass Ritalin hauptsächlich als künstliches Hilfsmittel benutzt wird, um das Bewusstsein, das einer konstanten Stimulation bedarf, zu beruhigen. Es funktioniert als Krücke, die reizabhängige Personen nicht heilt, sondern ihnen vielmehr über problematische Phasen hinweghilft. Was sind das für problematische Phasen? Es sind die unvermeidlichen langsamen Intervalle oder Zeiträume im Alltagsleben, die sonst Hyperaktivität, Impulsivität, Selbstvergessenheit und Rückzugsverhalten auslösen. Für Kinder sind solche langsamen Zeiträume zum Beispiel Unterrichtsstunden, Hausaufgaben, Situationen zu Hause (am Essenstisch) oder öffentliche Unternehmungen wie Einkaufen, Spaziergang mit den Eltern oder Kirchgang usw.

Wenn jemand ein Körperteil verliert, kann eine Prothese ihn vor möglicher Benachteiligung schützen und zum Teil sogar die Funktion des verlorenen Glieds ersetzen; bei einem Paar Krücken hat die Prothese meist die Funktion, eine rasche Genesung herbeizuführen. In solchen Fällen tritt die Prothese entweder an die Stelle von etwas endgültig Verlorenem oder sie wird als eine

Hilfe zur vollständigen Wiederherstellung benutzt. Das Problem mit der prothetischen Pharmakologie ist jedoch, dass der Konsum von Drogen kaum je eine dieser positiven Folgen hat. Da viele der Störungen, die mit psychotropen Medikamenten behandelt werden, im Laufe des Lebens fast gänzlich oder völlig verschwinden, wäre es ein großer Irrtum, diese Medikamente so zu benutzen, als wäre die Person für immer gestört. Genau dies ist aber der Fall, wenn Ärzte Eltern und Kindern einreden, ADS sei biologisch und angeboren und müsse auch demgemäß behandelt werden. Mehr noch, obwohl psychotrope Medikamente (einschließlich Ritalin und Prozac) angeblich Hilfsdienste bei der psychischen Gesundung leisten, können sie ihr auch im Wege stehen. Wenn Eltern (oder Lehrer oder die Kinder selbst) erst einmal glauben, dass die Störungen der Kinder genetisch begründet sind, wird die Suche nach einer dauerhaften Lösung aufgegeben. Die Folge ist dann eine *self-fulfilling prophecy*, denn wenn nach keiner nicht-medikamentösen Lösung gesucht wird, bleiben die Störungen unangetastet und erscheinen in der Tat als unlösbar und körperlich bedingt.

Ein weiteres Problem der prothetischen Pharmakologie ist die Art und Weise, wie psychotrope Medikamente die Wahrnehmung unserer zunehmend unpersönlichen und aggressiven Welt dämpfen. Indem sie es uns erleichtern, unter gesellschaftlich ungesunden Bedingungen zu leben, verstärken die Medikamente den Status quo und begünstigen eine weitere Verschlechterung der psychologischen Bedingungen, welche die Medikamente zuallererst nötig gemacht haben. Die Tatsache, dass wir Amerikaner die meisten psychischen Probleme haben und die meisten psychotropen Medikamente einnehmen, bezeugt, dass wir rasch zu dem werden, was der Autor Robert Wright eine verzweifelte Nation genannt hat.[62] Die ADS-Diagnose und die Ritalin-Lösung bilden keine Ausnahme. Die Entscheidung für Ritalin, als ob keine andere Lösung möglich wäre, hat nur zur Intensivierung des ohnehin schnellen, druckvollen und unstrukturierten Lebensgefühls beigetragen, das die entscheidenden Entwicklungsjahre unserer Kinder überschwemmt. Dies ist zum Teil der Grund dafür, warum der Ritalinkonsum diese Probleme zu Hause und in der Schule weder beseitigen noch überdecken konnte. Im Gegenteil erleben wir, dass die Kinder immer länger Ritalin nehmen und dass immer mehr von ihnen, jüngere wie ältere, sich für Ritalin einreihen.

Ein letzter Grund, warum prothetische Pharmakologie problematisch ist und warum der allergrößte Teil des rezeptpflichtigen Medikamentenkonsums darunter fällt, hat mit der schlichten Tatsache zu tun, dass kein Medikament aus dem psychiatrischen Medizinschrank dazu geeignet ist, eine psychische Störung oder Erkrankung zu *heilen*. Prozac, Haldol, Lithium, Xanax, Halcion und Ritalin sind keine Antibiotika für das Bewusstsein, die ins Hirn eindringen und dort irgendwelche Bakterien vernichten. Auch wirken diese Medikamente nicht einfach dadurch, dass sie die biochemischen Prozesse im Hirn ins Gleichgewicht bringen, wie man die Öffentlichkeit hat glauben lassen. Zum Beispiel erhöht Prozac nach Verabreichung einer einzigen Dosis das Niveau des Neurotransmitters Serotonin, doch um eine therapeutische Wirkung zu erzielen, muss es mehrere Tage oder Wochen eingenommen werden – und zwar aus Gründen, die überhaupt noch nicht geklärt sind. Im Idealfall wird jemand, der Psychopharmaka verschrieben bekommt, während der Einnahmezeit von seiner psychischen Erkrankung genesen, auch wenn es sich dabei manchmal nur um einen Zufall oder die Wechselwirkung von Medikament und anderen kognitiven und sozialen Faktoren handelt. Zum Beispiel gehört zu den vielen Faktoren, die an einer »erfolgreichen« pharmakologischen Behandlung psychischer Störungen beteiligt sind, der Entwicklungsprozess einer natürlichen Besserung (*natural remission*), der heutzutage im Leben der Menschen immer noch den häufigsten Verlauf seelischer Gesundung darstellt.

Es kann also sehr wohl der Fall sein, dass die günstigste Wirkung der Medikamente – das heißt, sie vorübergehend einzunehmen, während gleichzeitig die Lebensumstände des betroffenen Kindes verbessert werden – bisher übersehen wurde, weil wir gewöhnt sind, ihre Wirkung isoliert von allem anderen zu betrachten. Dies bestätigt auch der Umstand, dass nicht-pharmakologische Behandlungsformen (z.B. Psychotherapie) gleiche therapeutische Ergebnisse erzielen und auf biologischer Ebene die gleichen biochemischen oder metabolischen Veränderungen in der Physiologie der betreffenden Person hervorrufen wie Medikamente. Der Unterschied ist natürlich, dass psychologische Einflussnahmen das Lebensumfeld der Person tangieren und ändern und damit eher nachhaltige Wirkungen über die Dauer der Therapie hinaus zeitigen. Diesen Zusammenhang unterstreicht die Erkenntnis, dass die Wirkung jener Medikamente kaum von Dauer ist, da sie normalerweise isoliert und ohne Beziehung zum Lebensumfeld eingenommen werden; zum Beispiel hat selbst die Prozac-Kapazität Peter Kramer eingeräumt, dass die Langzeitwirkungen von Prozac überschätzt werden.[63]

Auch hier bildet Ritalin keine Ausnahme. Es verspricht keine Heilung von Hyperaktivität und Konzentrationsmangel. Im Gegenteil steht die zunehmende Verbreitung von Ritalin in engem Zusammenhang mit dem Rückgang an natürlichen Besserungen, die heute nicht mehr die Regel, sondern die Ausnahme sind. Je mehr Ritalin akzeptiert und konsumiert wird, so hat es den Anschein, desto größer ist die Wahrscheinlichkeit, dass Kinder fortgesetzt bis in ihr späteres Leben hinein an Impulsivität und Aufmerksamkeitsstörungen leiden werden. Ohne schuldhafte Absicht kehren Eltern die Probleme ihrer Kinder schließlich unter den Medikamententeppich und überlassen es zwangsläufig den Kindern selbst, sich den tieferen Wurzeln ihrer Probleme zu stellen, wenn sie erwachsen sind. So führt Ritalin statt zur Lösung dieser Probleme zu ihrer Verstärkung. Genau das ist es, was wir unter dem Gesichtspunkt der Reizabhängigkeit erwarten: *Das Zuführen von mehr Stimulation hat starke Auswirkungen auf das Verhalten, und indem wir die Abhängigkeit nähren, statt ihr den Nährboden zu entziehen, führt Ritalin auf lange Sicht nur zur Verschlimmerung der Probleme.*

Eine Konspiration der Unwissenheit

Im letzten Kapitel haben wir gesehen, dass es sich bei dem Aufmerksamkeitsdefizitsyndrom eher um das Produkt lang anhaltender kultureller Dispositionen handelt als um eine nach Jahrzehnten mühsamer medizinischer Forschung entdeckte Erkrankung. Wir haben in diesem Kapitel auch gesehen, dass Ritalin eher ein generisches, oft missbrauchtes Psychopharmakon ist als ein spezifisch wirkendes Medikament.

Im Licht dieser Erkenntnisse greifen hartnäckige Fürsprecher für Ritalin jetzt zu ihrer wahrscheinlich letzten Verteidigungswaffe, indem sie erklären, dass Stimulanzien ungeachtet aller Einwände eine wirkungsvolle Behandlung von Symptomen wie Hyperaktivität und Konzentrationsmangel darstellten, für die nirgendwo eine Alternative in Sicht sei. Der kosmetische Pharmakologe würde sagen: Ritalin wirkt, warum sollte man es also nicht benutzen? Das Problem ist natürlich, dass es nicht tatsächlich wirkt, zumindest solange wir nicht unter »wirken« verstehen, dass sich die langfristigen Aussichten der Kinder auf schulische Leistung, psychisches Wohlbefinden und soziales Verhalten zum Positiven wenden.

Kurzum, Untersuchungen zeigen keineswegs, dass die Wirkungen von Ritalin auf ADS-diagnostizierte Kinder paradox sind; wir wissen vielmehr seit langem, dass diese »beruhigende« Wirkung bei den meisten Kindern (und Erwachsenen) eintritt. Auch ist Ritalin nicht einzigartig; andere Stimulanzien haben die gleiche Wirkung. Schließlich wissen wir, dass Ritalin in mehrerlei Hinsicht als Medikament nicht funktioniert; es trifft zwar zu, dass es oft das Verhalten von Kindern dem anderer Kinder ähnlich erscheinen lässt, doch haben Untersuchungen bisher keine anhaltende Leistungsverbesserung nachweisen können. Im Gegenteil legen sie den Schluss nahe, dass die Ritalin-Lösung die psychische Entwicklung der Kinder unterminiert, indem sie sie von der täglichen Verabreichung eines starken, bewusstseinsverändernden Medikaments abhängig macht. Ritalin versagt nicht nur als Heilmittel, sondern auch als vernünftige Übergangslösung.

Angesichts all dieser begründeten Einwände muss man sich fragen, wie es Fürsprechern möglich war, eine strikte Unterscheidung zwischen Ritalin als wirkungsvollem »Medikament« und Ritalin als gefährlicher »Droge« vorzunehmen. Eine mögliche Erklärung hat sicher mit der Tatsache zu tun, dass die Erfahrungen von Kindern, die das Medikament einnehmen, insofern ungewöhnlich sind, als sie nicht in das Schema einer Sucht erzeugenden Droge passen. Befürworter sagen zum Beispiel, dass Ritalin zwar wie andere Psychostimulanzien, etwa Kokain, wirke, seine Wirkungen auf ADS-diagnostizierte Kinder jedoch ausschließlich therapeutischer Natur seien und ohne die Folgen, die Kritiker bei Drogenmissbrauch erwarten würden. Die Vorstellung, dass Ritalin diese einzigartige Wirkungsweise bei ADHS hat, beruht auf zwei zwar verständlichen, aber nichtsdestoweniger irrtümlichen Annahmen. Die erste ist die, dass Ritalin als starkes Stimulans eine stimulierende Wirkung auf das Verhalten »normaler« Kinder haben müsste, eher jedenfalls als die beruhigende Wirkung, die es auf ADS-diagnostizierte Kinder hat; die zweite Annahme haben wir bereits diskutiert: Da es sich bei Ritalin um ein süchtig machendes Medikament handelt, müsste es bei »normalen« Kindern zu Rückzugsverhalten und Abhängigkeit führen.

Wenn diese Annahmen tatsächlich richtig wären, bräuchten wir einem Kind nur Ritalin zu geben und abzuwarten, was geschieht, um festzustellen, ob es ADS hat oder nicht. Der Psychologe Ken Livingston beschreibt diese Praxis:

> … auch wenn viele Ärzte das Medikament als diagnostisches Instrument verwenden – mit anderen Worten, wenn Ritalin die Konzentrationsfähigkeit zu verbessern scheint, ist der Patient ein ADS-Kandidat –, führt eine Konzentrationsverbesserung nach der Einnahme eines Mittels wie Ritalin keineswegs zwangsläufig zur Diagnose von ADHS. Untersuchungen, die Judith Rapaport von den »National Institutes of Mental Health« Mitte der Siebziger- bis Anfang der Achtzigerjahre

durchführte, haben eindeutig belegt, dass stimulierende Drogen die Leistungsfähigkeit der meisten Menschen bei Konzentrationsaufgaben verbessern, unabhängig davon, ob sie ADHS-diagnostiziert sind oder nicht. Dies erklärt wahrscheinlich das hohe Maß an »Selbstmedikation« in der Welt (Stimulanzien wie Koffein und Nikotin zum Beispiel). Besonders interessant ist die Tatsache, dass Kokain, die bevorzugte illegale Droge der sozial aufsteigenden und karrierefixierten jungen Leute, eine sehr ähnliche Pharmakologie aufweist wie Methylphenidat [Ritalin]. Kurz gesagt, selbst wenn Sie nie die Diagnose einer Konzentrationsstörung bekommen haben, werden viele dieser Drogen Ihre Konzentration und Aufmerksamkeit erhöhen. Der Umstand, dass ein Kind aufmerksamer ist, wenn es Ritalin nimmt, heißt nicht, dass es an einer feststellbaren mentalen Störung leidet.[64]

Es hängt auch mit dieser Verwirrung bezüglich der Wirkung von Ritalin zusammen, warum Millionen von Eltern mittlerweile glauben, dass ihre Kinder an diesem Etwas namens ADS leiden. Der Vorgang ist der Folgende: Eltern lassen ihre Kinder auf ADS »testen« und setzen sie dann, nach einer ADS-Diagnose, auf Ritalin; wenn ein Kind erst einmal regelmäßig Ritalin verabreicht bekommt, nehmen die Symptome wie Impulsivität, Hyperaktivität oder Rückzugsverhalten ab und bestätigen so die Diagnose – »da das Medikament auf ein normales Kind nicht in dieser Weise wirken würde«.

Eine Fallstudie in dem Buch *Driven to Distraction* gibt ein gutes Beispiel: »Ich bin zu Ihnen gekommen und Sie haben ihnen das Medikament verschrieben. Und nach zwei bis vier Wochen sprachen sie phänomenal auf Ritalin an. Die Lehrer waren verblüfft, wie diese Kinder, die den Unterricht immer so sehr gestört hatten, plötzlich auf ihren Stühlen sitzen blieben. David, der es sonst nicht länger als fünf Minuten an seinem Tisch aushielt, ohne ihn umzustoßen, naja, damit war es jetzt vorbei. All das hörte auf.«[65] Wenn auch nur implizit zeigen diese Bemerkungen und ihre Tonlage, wie natürlich es für Eltern ist, in spezifischen »medizinischen« Wirkungen von Ritalin den Beweis dafür zu sehen, dass ihre Kinder ADS haben. Dieser Irrtum, von der Wirkung auf die Ursache zu schließen, statt von der Ursache auf die Wirkung, dient zweifellos auch oft als Rechtfertigung, sich einseitig für die Ritalin-Lösung zu entscheiden. Tatsächlich bedeutet die Beliebtheit von Ritalin einen beachtlichen Druck auf heutige Eltern, zumindest einmal »zu sehen, was passiert«, wenn ihr Kind es bekommt.

Dass die »therapeutische« Wirkung von Ritalin weder einzigartig noch paradox ist, haben wir schon in einem der vorigen Kapitel untersucht. Wir kamen zu dem vorläufigen Schluss, dass Ritalin weder Hyperaktivität bei »normalen« Kindern hervorrufen kann noch durch regelmäßigen Konsum bei ADS-diagnostizierten Kindern zur Sucht führt. Spätestens seit 1978, als die Psychiaterin Judith Rapaport und ihre Kollegen in *Science* berichteten, dass Stimulanzien das Aktivitätsniveau bei den meisten Kindern senken, wissen wir, dass diese Wirkung nicht paradox ist.[66] Diese Medikamente sind zwar größtenteils Stimulanzien, aber was bringt uns zu der Annahme, dass Stimulanzien das Aktivitätsniveau steigern müssten? Wenn wir uns erst einmal klar machen, dass wir sämtliche auf uns einströmenden Stimulationsniveaus aktiv ausgleichen, wird es uns nicht länger überraschen, dass die Einnahme von Stimulanzien unser reizsuchendes Verhalten tatsächlich dämpft. Das heißt, indem es uns eine künstliche Stimulationsquelle bietet, reduziert das Mittel faktisch unser Bedürfnis, uns durch eigene Handlungen zu stimulieren. Schließlich finden wir das gleiche Ergebnis bei anderen »künstlichen« Stimulationsquellen, einschließlich Fernsehen, Kinofilmen und Videospielen – und dies trifft auch auf ADS-diagnostizierte Kinder zu. Aus dieser Perspektive betrachtet, ist die Wirkung von Ritalin nicht paradox, sondern vielmehr vorhersehbar.

Zu dieser Erkenntnis tritt nun noch die Tatsache hinzu, dass zwei Jahrzehnte vor dem Bericht über Psychostimulanzien von Rapaport und Kollegen Peter Dews von der »Harvard Medical School« an Tieren bereits etwas Ähnliches, aber zugleich Weitreichenderes festgestellt hat. Dews wies nach, dass die Wirkung von Drogen, darunter Psychostimulanzien, sich nicht von den

Drogen allein vorherbestimmen ließ. Stattdessen fand er heraus, dass selbst bei Tieren die Frage, ob ein »Aufputschmittel« die Aktivität erhöht oder ob ein »Beruhigungsmittel« die Aktivität dämpft, zu einem großen Teil von dem Verhalten des Organismus vor der Einnahme des Mittels abhängt. War das Aktivitätsniveau der Tiere relativ hoch, führte ein »Aufputschmittel« zur Dämpfung, und war das Aktivitätsniveau relativ niedrig, führte ein »Beruhigungsmittel« zur Steigerung.[67] Dews zeigte damit, dass nicht nur die Intensität der Medikamentenwirkung, sondern bereits die Richtung der Wirkung (»aufputschen« oder »beruhigen«) ebenso von psychischen und Verhaltensfaktoren abhängt wie von pharmakologischen.[68] Dies bestätigt die spätere Entdeckung von Rapaport et al., dass ein stimulierendes Mittel typischerweise das reizsuchende Verhalten bei einem Kind mindert ebenso jedoch ein »hyperaktives« Verhalten bei Kindern auslösen kann, deren Aktivitätsniveau – und Gesamtbedürfnis nach Stimulation – niedrig ist.

Manchmal bereichern Ärzte und ADS-Fürsprecher die Kontroverse über die paradoxen Wirkungen von Ritalin mit der Behauptung, Ritalin sei keineswegs paradox, da wir wissen, dass es Hirnbereiche stimuliere, die eine hemmende Funktion für das Verhalten haben. Danach profitieren ADS-diagnostizierte Kinder von stimulierenden Mitteln, weil das Medikament den Teil ihres Hirns animiert, der das Verhalten ausgleichen soll (wie der kaudale Kern), es aber nicht tut. Selbst wenn es dafür einen wissenschaftlichen Beweis gäbe – und es gibt ihn nicht –, spräche damit nichts gegen unsere oben geäußerte Kritik: Da die Wirkungen von Ritalin nicht auf ADS-diagnostizierte Kinder beschränkt sind, können seine Wirkungen bei ADS-diagnostizierten Kindern auch nicht irgendeiner solchen Hirnanomalie zugeschrieben werden. Andernfalls müssten wir unterschiedliche Wirkungen erwarten, wenn »normale« Kinder das Medikament nehmen, weil die normale hemmende Funktion ihres Hirns dann überstimuliert würde.

Was hat nun der Ritalin-Hersteller Novartis zu alldem zu sagen? Nicht nur erkennt Novartis an, dass die Wirkungen von Ritalin wissenschaftlich nicht verstanden sind, der Pharmakonzern gibt auch zu, dass keine Verbindung bekannt ist zwischen den Wirkungen des Medikaments auf das Verhalten und einer Hirnanomalie bei den Kindern, die das Medikament einnehmen. Stattdessen vertritt Novartis schlicht die Ansicht, Ritalin sei ein Medikament, welches bei allen und jedem als Stimulans des zentralen Nervensystems wirkt. Im *Physicians Desk Reference* verlautbart Novartis: »Auf welchen Wegen es bei Menschen funktioniert, ist noch nicht vollständig erkannt, vermutlich aber aktiviert es das Wecksystem des Hirnstamms und den Kortex, um seine stimulierende Wirkung zu entfalten. Es gibt weder spezifische Erkenntnisse über die Mechanismen, wie Ritalin seine Wirkungen im Bewusstsein und Verhalten der Kinder ausübt, noch abschließende Erkenntnisse darüber, wie diese Wirkungen mit der Verfassung des zentralen Nervensystems in Zusammenhang stehen.«[69]

Wenn man bedenkt, wie lange wir bereits über die Wirkungen von Ritalin auf das Verhalten Bescheid wissen, ist es enttäuschend, zu sehen, wie viele in der ADS-Industrie (und in den Medien) solche Verlautbarungen weiterhin benutzen, um es als spezielle Medikation auszugeben. Das Gleiche haben wir bei unserer Überprüfung der wissenschaftlichen Grundlage von ADS gesehen: Die Kluft zwischen dem, was die Öffentlichkeit weiß, und dem, was die Wissenschaft sagt, ist erschreckend groß. In diesem Fall ist der Abstand zwischen dem, was die Ärzte glauben, was der Hersteller von Ritalin behauptet und was die Wissenschaft bestätigt, beträchtlich. Wie wir aus unserer Erfahrung mit dem wissenschaftlichen Nachweis, dass es sich bei ADS um eine medizinische Störung handle, bereits wissen, wird jeder, der die medizinische Praxis und die öffentliche Politik für bedachte Produkte reiner Wissenschaftlichkeit hält, aus dem Staunen nicht herauskommen. Es ist daher richtiger zu sagen, dass auch die Wissenschaft im Schatten dessen lebt, von dem wir meinen, es entspräche eben unserer menschliche Natur, nämlich Handlangerin größerer gesellschaftlicher Interessen zu sein, die nur auf jene Tatsachen ihr Licht werfen, die den kulturell herrschenden Vorurteilen entsprechen.

Im Fall von Ritalin führte das kulturelle Vorurteil dazu, die Erkenntnisse kontrafaktisch so zu interpretieren, dass es als einzigartig wirkendes Mittel erschien. Weiterhin gehört zu diesem Vorurteil der Glaube, Ritalin habe langfristige positive Wirkungen auf die schulischen Leistungen und das seelische Wohlbefinden der Kinder. Während Anhänger von Ritalin gewisse Untersuchungen ins Feld führen und sagen, ja, es habe diese Wirkung, kommen unabhängige Forscher, die die Ergebnisse betrachten, regelmäßig zu dem Schluss, dass es sie nicht hat. Es geht hier nicht um ein Verwirrspiel oder um einen Streit darüber, was die Untersuchungen zeigen. Es hat zahlreiche Untersuchungen und Berichte gegeben, bis hin zu Übersichtartikeln über bereits erfolgte Zusammenfassungen, und sie alle ergeben das gleiche Bild: Außerhalb der ADS-Gemeinde besteht eine klare Übereinstimmung darin, dass für die große Mehrheit der Kinder die Einnahme von Ritalin nur sehr geringe Vorteile hat, abgesehen von der schlichten Überdeckung der Probleme und der Zügelung des Verhaltens. Und selbst diese Effekte verschwinden in dem Moment, da die Wirkung des Medikaments nachlässt.

So wie 1978 eine Studie belegte, dass die Wirkungen von Ritalin keineswegs paradox sind, so zeigte eine andere berühmte Untersuchung aus dem gleichen Jahr, dass Ritalin nicht zur Verbesserung der schulischen Leistungen von hyperaktiven Kindern beiträgt.[70] Diese Untersuchung von Russell Barkley und Charles Cunningham berichtete, dass der verbreitete Lehrerglaube, Ritalin fördere die schulischen Leistungen der Kinder, objektiven Messkriterien nicht standhält. Vielmehr kamen die Forscher zu dem Schluss, dass häufig versäumt wurde, zwischen den Wirkungen, die Ritalin auf die Lenkbarkeit von Schülern hat, und den Wirkungen auf ihre kognitiven/intellektuellen Fähigkeiten zu unterscheiden, was insgesamt zu falschen Verallgemeinerungen hinsichtlich der Langzeitwirkung von Ritalin geführt hat. Ein anderer Vergleich dieser frühen Untersuchungen schloss:

> Die traditionellen Artikel zeigen eine überraschende Übereinstimmung in den tatsächlichen Wirkungen stimulierender Medikamente auf Kinder mit ADS. Erstens stimmen sie darin überein, dass in einer Mehrheit (etwa 75%) der Fälle die Behandlung mit stimulierenden Medikamenten unmittelbare und dramatisch positive Änderungen in der Wahrnehmung der Eltern und Lehrer zur Folge hat, was die Leistungen bei Tests anbetrifft, bei denen Aufmerksamkeit und Konzentration erfordert sind. Zweitens bestätigen sie, dass neben pharmakologischen Effekten ebenso Placebo- und Erwartungseffekte zu den wahrgenommenen positiven Wirkungen von Stimulanzien auf Kinder gehören. Drittens stimmen die Artikel überein, dass die kurzfristigen positiven Veränderungen sich nicht durch eine vormedikamentöse Erstellung physiologischer oder psychologischer Profile der behandelten Kinder voraussagen lassen. *Viertens stimmen sie darin überein, dass die nachgewiesenen Wirkungen stimulierender Medikamente auf eine langfristige Änderung (bezüglich schulischer Leistungen oder positiven sozialen Verhaltens) verschwindend gering sind.*[71]

Negative Ergebnisse wie diese und jene aus dem Bericht von 1978 erbrachte auch eine weitere Untersuchung, die drei Jahre früher durchgeführt wurde. In dieser Untersuchung beobachteten die Forscher über einen längeren Zeitraum hyperaktive Kinder während des Schulunterrichts, die teils Ritalin nahmen und teils nicht.[72] Sie fanden heraus, dass das Medikament das Verhalten auf ein erträglicheres Niveau herabstimmte, aber dass damit zugleich die kognitiven Fähigkeiten der Kinder gedämpft wurden. Diese Untersuchung ist deswegen besonders interessant, weil die Forscher die Effektivität von Ritalin mit einer nichtmedikamentösen Behandlungsalternative verglichen, die mit einem System von Belohnungen und Vergünstigungen zu besseren schulischen Leistungen anspornen wollte. Diese auf das Verhalten abzielenden Maßnahmen verringerten die Hyperaktivität im gleichen Maß wie Ritalin, aber sie steigerten eher die kognitiven Fähigkeiten der Schüler, statt sie zu vermindern. Wie ein Beobachter zu dieser Untersuchung bemerkte, »gab es anscheinend die Wahl zwischen stillen Kindern, die nicht lernen, und Kindern, die still sind, weil sie lernen. Der erste Zustand ist mühelos und sicher mit Medikamenten zu erreichen, aber es besteht kaum ein Zweifel, dass der zweite Weg, auch wenn er mehr Mühe und Eingehen auf individuelle Bedürfnisse erfordert, vorzuziehen ist«.[73]

Diese Studien sind zugegebenermaßen älteren Datums, und es stellt sich die berechtigte Frage, ob weitere Untersuchungen diese Ergebnisse seither bestätigt haben. Unter den neueren Artikeln ragt eine Untersuchung als besonders umfassend hervor. Es ist ein Übersichtsartikel von James M. Swanson und seinen Kollegen über die »Wirkung stimulierender Medikamente auf Kinder mit Aufmerksamkeitsdefizitstörung«, der in der Zeitschrift *Exceptional Children* publiziert wurde.[74] Da diese Untersuchung sehr gründlich ist – sie unterzieht Untersuchungen von 1937 bis 1993 der Überprüfung –, lohnt es sich, ihre Schlussfolgerungen im Detail aufzuführen. Zum Glück bereitet dies keine Mühe, da die Autoren ihre Ergebnisse in einer Tabelle dargestellt haben, in der sie zu erwartende und nicht zu erwartende Wirkungen einer »Behandlung« von ADS-Kindern mit Ritalin auflisten.

Bezüglich dessen, was erwartet werden kann, nennt der Bericht zwei Bereiche, in denen es Verbesserungen gibt:

1. Die »temporäre Beherrschung diagnostischer Symptome«, darunter »Überaktivität (verbesserte Fähigkeit, das motorische Verhalten zu regulieren), Unaufmerksamkeit (erhöhte Konzentration oder Anstrengung bei Aufgaben) [und] Impulsivität (verbesserte Selbstbeherrschung)«.
2. Die »temporäre Verbesserung damit zusammenhängender Verhaltenseigenschaften«, darunter »Betragen (erhöhte Folgsamkeit und Fleiß) [und] Aggressivität (Verringerung physischer und verbaler Feindseligkeit)«.

Dies sind die beiden einzigen Bereiche, in denen die Autoren eine übereinstimmende Verbesserung in der Literatur fanden.

Bezüglich dessen, was *nicht* erwartet werden kann, nennen die Autoren fünf Bereiche:

1. Paradoxe Reaktion, stattdessen: »Reaktionen von normalen Kindern und normalen Erwachsenen sind gleichgerichtet, [und] Reaktionen von betroffenen Erwachsenen und Kindern sind sich ähnlich.«
2. Voraussagbarkeit, stattdessen: keine »Voraussagbarkeit der Reaktion, ob durch neurologische oder physiologische Messungen oder durch biochemische Marker«.
3. Keine Nebenwirkungen, stattdessen: »seltenes Auftreten beziehungsweise seltene Zunahme von Ticks, häufig Ess- und Schlafstörungen [sowie] mögliche psychologische Wirkungen auf Kognition und Attribution«.
4. Positive Auswirkungen auf Fähigkeiten, stattdessen: »keine signifikante Verbesserung der Lesefähigkeit, keine signifikante Verbesserung sportlicher Leistungsfähigkeit, keine signifikante Verbesserung positiver sozialer Fähigkeiten [und] weniger Verbesserungen bei Lernen/Leistungen als Verbesserungen bei Verhalten/Aufmerksamkeit«.
5. Langfristige Anpassung, stattdessen: »keine Verbesserung bei schulischen Leistungen [und] keine Verminderung antisozialen Verhaltens oder der Bestrafungshäufigkeit«.

Kurzum, wir sollten uns hüten, über die bessere Beherrschung von Verhaltenssymptomen hinaus viel zu erwarten.

In einer Titelgeschichte von *Newsweek* im Jahr 1996 – »Ritalin: Geben wir unseren Kindern zu viele Medikamente?« – beschrieb ein Medizinprofessor von der Columbia University Ritalin als »einen der überwältigenden Erfolge in der Psychiatrie«.[75] Doch wie soeben festgestellt, legt die Literatur über die Effizienz von Ritalin einen völlig anderen Schluss nahe. Dies lässt sich mit den

Worten des Wissenschaftlers Ronald Gots zu MCS zusammenfassen; wenn wir seine Aussage auf ADS hin umformulieren, liest sie sich so: »... die Diagnose von [ADS] setzt eine Abwärtsspirale fruchtloser Behandlungen in Gang, die den Patienten zu einem leidvollen und behinderten Leben verdammen. Hier handelt es sich um ein Phänomen, in dem die Diagnose sehr viel mehr Schaden anrichtet als die Symptome.«[76] Es gibt schließlich nur einen signifikanten Grund, warum Ritalin sich so verbreiten konnte, und der hat nicht das Geringste damit zu tun, dass es ein überwältigender Erfolg wäre – zumindest nicht für die Kinder, die es einnehmen. Vielmehr liegt es daran, dass Ritalin eine starke Entlastung für diejenigen bedeutet, die direkt mit Kindern zu tun haben und so von seinen Wirkungen auf ihr reizabhängiges Verhalten profitieren. Dies schließt, wie wir gerade gesehen haben, ein niedrigeres Aktivitätsniveau, größere Aufmerksamkeit, geringere Aggressivität und eine erhöhte Folgsamkeit und Produktivität ein. Für diejenigen freilich, die das Medikament ernst nehmen, ist die Gesamtaussicht deutlich weniger vielversprechend, da es zusätzliche Störungen beim Essen und Schlafen mit sich bringt, eine mögliche Beeinträchtigung der Kognition und Attribution, keine Verbesserung der Lesefähigkeit, der sozialen Fähigkeiten und der schulischen Leistungen und keine eindeutige Verringerung antisozialen Verhaltens.[77]

Was hier geschieht, ist allerdings komplizierter, als dass ein Haufen Kinder so außer Kontrolle gerät oder so in sich verschlossen ist, dass Eltern und Lehrer ein starkes Medikament brauchen, um die Kinder zurück in die Wirklichkeit zu holen. Wenn es auch zutrifft, dass diejenigen, die den Ritalinkonsum überwachen, mehr davon profitieren als die Kinder, insbesondere wenn wir auf die Langzeitfolgen des Drogenkonsums schauen, wäre es doch zynisch anzunehmen, dass Eltern und Lehrer dies wüssten oder dass sie wissentlich an einer solchen verfehlten Lösung teilnähmen. Ich glaube viel eher, dass Eltern und Lehrer (und Ärzte) durch die Annahme, besseres Verhalten und größere Aufmerksamkeit führten notwendig zu besseren Leistungen und mit der Zeit auch zu einem besseren Leben, zu geblendet sind, um kritisch zu prüfen, was tatsächlich geschieht. Mit anderen Worten: Aufgrund seiner schnellen durchgreifenden Wirkung auf das Verhalten wiegt Ritalin uns in dem Glauben, dass wir die Kinder in einer wohl bedachten, vernünftigen und effektiven Weise behandeln, auch wenn dem keineswegs so ist.

Dass Eltern und Lehrer nicht verstehen, was im Fall von ADS und Ritalin eigentlich vor sich geht, wird von einer bemerkenswerten Untersuchungsreihe bestätigt. Sie zeigt, dass Menschen tatsächlich wenig zuverlässig Veränderungen im Verhalten beurteilen können, einschließlich der Veränderungen in ihrem eigenen Verhalten.[78] Das heißt in unserem Zusammenhang, dass Eltern und Lehrer die therapeutischen Wirkungen von Ritalin nur mit geringer Wahrscheinlichkeit zutreffend beurteilen können. Das Gleiche gilt für Kinder, denen das Medikament verschrieben wurde, und für ihre Beurteilung seines Nutzens. Exakt dies haben Ergebnisstudien über Ritalin (und über die Wirkungen von als Ritalin ausgegebenen Placebos in der Beurteilung von Eltern und Lehrern) erbracht, in denen Erwachsene ein unbewusstes Vorurteil zugunsten von Ritalin zeigten. Die folgende Schlussfolgerung aus einem psychologischen Bericht über die Vorurteile in Leistungsbeurteilungen lässt sich mühelos auf die Ritalin-Lösung übertragen: »Ärzte … stellen oft fest, dass Patienten eine Behandlung gern als nützlich einstufen, selbst wenn sie nicht davon überzeugt sind … Wir behaupten dagegen etwas anderes. *Patienten können an ihre Berichte über eine Besserung glauben, auch wenn sie sich irren.* So ist die Geschichte der Medizin voller Beispiele von Wunderheilungen, bei denen es sich um nichts anderes als Placeboeffekte gehandelt hat … Viele dieser Heilungen wurden allein aufgrund der Berichte des Patienten beurteilt. Wenn Patientenberichte der Hauptindikator für Heilungen oder Besserungen sind, dann kann zwischen Helfern und Patienten eine Konspiration der Unwissenheit entstehen, in der beide irrtümlich an das Erreichen ihres gemeinsamen Ziels glauben.«[79]

Auf der Suche nach optimaler Stimulation

Nun haben wir uns mit einiger Ausführlichkeit mit Hyperaktivität und Aufmerksamkeitsdefizit als Verhaltensproblemen beschäftigt – Störungen, die direkte und indirekte Folgen des Lebens in einer beschleunigten Gesellschaft sind. Die Schnellfeuer-Kultur hat das Bewusstsein verändert, und zwar zum Teil durch die notgedrungene Anpassung an eine Welt konstanten Reizkonsums und zum andern Teil aufgrund des Verlusts einer äußeren Struktur im Alltagsleben der Kinder. Mit dieser alternativen Erklärung sind wir nun in der Lage, unsere Theorie auf den Prüfstand zu stellen, indem wir zwei miteinander verbundenen Fragen auf den Grund gehen: Sind die Probleme des ADS-Kindes mit dem Begriff der Sucht nach Sinnesreizen hinreichend beschrieben? Und wenn ja, kann es sein, dass Ritalin diese Probleme unterdrückt und die Reizbedürfnisse befriedigt, indem es einen Hintergrund konstanter Stimulation schafft? Die Beantwortung dieser Fragen ist auch für diejenigen wichtig, deren Leben nicht direkt von ADS-diagnostizierten Kindern betroffen ist, da das Bewusstsein aller durch das Leben in der beschleunigten Gesellschaft beeinflusst wird. Somit ist das ADS-Kind nicht der einzige Repräsentant der Reizabhängigkeit, sondern nur der offensichtlichste. Indem wir sein Leben betrachten, können wir über unser eigenes Leben und über die Gesellschaft insgesamt Aufschluss gewinnen, in der wir leben.

Jede wissenschaftliche Theorie, die Beachtung verdient, muss zu Voraussagen führen, die sich empirisch überprüfen lassen, und auch die Theorie der Reizabhängigkeit bildet hier keine Ausnahme. Wir haben diesen Maßstab bereits an die ADS-Theorie angelegt und sie für ungenügend befunden. Wir haben ihn auch auf die These angewandt, dass die Wirkung von Ritalin auf ADS-Kinder einzigartig sei, und unser Urteil fiel nicht besser aus. In dem speziellen Fall der Sucht nach Sinnesreizen versus ADS-Theorie sind wir in der Lage, diese Theorien zu prüfen, da man zu anderen Voraussagen über das ADS-Kind kommt, je nachdem ob man Hyperaktivität und Konzentrationsmangel als kulturinduzierte Entwicklungsstörungen oder als biologische Störungen ansieht. Mit anderen Worten, es ist ausgeschlossen, dass beide Theorien das ADS-Kind gleich gut erklären können.

Nehmen wir zum Beispiel den verbreiteten Glauben, dass Kinder mit ADS-Diagnose über eine schwache Konzentrationsgabe und hohe Ablenkbarkeit verfügen. Die Idee der Reizabhängigkeit impliziert dies nicht, da sie diese Kinder als durch hohe Reizbedürfnisse charakterisiert sieht, welche *nur* unter bestimmten verlangsamten Bedingungen Probleme mit Impulsivität, Aufmerksamkeit oder Ablenkbarkeit zur Folge haben. Anders ausgedrückt, die Theorie der Reizabhängigkeit führt zu der Voraussage, dass das ADS-Kind sich bei einem ausreichenden Stimulationsniveau in seiner Ablenkbarkeit von »normalen« Kindern nicht unterscheiden wird. Im Gegenteil, da die Reizabhängigkeit nichts mit der Gesamtintelligenz oder der Kompetenz des Kindes zu tun hat, sollte es uns nicht überraschen, wenn das ADS-Kind das »normale« Kind leistungsmäßig übertrifft – was nicht selten vorkommt, insbesondere wenn die Reizbedürfnisse beider befriedigt werden. Kurz gesagt, die Erklärung lässt die alternative Voraussage zu, dass beide Gruppen sich nicht unterscheiden werden, wenn das Niveau an Reizen hoch ist. Doch wenn das Stimulationsniveau sinkt, werden die beiden Gruppen auseinander driften: Um den Verlust an benötigter externer Stimulation zu verkraften, werden die Kinder mit den größeren Reizbedürfnissen sich nach und nach ausklinken; entweder blenden sie sich völlig aus und ziehen sich zurück, oder sie werden zu einem selbststimulierenden Verhalten übergehen, um ihr Stimulationsniveau zu erhöhen.

Dieser Voraussage liegt der – für die Theorie der Reizabhängigkeit zentrale – Gedanke zugrunde, dass wir alle reizsuchende Verhaltensweisen vermeiden bzw. ausüben, um ein erwünschtes Stimulationsniveau aufrechtzuerhalten. Diese Idee, die wir im letzten Kapitel bezüglich der Anpassung an komplexere Stimuli – und der Jagd nach denselben – betrachtet haben, wurde als

Theorie der optimalen Stimulation bezeichnet.[80] Ich habe dies
zum Beispiel bei meinen Autofahrten über Land an mir selbst
festgestellt. Wenn ich in eine Stadt komme, wo der Verkehr hektischer wird, stelle ich mein Autoradio aus. Und ich stelle es erst
wieder an, wenn ich die Stadt verlasse. Auch wenn es sich dabei
um verschiedene Stimulationsquellen handelt, können sie zusammen leicht eine Reizüberforderung schaffen, was ich zu vermeiden gelernt habe, indem ich das Radio nötigenfalls abstelle.

Der Begriff der optimalen Stimulation ist der dritte von drei
Zentralbegriffen, die die Sucht nach Sinnesreizen definieren.
Der erste von ihnen benennt den Umstand, dass unser Bestre-
ben, unser Bewusstsein zu erregen, schnell zu langfristigen, neu-
rologisch begründeten Reizanpassungen führt, wobei gleichzeitig das ursprünglich erregende Erlebnis eines intensiveren
Stimulusereignisses neutralisiert wird. Nicht nur hat jeder von
uns seine eigenen Mittel und Wege, um ein befriedigendes Stimulationsniveau aufrechtzuerhalten, sondern wir haben auch
insgesamt unterschiedliche Reizbedürfnisse, wenn wir uns untereinander oder mit Menschen vergleichen, die zu anderen Zeiten gelebt haben. Wie wir anhand der Geschichte des Fernsehens
und der Videospiele gesehen haben, sind elektronische Stimulationsquellen, die ehedem überwältigend gewesen sein mögen,
bald überholt und später sogar langweilig. Sie werden dann
durch neue, aufregendere Erlebnisträger ersetzt; natürlich ver-
alten auch diese rasch und so beginnt der ganze Zyklus von
neuem. Dieser Anpassungsprozess ist normal und unvermeidlich, aber er bereitet den Boden für Reizabhängigkeiten, wenn
zwei andere historische Bedingungen erfüllt sind: Erstens muss
kulturell eine grundlegende psychologische Neigung vorhanden
sein, immer mehr tun und immer schneller werden zu wollen
(das heißt: der Drang, die Zukunft in die Gegenwart hinein-
zureißen), was, wie sich zeigen ließe, für die gesamte Geschichte
der Entstehung der »Schnellfeuer-Kultur« zutrifft; zweitens müssen wir *technologisch* die Fähigkeit entwickelt haben, diese inflationäre Praxis als realen Prozess aufrechtzuerhalten, was eben-

falls für die westlichen Industrienationen in besonderem Maße zutrifft.

Die technologischen Möglichkeiten, unter denen sich das menschliche Bewusstsein verändert, wurden im industriellen Zeitalter bereitgestellt, haben aber im so genannten Informationszeitalter explosionsartige Züge angenommen. Verbunden mit dem Drang, immer mehr in immer kürzerer Zeit zu tun, bedeutet diese Entwicklung, dass sich der Bewusstseinszustand einer wachsenden Zahl von Menschen heute verändert hat. Dieses Bewusstsein ist durch zwei Eigenschaften bestimmt: ein zusammengedrängtes Zeiterleben und erhöhte Reizerwartungen. Das Empfinden einer längeren Zeitdauer, das entsteht, wenn die Zeit sich unter verlangsamten Bedingungen zu entschleunigen scheint, ist der zweite Schlüsselaspekt der Reizabhängigkeit. Weil unser Zeitsinn vom Rhythmus und der Struktur unseres Lebens determiniert ist, wurde unser Zeitsinn komprimiert und hat eine Aversion gegenüber Situationen niedriger Intensität entwickelt. Zuerst kommen Reizanpassungen, auf dem Fuße gefolgt von wachsenden Reizerwartungen.

Die Probleme, die mit diesen Reizerwartungen einhergehen, werden von dem dritten Aspekt der Reizabhängigkeit antizipiert, nämlich der Suche nach optimaler Stimulation. Obwohl wir jeden Tag Entscheidungen treffen, das Niveau der auf uns eindringenden Stimulationen zu verringern bzw. zu erhöhen, kann unser Gesamtbedürfnis nach Reizen so groß werden, dass es manchmal nicht befriedigt werden kann. Je größer überdies unsere Reizerwartungen sind, umso mehr leiden wir unter den unvermeidlichen langsamen Prozessen in unserer Umwelt. Die Zahl solcher langsamen Phasen kann für uns und unsere Kinder sogar zunehmen, da durch unser komprimiertes Zeitempfinden immer mehr Situationen als zu langsam empfunden werden, vom Schlangestehen bis hin zum Drehen an einer Telefonwählscheibe. An diesem Punkt werden Kinder oder Erwachsene ungeduldig, und ihre Entscheidung wird in wachsendem Maß von dem Bedürfnis beeinflusst, ein größeres Stimulationsniveau zu erreichen. Wenn ein Fernsehprogramm langsam oder langweilig wird, fangen wir an, durch die Kanäle zu zappen; wenn uns etwas, das jemand sagt, nicht interessant oder wichtig vorkommt, unterbrechen wir ihn oder blenden uns aus dem Gespräch aus; wenn wir vor einer Ampel halten müssen, nähern wir uns langsam der Haltelinie, um ein gewisses Gefühl von Bewegung aufrechtzuerhalten; wenn wir sitzen und ein Buch lesen, werden wir unruhig und suchen nach etwas anderem, das uns ablenkt; wenn wir im Stau stehen, werden wir frustriert und vielleicht sogar zornig; wenn unsere Kinder in einem Spiel, bei Arbeiten oder Hausaufgaben nur langsam Fortschritte machen, dann erledigen wir es lieber für sie, statt ihnen zu helfen, das Problem selbst zu lösen; wenn nichts da ist zu Hause, das erledigt werden muss, dann telefonieren wir, steigen ins Auto und fahren einkaufen oder besorgen uns ein Video; wenn Werbefilmer oder Fernsehproduzenten merken, dass unsere Aufmerksamkeit abgenommen hat, dann drehen sie an der Intensitätsspirale oder lassen mehr Informationszeilen über den Bildschirm flimmern.

Wenn wir schneller leben, passen wir uns der Intensität der Stimuli um uns herum an. Diese Anpassung führt zu erhöhten Reizerwartungen, und diese Erwartungen motivieren uns, nach einem stetigeren Stimulationsstrom zu suchen, der uns jedoch nur auf den Anfang des Prozesses zurückwirft, da wir uns auch an die noch intensiveren Stimuli anpassen. Diesen Prozess vor Augen, können wir uns nun dem Idealtypus der Reizabhängigkeit, dem ADS-Kind, zuwenden. Wenn es zutrifft, dass das Bewusstsein des Kindes von einem gehetzten, unstrukturierten Leben deformiert wurde – etwa dergestalt, dass es psychisches Unbehagen empfindet, wenn die Dinge sich verlangsamen –, müssten mindestens drei Phänomene zu beobachten sein. Wir müssten sehen, dass diese Kinder sich von anderen Kindern nicht unterscheiden, solange sie ihr Stimulationsniveau selbst bestimmen können, sich aber sehr wohl unterscheiden, wenn das Stimulationsniveau für sie zu niedrig ist; wir müssten erkennen können, dass sich die wesentlichen Symptome von ADS exakt wie bei einem Kind darstellen, das sein optimales Stimulationsniveau sucht; und schließlich müssten wir erkennen können, dass die Stimuluswirkung, die von Ritalin ausgeht, funktionell äußeren Stimulationsquellen äquivalent ist, so dass Ritalin als bloßes Substitut für sie funktioniert.

Die verbreitete Ansicht, dass Menschen, bei denen ADS diagnostiziert wurde, angeborene Probleme damit haben, ihre Impulse zu beherrschen und sich zu konzentrieren, ist der Diagnose selbst inhärent. Nichts an der Diagnose deutet darauf hin, dass diese Probleme spezifisch mit bestimmten Situationen oder einem bestimmten Kontext zusammenhängen; das aufmerksamkeitsgestörte oder hyperaktive Kind wird nach dieser Ansicht von den Problemen einfach verschlungen. Doch wenn wir einen genaueren Blick auf die betreffenden Kinder werfen, stellen wir immer wieder fest, dass die Störung zeitweise von selbst verschwindet, und zwar unabhängig von jeder Medikation. Zum Beispiel haben ADS-Kinder bei Konzentrationsaufgaben durchschnittlich oder besser abgeschnitten, wenn ihnen erlaubt wurde, sich ihre Aktivitäten selbst auszusuchen, wenn sie individuelle Zuwendung erhielten, wenn sie für gewisse Leistungen belohnt wurden und wenn die Aufgaben neu oder stimulierend waren. In einer Untersuchung wurde gezeigt, dass ADS-diagnostizierte Kinder bei einer Konzentrationsaufgabe schlechter abschnitten als normale Kinder, was auf ein eindeutiges Aufmerksamkeitsdefizit hinzuweisen schien. Doch als sie aufgeregt waren, weil sie Geld bekommen sollten, wenn sie schnell und richtig antworteten, konnte von schlechterem Abschneiden keine Rede mehr sein, vielmehr ließen sie sich von den normalen Kindern nicht mehr unterscheiden.[81] Eine Reihe empirischer Untersuchungen hat die Kontextabhängigkeit dieser Störungen untersucht und kam zu dem gleichen Ergebnis: Eine Studie, die hyperaktive Kinder mit einer anderen Konzentrationsaufgabe prüfte, zog den Schluss, dass es »keinen Anhaltspunkt dafür gibt, dass eine hyperaktive Gruppe bezüglich fortdauernder Aufmerksamkeitsdefizite unterschieden werden könnte«[82]; eine andere Untersuchung stellte fest: »ADHS-Kinder sind nicht abnorm ablenkbar«[83]; eine weitere Studie untersuchte Hyperaktivität in einem formellen, traditionellen Klassenzimmer sowie in einer informellen Umgebung und schloss, dass es »signifikante Unterschiede zwischen der hyperaktiven Gruppe und der Kontrollgruppe in der formellen, jedoch nicht in der informellen Umgebung gab«[84]; schließlich zeigte eine Studie, die diese Probleme unter Bedingungen »freien« und »geregelten« Spiels untersuchte, dass »unter ›freien Spielbedingungen‹ die hyperaktiven Kinder ähnlich beurteilt wurden wie die nichthyperaktiven Kinder. In einer Situation, die wenig Konzentration und Selbstkontrolle erforderte, waren beide Gruppen über eine breite Palette von Verhaltensbeurteilungen vergleichbar. Doch als die Situation restriktiver wurde, … unterschieden sich die beiden Gruppen zunehmend«.[85]

Dieser Einfluss des Kontexts – die Determination des Konzentrations- und Hyperaktivitätsniveaus reizabhängiger Kinder durch das Stimulationsniveau – macht erklärbar, warum Kinder in Arztpraxen und allen anderen Kontexten, die einen hohen Grad an Neuheit oder Aufmerksamkeitsreizen bieten, oft irrtümlich für »normal« gehalten werden.[86] Für viele dieser Kinder ist das Fernsehen, vor dem die meisten von ihnen stundenlang ruhig und ohne das geringste Nachlassen der Konzentration sitzen bleiben können, die nächstbeste Droge für ADS. Wie eine Untersuchung hervorhebt, »sind [diese] Kinder, nicht anders als ihre normalen Pendants, aktive und strategische Fernsehzuschauer«.[87] Das Gleiche gilt, wie oben erwähnt, für das Verhalten in der Schule, wo das ADS-Kind sich in dem Moment am Unterricht beteiligt, wenn die Aktivitäten aus seiner Sicht spannend sind. Erneut will ich damit keineswegs sagen, dass wir unsere Lebensräume und Schulen intensivieren müssen, um den Reizbedürfnissen entgegenzukommen. Damit würden wir die Reizabhängigkeit nur perpetuieren. Wie wir im nächsten Kapitel sehen werden, müssen wir genau das Gegenteil tun: Struktur und Langsamkeit in das Leben der Kinder zurückzubringen.

Wenn die Probleme der ADS-Kinder unter sie stimulierenden Bedingungen verschwinden, können wir erwarten, dass das Gegenteil ebenfalls zutrifft: dass sich Anzeichen von Reizabhängigkeit am häufigsten unter Bedingungen der Langsamkeit zeigen. Eine Untersuchung über die Konzentrationsdauer in verschiedenen Unterrichtssituationen berichtet zum Beispiel, dass »Situationen mit einer relativ geringen Stimulation oder Struktur zur abweichenderen Variante nicht aufgabenbezogenen Verhaltens führten«.[88] Wenn wir uns die gegenwärtigen diagnostischen Kriterien für ADS anschauen, finden wir in der Tat nicht nur, dass die Störungen spezifisch für Bedingungen der Langsamkeit sind, sondern wir sehen auch, dass diese ADS-»Symptome« auf Kinder (und oft auch auf Erwachsene) zutreffen, die auf der Suche nach konstanter Stimulation sind. Um die diagnostischen Kriterien des heutigen ADHS – basierend auf dem *Diagnostic and Statistical Manual IV* – zu erfüllen, muss man entweder sechs der Symptome für Konzentrationsmangel oder sechs der Symptome für Hyperaktivität erfüllen, die alle mindestens seit sechs Monaten existiert haben müssen.[89] Wir wollen diese einzeln betrachten, beginnend mit den diagnostischen Symptomen für Konzentrationsmangel, gefolgt von den diagnostischen Symptomen für Hyperaktivität. Beachten Sie, dass diese diagnostischen Kriterien aus der Perspektive der Reizabhängigkeit überflüssig sind, da sie alle Beispiele desselben grundlegenden Prozesses sind, optimale Stimulation zu erreichen.

Folgende Tabelle führt die Symptome auf, die zur Wahl stehen, wenn wir eine ADS-Diagnose erstellen wollen. Doch zeigt sich, dass diese Symptome ebenso ein ziemlich treffendes Bild von jemandem ergeben, der erhöhte Reizbedürfnisse entwickelt hat und ihnen zu entfliehen versucht, entweder indem er sich auf sich selbst zurückzieht oder sie ausagiert.[90] Diese alternative Interpretation, kombiniert mit dem Wissen, dass diese Störungen unter optimaleren Stimulationsbedingungen entweder nachlassen oder verschwinden, weist darauf hin, dass die Probleme vielleicht tatsächlich eher ein adaptives Bewusstsein anzeigen, das nach optimaler Stimulation sucht, als ein biologisch aus dem Gleichgewicht geratenes Bewusstsein, welches das Individuum zu Fehlverhalten nötigt. Wie ein Bericht über die Theorie der optimalen Stimulation hervorhebt: »Beobachtungen von hyperaktiven Kindern haben ergeben, dass unter Bedingungen, die man als stark stimulierend bezeichnen würde, das hyperaktive Verhalten offenbar abnimmt. Die Ergebnisse einer wachsenden Zahl von Untersuchungen weisen darauf hin, dass hyperaktives Verhalten die Funktion hat, das Stimulationsniveau zu erhöhen, wenn es nicht hoch genug ist … Die motorische Aktivität, die sich bei hyperaktiven Kindern unter Bedingungen niedriger Stimulation (z.B. Warten) zeigt, kann [deshalb] die Funktion haben, die Wirkungen des Stimulusentzugs durch eine erhöhte visuelle, auditive, kinästhetische und propriozeptive Stimulation zu verringern.«[91]

DSM Symptom	Als Reizabhängigkeit betrachtet
Aufmerksamkeitsdefizitsymptome	
Beachtet oft Details nicht genau oder macht Flüchtigkeitsfehler bei Hausaufgaben oder anderen Arbeiten bzw. Beschäftigungen.	Konzentration auf Details erfordert die Fähigkeit, mit Langsamkeit umzugehen und sich so lange zu konzentrieren, bis ein Projekt abgeschlossen ist, womit das reizabhängige Individuum Mühe hat.
Hat oft bei Aufgaben oder Spielen Probleme, die Aufmerksamkeit aufrechtzuerhalten.	Je länger man aufmerksam sein muss, um so langweiliger und belastender wird die Aufgabe, besonders für das reizabhängige Individuum.

DSM Symptom	Als Reizabhängigkeit betrachtet
Scheint oft nicht zuzuhören, wenn direkt mit ihm/ihr gesprochen wird.	Wenn das reizabhängige Individuum direkt angesprochen wird, ohne dass es aktiv an einer Unterhaltung teilnimmt, ist das Niveau an Reizinput gering und die Konzentration wird aufgegeben.
Befolgt oft die Anweisungen nicht vollständig und führt seine/ihre Hausaufgaben bzw. Aufgaben am Arbeitsplatz nicht zu Ende.	Wenn man an einer Aufgabe weiterarbeitet, verliert sie ihre Neuheit, und so verliert das reizabhängige Individuum das Interesse und seine Gedanken schweifen ab.
Hat oft große Mühe, Aufgaben und Unternehmungen zu organisieren.	Solche Dinge wie Organisieren bieten nur wenig Stimuli, und so hat das reizabhängige Individuum Mühe, bei der Sache zu bleiben.
Vermeidet meist, sich auf Aufgaben einzulassen, die eine andauernde geistige Präsenz erfordern.	Wie das Organisieren bieten schwierige Aufgaben, wie z.B. ein Schachspiel, nicht genug ständige Stimulation, um die Aufmerksamkeit des reizabhängigen Individuums aufrechtzuerhalten.
Wird oft von äußeren Stimuli abgelenkt.	Äußere Stimuli sind neu und haben damit eine unmittelbare Attraktivität für ein Bewusstsein, das optimale Stimulation sucht.

DSM Symptom	Als Reizabhängigkeit betrachtet
Verliert oft Dinge, die für Aufgaben oder Tätigkeiten notwendig sind.	Dinge zu verlieren ist ein Zeichen dafür, dass man leicht abzulenken ist, was damit zu tun hat, dass das sensorisch-abhängige Individuum oft von einer Beschäftigung zur nächsten übergeht und damit versucht, einen konstanten Stimulationsfluss aufrechtzuerhalten.
Ist bei alltäglichen Dingen oft vergesslich.	Vergesslichkeit, wiederum, ist eine Folge davon, dass man sich von äußeren Stimuli leicht ablenken lässt.

Hyperaktivitätssymptome

Zappelt oft mit Händen oder Füßen oder rutscht unruhig auf dem Sitz.	Dies sind einfache stimulus-suchende Verhaltensmuster, um den Reizinput zu erhöhen.
Verlässt oft und meist zu früh seinen Platz im Klassenraum oder bei anderen Gelegenheiten.	Dieses Verhalten wird wiederum durch die Suche nach optimaler Stimulation hervorgerufen.
Rennt oft bei unpassenden Gelegenheiten herum oder klettert wild über Stühle und Tische.	Auch wenn sich Erwachsene um ein angemesseneres Verhalten bemühen würden, verhalten sich reizabhängige Kinder nur so, um ihr Stimulationsniveau zu erhöhen.

DSM Symptom	Als Reizabhängigkeit betrachtet
Hat oft Mühe, sich bei Spielen oder anderen Freizeitbeschäftigungen still zu verhalten.	Das reizabhängige Kind spielt intensiver, um das Stimulationsniveau zu erhöhen.
Ist oft »auf dem Sprung« oder verhält sich wie »aufgezogen«.	Dies ist eine klassische Beschreibung von jemandem, der nach optimaler Stimulation sucht, so wie man es bei jungen Individuen beobachtet, die still sitzen müssen.
Redet oft exzessiv.	Dies ist ein verbreitetes selbststimulierendes und stimulussuchendes Verhalten, das dem reizabhängigen Individuum zu Gebote steht.
Platzt oft mit Antworten heraus, bevor die Frage fertig gestellt ist.	Zuhören ist oft mit Warten verbunden, eine Situation, die nur ein geringes Niveau an Stimulation bietet; daher die Neigung, nicht zuzuhören oder zu unterbrechen.
Hat oft Probleme zu warten, bis er/sie »dran« ist.	Erneut: Weil Warten eine reizarme Situation ist, hat das reizabhängige Individuum Mühe damit.
Unterbricht oft oder mischt sich ein.	Warten ist eine reizarme Situation, die stimulus-suchendes Verhalten auslöst, welches das Stimulationsniveau erhöht.

Wir haben gesehen, dass die Probleme ADS-diagnostizierter Kinder situationsspezifisch sind, so wie es das Konzept der Reizabhängigkeit voraussagt. Wir haben ebenso gesehen, dass die Symptome die gleichen sind, die als diagnostische Kriterien für ADS benutzt werden. Mit anderen Worten, die Verhaltensweisen, die zu einer Diagnose von ADS führen, sind exakt die gleichen, die wir bei der Sucht nach Sinnesreizen vorfinden. Mit diesem Wissen können wir uns nunmehr dem dritten und letzten Schritt unserer Untersuchung der Reizabhängigkeit zuwenden, nämlich der Frage, inwieweit Ritalin als sensorischer Stimulus wirkt. Ist es möglich, fragen wir, dass ein medikamentöser Stimulus eine äußere Stimulationsquelle ersetzen kann? Und würde dies die offensichtlichen therapeutischen Effekte von Ritalin bei den betreffenden Individuen erklären?

Die Art der Stimuluseffekte durch psychoaktive Medikamente ist in aller Ausführlichkeit erforscht worden, insbesondere bei Tieren, und aus diesen Forschungen ergibt sich eindeutig, dass die psychologische Aufnahme medikamenteninduzierter Stimuli sich von den Umweltstimuli nicht unterscheidet, die wir alltäglich aus unserer Umwelt empfangen. Mehrere Jahrzehnte lang wurden Tiere (mitunter sogar auch Menschen) unter Laborbedingungen abgerichtet, auf die stimulierende Wirkung von Medikamenten zu reagieren. Das Hauptziel dieser Forschung ist pharmakologisch. Weil ausreichend abgerichtete Tiere sich als besonders präzise Indikatoren erweisen, wenn es um die Unterscheidung von Medikamenten mit verschiedenen biochemischen Wirkungen geht, können sie über die Pharmakologie eines neuen Präparats Aufschluss geben – das heißt, indem sie Unterschiede zwischen dem Stimuluseffekt eines psychoaktiven Medikaments und dem eines anderen erkennen lassen, geben sie Aufschluss über das therapeutische Potenzial der Medikamente. Es bestand lange ein großer Bedarf an solcher Forschung, da man nicht einfach von der chemischen Struktur einer Substanz auf deren psychoaktive Wirkung schließen kann; vielmehr muss die Wirkung von Medikamenten an lebenden Organismen getestet werden.

In einem Experiment wurden Ratten abgerichtet, zwischen einer Droge, die Angst auslöste, und einem Placebo zu unterscheiden.[92] Um Nahrung zu bekommen, musste das Tier auf eine bestimmte Taste drücken, je nachdem, welche »Droge« es erhielt, wobei es nur aufgrund der Stimuluswirkung unterscheiden konnte, welche der beiden vorhandenen Tasten es bedienen sollte. Es ist so, als ob ein rotes Licht den Tieren anzeigte, dass sie auf die rechte Taste, und ein blaues, dass sie auf die linke Taste drücken müssen, nur dass es sich hier nicht um exterozeptive visuelle, sondern um interozeptive Stimuli handelt.

Diese Studie hatte eine Eigenschaft, die für uns von besonderer Wichtigkeit ist. Als die Forscher die Tiere so weit abgerichtet hatten, dass sie verlässlich zwischen diesen beiden Drogen unterscheiden konnten (also die richtige Taste für jede Droge drückten), ersetzten sie die Angst auslösende Droge durch einen visuellen/olfaktorischen Stimulus: eine vor sich hindösende Katze. Als die Ratten mit dem »Katzen«-Stimulus konfrontiert wurden, liefen sie nicht weg und versteckten sich nicht, sondern wendeten sich sofort der Angst-Taste zu und begannen sie zu drücken, womit sie den Forschern mitteilten, dass sie sich in einem Zustand befanden, den wir Angst nennen würden. Diese Studie zeigt damit, dass unabhängig davon, ob der Stimulus von einer Droge oder von der Umwelt ausging, der Stimulus praktisch derselbe war – d.h., als derselbe empfunden wurde. Dieses Ergebnis, dass eine Droge als Stimulus fungieren und das Verhalten genauso verändern kann wie ein Stimulus aus der Umwelt, wurde in zahlreichen Untersuchungen bestätigt, darunter auch Untersuchungen mit Menschen. Für uns deuten die Ergebnisse signifikant darauf hin, dass die Stimuluswirkungen, die durch orale Einnahme von Ritalin ausgelöst werden, in der Tat genutzt werden können, um die Stimulusbedürfnisse eines reizabhängigen Individuums zu befriedigen, genauso wie sie als Substitut für Stimuluswirkungen funktionieren können, die durch seine drangvolle Suche nach optimaler Stimulation ausgelöst werden.

Nachdem wir die umfangreiche, aber vernachlässigte Literatur zu Ritalin geprüft haben, kommen wir ans Ende unserer Untersuchung über die Ursprünge, warum eine Generation von Kindern förmlich krankgeschrieben wird. Unser wichtigstes Ergebnis lautet, dass Ritalin so wenig eine effektive medizinische Behandlung wie ADS eine stichhaltige medizinisch-organische Störung ist. Es scheint, dass die wachsende Zahl von ADS-Fällen sich am besten unter dem Begriff der Reizabhängigkeit fassen lässt, mit Ritalin als Mittel der Wahl. Das Problem liegt, wie bei allen Abhängigkeiten, darin, dass der wachsende Konsum dessen, was die Abhängigkeit konstituiert, keine Lösung darstellt. Niemand würde je erwarten, dass man einen Drogenabhängigen dadurch heilen könnte, dass man ihm eine billige und effiziente Quelle für die Droge vermittelt (wie wir vom Methadonkonsum zur Behandlung von Opiatabhängigkeit wissen), aber dies ist genau, was im Fall von ADS mit der Ritalin-Lösung geschieht. Folglich werden die Probleme mit impulsivem stimulussuchendem Verhalten und verkürzten Konzentrationsspannen nur noch größer. Immer mehr Kinder entwickeln Reizabhängigkeiten, immer mehr Eltern greifen zur Ritalin-Lösung und immer mehr Menschen nehmen das Medikament auch späterhin im Leben. Warum nahm diese Entwicklung ihren Lauf? Die beste Erklärung hierfür – insbesondere im Lichte dessen, wie wenig das medizinische und pharmazeutische Establishment die wissenschaftliche Literatur zu ADS und Ritalin zur Kenntnis genommen hat – lautet, dass seit geraumer Zeit eine Konspiration der Unwissenheit am Werk ist. Weil Pharmakonzerne enorm profitiert haben und weil Lehrer und Eltern glauben, die Kinder würden davon einen Vorteil haben, wurde dieser Zustand der Unwissenheit vorsätzlich gefördert. Doch die Kinder haben von dieser Ignoranz keinen Vorteil gehabt. Das ist der Grund, warum wir sie aufgeben müssen und uns der entscheidend wichtigen Aufgabe zuwenden müssen, wirkliche Lösungen für die Entwicklungsprobleme zu suchen, mit denen Millionen amerikanischer Familien heute konfrontiert sind.

4. KAPITEL

BEWUSSTES LEBEN: GEDULD
WÄCHST DEM ZU, DER WARTET

*Bewusstes Leben: Bewusstes Wahrnehmen der grundlegenden
Dinge im Leben und eine stetige Konzentration auf deine
unmittelbare Umgebung und deren Erfordernisse, Beispiel:
ein Job, eine Aufgabe, ein Buch; alles, was eine zielgerichtete
Konzentration erfordert (Umstände zählen nicht. Es zählt
nur, wie man sich auf eine Situation einlässt, die Wert hat.
Jeder echte Sinn stammt aus der persönlichen Beziehung
zum Phänomen, zu dem, was es einem bedeutet).
Aus dem Tagebuch von Christopher J. McCandless,
1968–1992*[1]

Vor mehr als einem Jahrhundert schrieb John Stuart Mill, es gebe »in der Menschheit eine allgemeine Tendenz, jede Fähigkeit,
die nicht sichtbar aus Übung resultiert, jede Fertigkeit, die sich
nicht auf mechanische Gesetze reduzieren lässt, als Ergebnis einer besonderen Gabe anzusehen«.[2] Diese Tendenz, die nichts
von ihrer Lebendigkeit eingebüßt hat, funktioniert auch in der
anderen Richtung. Ebenso wie außergewöhnliche Fähigkeiten
heute auf das Niveau eines biologischen Geschicks reduziert
werden, ergeht es auch außergewöhnlichen Eigenschaften, die
weniger beliebt sind. Depression, Delinquenz sowie die Störungen, die uns hier beschäftigen – Impulsivität, Konzentrationsmangel und Hyperaktivität –, werden alle als Störungen interpretiert, die mit der Biologie des Individuums stehen und fallen.
Mit der vermuteten Quelle der Störung ist auch das Niveau ge-

geben, an dem die Lösung ansetzt: Wir behandeln das ADS-di-agnostizierte Kind mit starken bewusstseinsverändernden Medi-kamenten, weil Medikamente die individuell ausgerichtete »Lö-sung« für etwas sind, das wir nunmehr allein als biomedizinische Störung ansehen.

In ihrem hoch gelobten Buch *Meaningful Differences in the Everyday Experience of Young American Children* geben uns die Entwicklungspsychologen Betty Hart und Todd Risley ein tref-fendes Beispiel dafür, was John Stuart Mill als tatsächliche Quel-le für außerordentliches Verhalten ansah.[3] Es handelt sich um ein umfassendes, staatlich gefördertes Forschungsprogramm, das die Spracherfahrung von Kindern in 42 Familien untersuch-te. Hart und Risley, die ihr Augenmerk auf verschiedene soziale Schichten lenkten – Familien, die Sozialhilfe empfingen, Arbei-terfamilien und Familien mit selbstständigem bzw. akademi-schem Hintergrund –, untersuchten folgende entwicklungspsy-chologische Hypothese: Kinder aus weniger privilegierten Familien machten radikal andere Spracherfahrungen als Kinder aus wohlhabenden Familien und diese Unterschiede müssten sich in messbaren Unterschieden in der Sprachentwicklung nie-derschlagen. Und genau das war auch das Ergebnis. Wie sie in ihrem Buch bemerken: »Nach sechs Jahren gewissenhafter Ar-beit waren wir verblüfft.«

Erstens unterlag es keinem Zweifel, dass die Sprachfähigkeit der Kinder unmittelbar mit der Art des Zugangs zusammen-hing, den sie zu verbaler Kommunikation hatten. Was die bloße Menge an Sprache anbetrifft, hört ein Kind zwischen seinem ersten und dritten Lebensjahr im Durchschnitt etwa zwanzig Millionen Wörter. Es gab aber alarmierende Unterschiede zwi-schen den verschiedenen sozialen Schichten. Im Alter von drei Jahren variierten die Erfahrungen der Kinder von zehn Millio-nen Wörtern bei Kindern aus sozial schwachen Familien bis zu etwa dreißig Millionen Wörtern bei Kindern aus selbstständig bzw. akademisch situierten Familien (Arbeiterfamilien lagen da-zwischen). Die Menge der Spracherfahrung war also groß, doch der Erfahrungsunterschied zwischen den sozialen Schichten war es ebenfalls. Hart und Risley erhoben auch, welcher Anteil der Sprache positiv oder negativ an die Kinder gerichtet wurde. Hier fanden sie heraus, dass Kinder aus sozial schwachen Familien deutlich mehr entmutigt wurden (doppelt so viele entmutigende Wörter wie bei Akademikerkindern), während Kinder von Akademikern oder Selbstständigen deutlich mehr ermutigt wurden (fünfmal so viel wie bei Familien der sozialen Unterschicht).

Diese Unterschiede in den alltäglichen Erfahrungen von Kleinkindern, die vordergründig in der gleichen Gesellschaft leben, sind erstaunlich. Ihre Signifikanz für die Entwicklung können wir jedoch erst erkennen, wenn wir sie auf den tatsächlichen Spracherwerb der Kinder beziehen. Hart und Risley, die die Entwicklung des Wortschatzes im Alter von drei Jahren bewerteten, fanden, dass Kinder aus selbstständigen bzw. akademischen Familien etwa eintausend Wörter beherrschten, während der Wortschatz von Kindern aus sozial schwachen Familien sich unter fünfhundert belief – d.h. die Hälfte. Kann es einen Zweifel geben, dass diese Unterschiede im Spracherwerb die dramatischen kumulativen Auswirkungen systematischer Disparitäten in den Alltagserfahrungen dieser 42 Familien spiegeln? Ich denke nicht – auch wenn es für manche verführerisch sein mag zu glauben –, dass die Kinder mit einem Sozialhilfehintergrund vielleicht weniger Intelligenz als Akademikerkinder geerbt haben bzw. mehr aus schwarzen und hispanischen statt aus weißen Familien stammen müssen. Angesichts der grundlegenden Beziehung, die zwischen Spracherfahrung und Spracherwerb besteht, ergeben solche biologischen und rassischen Interpretationen keinerlei Sinn. Das heißt, dass der Umfang des kindlichen Wortschatzes mit der Menge von Wörtern zusammenhing, die es früher im Leben gehört hatte. Daraus können wir nur den Schluss ziehen, dass ein armes Kind, das von einer wohlhabenden Familie adoptiert wird, sich einen deutlich größeren Wortschatz aneignen müsste. Kaum überraschend kam die Untersuchung zu dem Ergebnis, dass die Unterschiede im Spracherwerb nicht mit der Rasse (oder Geburtsfolge) der Kinder zusammenhingen. Als die Forscher Kinder innerhalb derselben sozialen Schicht beobachteten, gab es zwischen dem Lernen der Kinder und ihrer ethnischen Zugehörigkeit keinen Zusammenhang.

John Stuart Mill wäre aller Wahrscheinlichkeit über diese Ergebnisse hoch erfreut gewesen. Nicht nur zeigen sie, wie komplexe Fähigkeiten von Alltagserfahrungen herrühren, sondern sie zeigen auch, warum wir uns darüber Gedanken machen sollten, dass psychologische Phänomene, die »nicht sichtbar aus einer unmittelbaren Praxis« resultieren, eben doch daraus resultieren können, nämlich als Wirkung aus einfachen Lebenserfahrungen, die sich Tag für Tag im Leben der Kinder ereignen. Es ist nicht schwierig, die Implikationen dieser Ergebnisse für unser Thema zu erkennen: die Reizabhängigkeit und Diagnostizierung von ADS bei Kindern. Vor allem die Tatsache, dass sich Verhaltenseigenschaften über längere Zeiträume nur graduell entwickeln, macht uns die Folgerung leicht, dass ADS nichts mit Psychologie und Gesellschaft zu tun habe, sondern lediglich mit Biologie und Genetik. Die Wirkung der Geschehnisse eines Tages wird sich kaum am Ende des Tages feststellen lassen, und so haben wir Anlass zu glauben, dass diese Geschehnisse keine anhaltende oder kumulative Wirkung entfalteten. In Wahrheit aber gleicht die Entwicklung mehr dem Betrachten des Stundenzeigers einer Uhr: Wir sehen keine Bewegung, und doch rückt der Zeiger direkt vor unseren Augen weiter – genauso wie sich das Kind verändert.

So erinnert uns die Untersuchung von Hart und Risley daran, dass die Familie, eingebettet in die Koordinaten der Kultur, die unmittelbare Quelle jener individuellen Unterschiede ist, die während der Kindheitsentwicklung entstehen. Die Familie formt die psychische Konstitution des Kindes, oft ohne zu wissen, dass oder wie dies vonstatten geht. Im Fall des ADS-Kindes entstehen Reizabhängigkeiten als Teil der Ichentwicklung in ganz ähnlicher Weise wie das Sprachverhalten des Kindes. Der einzige Unterschied zwischen dem Spracherwerb und der Ausbildung von

Hyperaktivität ist der, dass alle Familien in den USA zumindest minimale Bedingungen für das Erlernen von Sprache bieten, während nur einige Familien, wenn auch unabsichtlich, Bedingungen bieten, die Hyperaktivität oder Aufmerksamkeitsstörungen bei Kindern begünstigen. Der Hinweis auf die offenbare Tatsache, dass die Familie eine mächtige Instanz in der Kindesentwicklung darstellt, wirft auch ein bezeichnendes Licht auf die heute herrschende Gefahr, alles und jedes als genetisch und biologisch fundiert zu betrachten, sei es Delinquenz, Alkoholismus, Hyperaktivität, Intelligenz, Emotionalität, Depression, Drogenabhängigkeit, sexuelle Neigung, Persönlichkeit, Religiosität oder sogar Scheidung.[4] Wenn wir als Eltern oder mündige Bürger die Fähigkeit verlieren, uns vorzustellen, wie das tägliche Leben das Bewusstsein des Kindes graduell formt, unterlassen wir auch die notwendigen Schritte, um die Kinder in den entscheidenden Jahren ihrer Entwicklung schützend zu begleiten. In der Tat, wenn wir den gesellschaftlichen Druck bedenken, der von der heutigen Kultur der Vernachlässigung ausgeht, und dies mit unserem Wissen verbinden, wie das Hirn des Kindes sich in den ersten drei Lebensjahren verändert, hat der Zeitgeist mit seinem Motto »Meine Gene sind schuld« leichtes Spiel, zu erklären, warum die Kinder so viele Probleme haben.

Gleichwohl kann man nicht einfach behaupten, biologische oder genetische Faktoren spielten in der Entwicklung des Kindes keine Rolle. Die Störungen, die als ADS bezeichnet werden, haben gewiss eine biologische Komponente, die mit den anhaltenden neurophysiologischen Veränderungen zu tun hat, welche aus einem Leben konstanten Reizkonsums folgen. Sie haben auch eine genetische Komponente, die zum Teil erklären kann, warum einige Kinder von dem gleichen unstrukturierten, reizüberfluteten Lebensstil schlimmer betroffen sind als andere. Doch kann die Genetik diese Unterschiede nicht alleine erklären. Wir wissen von eineiigen Zwillingen, dass sie sich, auch wenn sie (wie meistens) gemeinsam aufwachsen, oft recht verschieden entwickeln. Ich kenne sogar »eineiige« Fälle, in denen ein Zwilling ADS oder eine andere »Kindheitsstörung« hat, während der andere davon verschont ist. Wie im ersten Kapitel erwähnt, ist die Konkordanzrate für solche Zwillinge und ADS unter 50 Prozent, was nichts anderes heißt, als dass die ADS-Diagnose für einen Zwilling es nicht unbedingt wahrscheinlich macht, dass der andere Zwilling ebenfalls davon betroffen wird.

Nachdem wir die Wichtigkeit der psychischen Entwicklung hervorgehoben haben, können wir uns nun unserer abschließenden Aufgabe zuwenden, nämlich der Suche nach wirklichen Lösungen zur Überwindung der Reizabhängigkeit. Wenn die Verbreitung von ADS wesentlich das Ergebnis einer kulturell verursachten Störung des menschlichen Bewusstseins ist, dann müssen wir nach Mitteln und Wegen suchen, um die Wirkungen der chronischen Konfrontation mit einem zunehmend impulsiven, reizüberfluteten Lebensstil aufzuheben. Zum Glück scheint die Lösung einfacher und weniger schmerzhaft, als vielleicht erwartet, da eine Rückkehr zu langsameren Bereichen des Lebens ihren Lohn in sich trägt, und zwar über den Nutzen bezüglich der Reizabhängigkeit hinaus. Dies gilt nicht nur für Kinder und Erwachsene, bei denen ADS diagnostiziert wurde, sondern für alle, die in der Falle der beschleunigten Gesellschaft sitzen und zu einem gewissen Grad an der Sucht nach Sinnesreizen leiden. Schließlich zeigen Eltern von ADS-Kindern oft viele der gleichen Symptome, was bedeutet, dass wir uns um unseren eigenen süchtigen Lebensstil kümmern müssen, wenn wir uns mit dem ihren beschäftigen.

Schritt 1: Durchbrechen der Reizabhängigkeit

Eigentlich müsste die Lösung der Probleme, die Kinder (und Erwachsene) bezüglich Konzentrationsfähigkeit und Hyperaktivität entwickeln, auf der Hand liegen, zumindest was ihre Vorbeugung anbetrifft. Alles, was Erwachsene tun müssen, wenn sie es nicht schon getan haben, bestünde darin, ihr Leben zu verlangsamen, darüber nachzudenken, was wirklich wichtig ist, und eine bedachtere Kontrolle darüber auszuüben, in welche Richtung sich ihre Kinder psychosozial entwickeln. Das ist grundsätzlich richtig, erklärt aber nicht, warum die Menschen, wenn sie es doch bereits wissen sollten, nicht schon damit angefangen haben.

Das Problem liegt darin, dass die beschleunigte Gesellschaft so strukturiert ist, dass es, sowie sich jemand schrittweise die rasanten Denk- und Verhaltensweisen angewöhnt hat, keine Möglichkeit mehr zu geben scheint, einen Schritt zurück zu tun und sie infrage zu stellen oder zu entschärfen. Die Schnellfeuer-Kultur legt uns auf ein gewisses Lebenstempo fest, aus dem man nur schwer wieder aussteigen kann. Überdies gibt das ADS-diagnostizierte Kind allen Grund zu der Annahme, dass es nicht leicht ist, die Reizabhängigkeit zu durchbrechen; natürlich ist das der Grund, warum so viele diese Störungen fälschlich für einen Teil der Konstitution des Kindes halten. Wie der Begriff der »Abhängigkeit« bereits besagt: Nur weil sich etwas schwer überwinden lässt, bedeutet das noch lange nicht, dass es kein Entwicklungsproblem ist. Unsere Reizgewohnheiten zu ändern fällt nicht leicht und deshalb sollten wir sie zuallererst zu verhindern trachten. Aber das heißt natürlich nicht, dass wir nicht dennoch versuchen sollten, uns von ihnen zu befreien.

Denken Sie zum Beispiel an die Gewohnheit des Zigarettenrauchens, die häufig als die Sucht betrachtet wird, die sich am schwersten überwinden lässt. Trotz dieser Ansicht hat die Hälfte aller lebenden amerikanischen Raucher das Rauchen aufgegeben (etwa 1,3 Millionen Amerikaner hören jährlich auf). Wenn über eine Million Menschen jedes Jahr das Rauchen aufgeben können, dann gibt es keinen Grund, warum ein Kind nicht in der Lage sein sollte, sich aus seinen mit ADS verbundenen Problemen herauszuentwickeln, vorausgesetzt, es werden hierzu aktive Schritte unternommen – das heißt Schritte, die das Problem der Sucht nach Sinnesreizen zu lösen versuchen, indem sie dem Leben des Kindes eine verlässliche Struktur geben und indem sie das Kind bei seinen Tätigkeiten an einen langsameren Rhythmus gewöhnen.

Ich fasse also zusammen: Weil Probleme, die unter chronischen Bedingungen entstanden sind, nur gelöst werden können, wenn man unter *anderen* chronischen Bedingungen lebt, ist es nötig, über die konventionellen Lösungen zur Überwindung der Symptome von ADS hinauszugehen. Das heißt, wir müssen zunächst Wege finden, wie wir die Kluft zwischen unserem Wissen, dass die Dinge geändert werden müssen, und der tatsächlichen Änderung schließen. Wir mögen wissen, dass kein Weg daran vorbeiführt, die tückischen Gewohnheiten zu durchbrechen, die unser Leben formen und die determinieren, wie unsere Kinder groß werden, und es dennoch für so gut wie unmöglich halten, dies zu erreichen. Das liegt zum Teil daran, dass wir glauben, uns fehlten die Ressourcen – »wir haben keine Zeit« –, und zum Teil daran, dass wir uns konservativ gegen Veränderungen stemmen – wir sind nicht überzeugt, dass ein Wandel des Lebensstils sich für uns oder unsere Familie tatsächlich auszahlt. Zum Teil liegt es aber auch daran, dass wir uns über die Prioritäten im Unklaren sind und deshalb zögern, irgendeinen »Startvorteil« aufzugeben, den wir uns in unserer Hetzjagd mit der Zeit erworben haben. Doch der Einsatz ist hoch. Wir wollen schließlich nicht, dass unsere Kinder mit psychischen Störungen aufwachsen. Deshalb müssen wir uns der Vorstellung widersetzen, die heutzutage in der ADS-Literatur so verbreitet ist, dass diese Probleme sich nicht fassen ließen. Immerhin gibt es eine ganze frühere Generation, die mit ADS-Diagnosen gelebt und sie überwunden hat. Der Unterschied zwischen damals und heute ist der, dass wir diese Störungen mittlerweile für unabänderlich halten und also keine praktischen Schritte mehr dagegen unternehmen.

Wenn Sie ein ADS-Kind haben, vermeiden Sie Ausflüchte und Entschuldigungen, selbst wenn sie in vielerlei Hinsicht berechtigt sind. Fassen Sie den Entschluss, dass Ihr Kind ein besseres Leben verdient, und dann arbeiten Sie entschieden daran, es von der Reizüberflutung und Reizabhängigkeit zu befreien. Tun Sie dies, indem Sie einen langsameren Lebensrhythmus schaffen, der mit der Zeit das Bewusstsein und infolgedessen Ihr Kind verändert.

Schritt 2: Gegen das herrschende Paradigma der Arbeit

In der Schnellfeuer-Kultur leben wir natürlich hektischer denn je. Die Hektik kommt daher, dass wir immer mehr in unser Alltagsleben stopfen und dann versuchen, allem gerecht zu werden. Die Hektik kommt von einem Zustand des beschleunigten Bewusstseins, der, indem er unsere unmittelbaren Reizbedürfnisse befriedigt, unsere angewöhnte Impulsivität verstärkt. Zugleich kommt die Hektik auch von unserem obsessiv zukunftsgerichteten Bewusstsein, das den gegenwärtigen Moment zugunsten einer Obsession vorweggenommener zukünftiger Ereignisse vernachlässigt; diese Obsession belastet uns entweder, weil wir an Dinge denken, die wir noch erledigen müssen, oder sie entlastet uns, weil wir uns freuen, dass bessere Dinge auf uns zukommen. Wie wir schon zuvor angemerkt haben, äußert eine Mehrheit der Amerikaner heute, sich »immer unter Druck zu fühlen«. Das Wort »fühlen« ist entscheidend, denn unter Druck zu sein ist ebenso ein Bewusstseinszustand wie ein existenzieller Zustand. Wir wissen aus Biographien, aus Geschichte und Forschung, dass stete Beschäftigung und engagierte Hingabe an eine sinnvolle Tätigkeit keineswegs bedeuten müssen, dass wir uns unter Druck fühlen, so wenig wie eine ständige passive Tätigkeit wie Fernsehen oder im Internet Surfen notwendigerweise bedeutet, dass wir uns nicht unter Druck fühlen.

Gleichzeitig bedeutet es auch nicht, dass die Teilnahme an unserer Arbeitskultur uns Glück verheißen muss. Die Arbeit, der die meisten von uns nachgehen, ist entweder mit großem Stress verbunden oder geistlos monoton oder gar beides – keine Bedingungen, die einen zufriedenen Bewusstseinszustand erwarten lassen.

Wenn Hektik und Stress der erste Fluch unserer beschleunigten Gesellschaft sind, dann ist der zweite Fluch, dass wir bei unserer Jagd nach immer mehr die Prioritäten unseres Alltags aus dem Auge verloren haben. Wie eine Titelzeile in einer Ausgabe von *Barron's* Magazin 1998 lautet: »Überschwemmt mit Konsumgütern, sehnen sich Amerikaner immer mehr nach Lebensqualität – nach Seereisen, Schönheitskuren, Golfstunden und dem größten aller Luxusgüter: freier Zeit.«[5] In einer Art existenzieller Mathematik scheint die Zunahme an Aktivität die Qualität des Lebens zu reduzieren, so dass der vermehrte Besitz sich psychologisch als Verlust herausstellt. Nichts illustriert dies vielleicht schlagender als der Kontrast, den Gruppen wie die Amish bilden. Die Amish leben in tief verwurzelten Traditionen, gehen sinnvoller Arbeit nach und fühlen sich ihrer Gemeinschaft eng verbunden. Sie leben ein sinnbezogenes Leben in der Gegenwart, das mit den vorherrschenden amerikanischen Werten unvereinbar ist. Die Amish vermeiden soziale Unsicherheit und lehnen die Abenteuer des Individualismus zugunsten eines Lebens in der Gemeinschaft ab; sie vermeiden soziale Probleme wie Armut, Entfremdung und psychische Krankheiten, indem sie ihren Wohlstand teilen und sowohl den Kult des Wettbewerbs wie den des materiellen Glücks ignorieren, die unserem selbstbesessenen Streben nach Besitz und Ruhm zugrunde liegen; sie vermeiden auch Kindheitsstörungen wie Konzentrationsmangel, Hyperaktivität, Impulsivität und Aggressivität, indem die Kinder eine zentrale Rolle im Gemeinschaftsleben spielen, statt an den Rand ge-

drückt zu werden, wo man sich unpersönlich und maschinen-
haft um sie kümmert.

Gewiss werden wir keine Gesellschaft nach dem Muster der
Amish. Doch eines können wir von ihnen lernen: Auch wenn
die Freuden der Langsamkeit aus unserer Gesellschaft verschwunden sind, heißt das noch nicht, dass es sie nicht mehr
gibt. Im Gegenteil, wir brauchen nur unseren Entscheidungen,
wie wir unsere Zeit verbringen wollen, eine andere Richtung zu
geben, um diese Freuden wieder zu entdecken. Natürlich werden
wir, um sie zu erreichen, zunächst wahrscheinlich eine unange-
nehme Phase durchstehen müssen, während wir unser Bewusstsein umlenken und uns von unseren Reizabhängigkeiten lösen.
Der Autor Bernard McGrane schreibt, dass »es leichter ist, Konzentrationsspannen zu verkürzen und Ablenkbarkeit zu steigern,
als die Konzentrationsspannen auszudehnen, die Aufmerksamkeit zu steigern und das Bewusstsein zur Ruhe zu bringen. Es
gibt eine alte Weisheit im Zen, nach der das Besänftigen, Klären
und Beruhigen des Geistes dem Vorgang vergleichbar ist, einen
trüben Tümpel zu klären – nicht durch Eingreifen, Agieren, He-
rumrühren, sondern durch Nichtstun, In-Ruhe-Lassen und Ab-
warten, dass sich die Schwebeteilchen von selbst setzen«.[6]
Das Beispiel der Amish erinnert uns auch daran, was wir bereits
über die Einfachheit gesagt haben. So wie die engagierte Hingabe an eine sinnvolle Tätigkeit nicht *notwendig* etwas mit Hektik
und Stress zu tun haben muss, so wenig muss ein einfaches Leben *notwendig* Langeweile bedeuten. Wie mir oft beim Schreiben
dieses Buches klar wurde, gibt es eine wunderbar reiche Welt
dort draußen, die uns entgeht, wenn wir sie in unserer Eile links
liegen lassen. Davon spricht Noelle Oxenhandler in ihrem Essay
»How Modern Life Has made Waiting a Desperate Act« (Wie in
der Moderne das bloße Warten zu einem Akt der Verzweiflung
wurde). Sie beschreibt darin, wie »die Züge, die in nur vier
Stunden von Paris in die Provence rasen«, die Bäume und Dör-
fer »in ein bloßes Muster aus Helldunkeleffekten« verwandeln.[7]
Ein anders gelagertes Beispiel hierfür war im Winter 1998 zu be-

staunen, als ein mächtiger Schneesturm über den Norden von Vermont, über New York und Teile Kanadas hinwegfegte. Da der Sturm Hunderttausende von Menschen vom Strom abschnitt, mussten sie plötzlich mit der nichtelektrifizierten Welt zurande kommen und manche entdeckten auch die Langsamkeit wieder. Besonders eindrucksvoll waren Geschichten von Kindern, die aus ihrem Fernsehdämmer erwachten und wieder miteinander spielten, neue Spiele erfanden und alte Fertigkeiten neu entdeckten, wie z.B., Licht ohne Strom zu machen. Ermutigend war die Tatsache, dass viele der Kinder keineswegs begeistert waren, als die Stromzufuhr wieder funktionierte. Auch hier bedeutete Einfachheit nicht Langeweile. Langeweile entsteht wahrscheinlich viel eher unter den Bedingungen der Schnellfeuer-Kultur, die uns für den Reichtum um uns herum abstumpft.

Wie unsere Prioritäten in Konflikt geraten sind, zeigt die Debatte über die Vereinbarkeit von Berufstätigkeit und Familie. Arbeit ist offensichtlich notwendig, um sich und seine Familie zu ernähren, also kann man leicht die Ansicht vertreten, je mehr Arbeit, umso besser. Doch weil wir eine Arbeitsgesellschaft geworden sind – weil es heute so viele Haushalte mit Doppelverdienern gibt, wo beide Eltern ganztags arbeiten –, fragen sich mittlerweile manche, ob die Arbeitswelt nicht eine Bedrohung für die Familie darstellt. Zum Beispiel kommt der Familienforscher Urie Bronfenbrenner, der Forschungen zu diesem Thema verglichen hat, zu dem Schluss, dass der Stress, der mit dem Berufsleben verbunden ist, eindeutig zu Stress und Instabilität in den Familien und im Leben der Kinder beiträgt.[8] Es gibt Belege dafür, dass die größten Probleme dabei vom Vater ausgehen, da er die Auswirkungen der Arbeitssituation auf die Familie weniger wahrnimmt als die Mutter. Am schlimmsten scheint aber die Tendenz, die wiederum vor allem für Väter gilt, vor dem Trubel zu Hause in immer mehr Arbeit zu fliehen.[9] Wir leben heute, wie David Elkind gezeigt hat, in einer Zeit, in der die Vernachlässigung der Familie nicht mehr zu Lasten der Mutter, sondern des Kindes geht.

Dies wirft die folgende Frage auf: Können wir gleiche Berufschancen für Frauen verwirklichen und zugleich den Entwicklungsbedürfnissen der Kinder gerecht werden? Der einzige Weg, dies zu erreichen, scheint für Eltern die Erkenntnis zu sein, dass Mütter in einer Welt begrenzter Ressourcen nicht die gleichen Chancen haben können, solange Väter nicht bereit sind, ihre Verantwortung zu Hause zu übernehmen. Ein Vater muss sein Recht auf Hausarbeit einklagen, wenn die Mutter ihr Recht auf Arbeit außerhalb der Familie geltend macht. So lautet die Schlussfolgerung von Sharon Hays' *The Cultural Contradictions of Motherhood*, worin ähnlich wie bei Elkind gezeigt wird, dass Mütter sich heute einer Situation »intensiver Mutterpflichten« gegenübersehen, hin- und hergerissen zwischen den Anforderungen ihrer mütterlichen Präsenz und dem Konkurrenzkampf am Arbeitsplatz.[10] Ein Teil des Problems liegt darin, dass die Struktur der Arbeit in der amerikanischen Gesellschaft unsere Kultur der Vernachlässigung forciert. Zum Beispiel brauchen wir, wie Bronfenbrenner vorschlägt, flexiblere Arbeitszeiten, mehr Teilzeit- statt Vollzeitbeschäftigung, eine Änderung der Alles-oder-nichts-Mentalität auf dem Arbeitsmarkt, und wir brauchen mehr Ressourcen und Organisationen, die ausschließlich die Auswirkungen der Arbeit auf das Familienleben abfedern. Und in der Zwischenzeit müssen wir ebenso dafür Sorge tragen, dass Kinderfürsorge und Schulprogramme eine nachhaltig gesunde Entwicklung unserer Kinder befördern.

Wenn wir über notwendige Änderungen in unserem Verhältnis zur Arbeit nachdenken, müssen wir auch die Tatsache berücksichtigen, dass das am schnellsten wachsende Segment unserer Gesellschaft die Familie mit allein erziehenden Eltern ist. Hier handelt es sich natürlich um ein gleichfalls komplexes soziales Phänomen, aber es kann kein Zweifel darüber bestehen, dass die Auflösung der Kernfamilie ebenso ein Ergebnis unserer widerstreitenden Prioritäten ist, wie es diese bedingt. Die Arbeit, die eine eheliche Partnerschaft erfordert, nicht mehr auf sich zu nehmen und stattdessen nach kontinuierlich neuen Beziehun-

gen zu suchen, berührt nicht nur Fragen des persönlichen Lebens; diese Tendenzen treten auch deshalb hervor, weil eine Verschiebung der kulturellen Prioritäten eingesetzt hat. Wenn Sie
zum Beispiel an Ihr Verhältnis zu Mitgliedern Ihrer eigenen Familie denken, werden Sie sicher eine für Sie selbstverständliche
Bindung feststellen: dass Familie immer noch Familie und »Blut
dicker als Wasser« ist. Doch vor gar nicht langer Zeit galt dieses
Gefühl auch für jene Familienmitglieder, die angeheiratet waren,
wie es auch heute noch bei verschiedenen Gruppen unserer Gesellschaft der Fall ist. Männer und Frauen verstanden Gelöbnisse
wie »bis dass der Tod euch scheidet« nicht als Voraussage darüber, wie lange ihre Liebe währen würde, sondern als lebenslange
Bindung an eine andere Person, an jemanden, der innerhalb von
Augenblicken ein echtes Familienmitglied werden würde. Im
Gegensatz dazu sehen heute viele in der Ehe lediglich ein recht-
liches Arrangement, das nichts oder nur wenig mit lebenslanger
Bindung zu tun hat. Um zu erkennen, welcher Erdrutsch in der
Tradition der Ehe stattgefunden hat, braucht man sich nur die
Zahl der konservativen Politiker zu vergegenwärtigen, die, während sie von Familienwerten schwadronieren, ihre ersten Frauen
wegen jüngerer verlassen haben. Unter anderem gehören in diese zweifelhafte Reihe Bob Dole, Phil Gramm und Newt Ging-
rich.[11]

Barbara Dafoe Whitehead bezeichnet diesen Wandel der kulturellen Werte in ihrem Buch *The Divorce Culture* als Schei-
dungsethik:

> [Sie hat] die überkommenen Ansichten über soziale und moralische
> Verpflichtungen, die mit Scheidung zusammenhängen, grundlegend
> verändert. In der Vergangenheit gingen Amerikaner davon aus, dass bei
> dem unglücklichen Ausgang einer Ehe viele beteiligt waren: die Ehe-
> partner, die Verwandten und die größere Gemeinschaft. Alle diese Be-
> teiligten hatten ein Interesse am Bestand der ehelichen Partnerschaft,
> und zwar als Quelle bestimmter Werte, die jedes Mal verloren gingen,
> wenn eine Ehe geschieden wurde. Besonders Kinder erlitten infolge ei-
> ner Scheidung schwere Verluste, insbesondere die dauerhafte Unter-

stützung und Zuwendung durch den Vater ... Doch das Konzept der Scheidung als »Verarbeitung« einer inneren Lebenserfahrung fasst die Scheidung in weitaus individualistischeren Begriffen. Da Scheidungen aus einem inneren Empfinden der Unbefriedigtheit hervorgehen, erkennt dieses Konzept keine anderen Beteiligten mehr an. Eine Ehe zu verlassen ist nunmehr eine individuelle Entscheidung, ausgelöst von einer Reihe von Bedürfnissen und Empfindungen, die sich Interessen oder Ansprüchen von außen entziehen. Die klare Trennung reduziert die Zahl der legitimen Beteiligten letzten Endes auf einen Einzelnen, das erwachsene Individuum.[12]

Wir haben immer noch den Traum von Ehe, Familie und vielleicht sogar immer während er Liebe, aber es fällt uns schwer, diesen Träumen treu zu bleiben, weil sie mit einer Menge anderer individualistischer Prioritäten in Konflikt geraten.

Der dritte Fluch unserer beschleunigten Gesellschaft hängt ebenfalls mit unserem hektischen Leben und unseren widerstreitenden Prioritäten zusammen, nämlich damit, dass unsere Lebensweise zunehmend durch ökonomische Zwänge definiert wird. Das hat nicht nur etwas mit unserer Arbeit zu tun; es hat auch mit dem Verlust unserer Fähigkeit zu tun, Fragen der Quantität (des Einkommens und Wohlstands) gegen Fragen der Qualität (des Lebens) abzuwägen. Diese Art des Denkens herrscht immer dann vor, wenn Entscheidungen bewusst oder unbewusst allein nach dem größtmöglichen finanziellen Ertrag ausgerichtet werden. Wenn ich ein Büro für mein Geschäft mieten muss, dann weiß ich, dass mit der Zunahme der Arbeitsstunden die Unkosten sinken; wenn ich eine viel versprechende Karriere oder eine gute Ausbildung habe, kann ich meine Zeit nicht zu Hause bei meinen Kindern vergeuden; wenn mir eine zeitlich aufwendige Stelle oder zusätzliche Verantwortung übertragen wird, muss ich sie annehmen, weil ich sonst meine Chancen für die Zukunft aufs Spiel setze; wenn ich Klienten habe, die bereit sind, fünfzig Dollar (oder fünfhundert Dollar) in der Stunde zu bezahlen, muss ich jeden Auftrag annehmen, den ich kriegen kann. In all diesen Beispielen bedeutet ökonomistisches

Denken, dass kein Versuch unternommen wird, bei den Entscheidungen unter dem Strich auch die verborgenen Kosten für die Familie mit einzuberechnen. Wenn ich ein paar Stunden mehr arbeite, sehe ich das direkte ökonomische Ergebnis, doch die persönlichen und familiären Folgen – die vielleicht zu Depression und Scheidung oder psychischen Störungen bei meinen Kindern führen – sind schwerer zu erkennen, ähnlich wie die Bewegung des Stundenzeigers, und lassen sich deswegen auch leichter ignorieren.

Um ein konkretes Beispiel zu geben: Ich kenne eine Familie, in der ein Elternteil so viel verdient, dass die Familie eine ganze Woche von zwei Arbeitstagen leben kann. In fast allen vergleichbaren Fällen arbeitet der Elternteil unermüdlich und die Familie hat nach normalen Maßstäben einen hohen Lebensstandard. Doch in der von mir genannten Familie hat sich der arbeitende Elternteil tatsächlich dafür entschieden, nur zwei Tage zu arbeiten. Den Rest der Woche lebt die Familie entspannt und ohne Hektik, auch wenn es sich hierbei um ein psychologisches und nicht um ein materielles Kriterium handelt. Die Eltern freuen sich an ihrem Zusammensein, nehmen sich Zeit für ihre Interessen und bringen ihren Kindern interessante und wichtige Dinge bei. Indessen kennen wir viele Familien, in denen *beide* Eltern sehr gute Einkommen haben. Und selbst in diesen Fällen – sei es, weil beiden die Karrieren wichtig sind, sei es, weil keine Teilzeitbeschäftigung angeboten wird, oder schlicht, weil das Geld »zu wertvoll« ist – vertreten die meisten die Ansicht, dass beide Eltern arbeiten müssen, um so viel Geld wie möglich zu verdienen.

Ein weiteres erstaunliches Beispiel ökonomistischen Denkens ist das all jener Mittelstandseltern, die sich zu Tode schuften, weil sie glauben, sie müssten Geld ansparen, um ihren Kindern später ein Studium zu finanzieren. Als jemand mit drei Collegeabschlüssen kann ich mich schlecht hinstellen und behaupten, dass ein Studium unnütz ist (auch wenn ich nicht einsehe, warum Eltern dafür bezahlen sollen), doch als jemand, der selbst an einem College unterrichtet, weiß ich auch, dass kein Studium die Bildung ersetzen kann, die Kinder und Jugendliche zu Hause bekommen. Kein Lehrer kann mit einem unreifen Schüler etwas anfangen, der keinen Ernst für sein Lernen oder sogar für sein Leben aufzubringen vermag. Doch woher kommen dann die ernsten, moralisch denkenden Studenten, die sich in meinem Unterricht engagieren und das, was sie lernen, als lohnende Herausforderung empfinden? Heutzutage blickt jeder in die Vergangenheit und beklagt sich über die schlecht funktionierende Familie, der er entflohen ist, doch keiner blickt in die Zukunft und sieht, was für eine schlecht funktionierende Familie er selbst seinen Kindern zumuten wird. Denn natürlich müssen Eltern Verantwortung für ihre verkrachten Kinder übernehmen, wenn sie sich andrerseits das Verdienst ans Revers heften wollen, dass ihre Kinder sich als tüchtig erweisen. Statt also für die Zukunft zu »sparen«, indem man ununterbrochen arbeitet, wäre es klüger, wenn Eltern ihre Zeit von der Arbeit zurückstehlen und sie darauf verwenden würden, die Entwicklung ihrer Kinder nicht dem Zufall zu überlassen.

Zweifeln Sie am ökonomistischen Gesichtspunkt. Arbeiten Sie nach Möglichkeit weniger; nehmen Sie Ihre Elternrolle öfter und besser wahr. Lernen Sie effektivere Lebenstechniken und lassen Sie Ihre Kinder daran teilhaben. Tun Sie dies alles, indem Sie weniger abgearbeitet, gestresst und davon besessen sind, Reichtum anzuhäufen.

Schritt 3: Gewöhnen Sie Ihre Sinne wieder an ein natürliches Lebenstempo und an einen natürlichen Lebensrhythmus

Ich weiß, dass die eben geäußerten kritischen Anmerkungen nicht auf jeden gleichermaßen anwendbar sind. Der Leser oder die Leserin ist vielleicht allein erziehend und muss ums finanzielle Überleben kämpfen. Oder vielleicht haben Sie auch gar keine Familie. Doch für viele von uns ist unser gegenwärtiger Lebensmodus zu hektisch, zu stark aufs Materielle fixiert und zu konfus und ambivalent bezüglich dessen, was uns wichtig ist. Als Ergebnis stellen wir fest, dass der bewusste Innenraum unseres Lebens von der äußeren Welt verändert wird, und zwar auf ganz ähnliche Weise wie das Bewusstsein der Kinder mit ADS: Wir sind ruhelos, ängstlich und sogar depressiv. Daher bleibt unabhängig davon, ob wir Kinder haben, die unter unserem Lebensdruck leiden, das Problem das gleiche, nämlich wie wir uns einen sinnvollen Erfahrungsmodus zurückerobern. Wir müssen uns aus den Klauen der beschleunigten Gesellschaft befreien, indem wir zur Langsamkeit und zu einem bewussteren Leben zurückkehren. Um zu sehen, was das konkret bedeutet, lassen Sie uns mit einer Lektion beginnen, die aus einem Bereich der psychologischen Forschung stammt, welche auf den ersten Blick nichts mit unserem Thema zu tun zu haben scheint. Es handelt sich um Menschen mit einer besonderen Begabung.

Allgemein wird angenommen, dass der Verlust motorischer Fähigkeiten bei älteren Menschen zum natürlichen Prozess des Alterns gehört. Dieser Ansicht widerspricht eine zunehmende Literatur über menschliches Leistungsvermögen. 1996 haben sich Anders Ericsson, ein Psychologe von der »Florida State University«, und ein Kollege mit diesem Thema beschäftigt.[13] Vier Gruppen von Pianisten wurden untersucht. Zwei Gruppen bestanden aus Freizeitpianisten, von denen die eine aus relativ jungen und die andere aus älteren Leuten bestand; die beiden anderen Gruppen waren ebenfalls altersmäßig unterschieden, doch handelte es sich um Berufspianisten. Die Forscher, die zunächst die feinmotorischen Fähigkeiten bei Alltagsaufgaben untersuchten, fanden heraus, was zu erwarten war: dass die älteren Pianisten im Vergleich zu den jüngeren einen signifikanten Teil ihrer motorischen Kontrolle verloren hatten, unabhängig davon ob sie Freizeit- oder Berufsmusiker waren. Doch als sie das Klavierspielen selbst untersuchten, unterschieden sich die beiden älteren Gruppen. Während sowohl menschliche wie computergestützte Evaluierungen mühelos zwischen den Darbietungen der jüngeren und der älteren Amateure (im Blindversuch) unterscheiden konnten, traf dies für die Berufspianisten nicht zu, trotz der Unterschiede, die zwischen ihnen bei der Erledigung von Alltagsaufgaben bestanden. Dies entsprach genau dem, was Ericsson aufgrund früherer Ergebnisse als Hypothese vorausgesagt hatte: Ältere Berufspianisten verloren ihre spielerischen Fähigkeiten im Alter nicht, weil sie an einer besonderen Übungspraxis festhielten, die eben dies verhinderte. Diese Art der Übungspraxis wird *bewusstes Üben* genannt.

Laut der Forschung in dem Bereich der Spitzenleistungen gibt es nur wenige dokumentierte Fälle – wenn überhaupt welche –, in denen sich Individuen ohne mehrere Jahre bewussten Übens zu überragenden Spezialisten im einen oder anderen Fach entwickelten: weder Einstein noch Mozart noch Hemingway. Ganz im Sinne von John Stuart Mill schrieben Ericsson und sein Kollege Neil Charness im *American Psychologist*: »Entgegen der allgemeinen Meinung, dass Spitzenleistungen angeborene Fähigkeiten und Fertigkeiten spiegeln, haben neuere Forschungen in verschiedenen Bereichen gezeigt, dass solches Können hauptsächlich durch erworbene komplexe Fähigkeiten zustande kommt ... Überragende Spezialisten beginnen in sehr frühen Jahren unter Aufsicht zu üben und dies wird bei einem großen Pensum über zehn Jahre lang fortgesetzt.«[14]

Bewusstes Üben bedeutet mehr als nur das regelmäßige Befolgen einer Routine. Wie Ericsson und sein Kollege für einen umfassenden Bereich kognitiver, athletischer und künstlerischer Fähigkeiten gezeigt haben, muss man, um ein herausragender Spezialist zu werden, eine Form des Übens befolgen, die mit konstanter Konzentration das gegenwärtige Leistungsniveau beurteilt und dies an klar gesteckten Zielen misst. Ericsson und Charness schreiben: »Bewusstes Üben ist eine mühevolle Tätigkeit, die vom Ziel besserer Leistung motiviert wird. Anders als Spielen ist bewusstes Üben nicht in sich selbst motivierend; und anders als Arbeiten führt es nicht zu unmittelbarem sozialem oder finanziellem Erfolg.«[15] In der Tat zeigt die Forschung, dass Üben nur dann zu einer Steigerung von Leistungen führt, wenn man sowohl eine Erwartung verbesserter Leistung als auch eine klare Vorstellung hat, wie sie zu erreichen ist. Dies lässt sich an Ericssons älteren Berufspianisten sehen. Ihr Klavierspiel zeigte aus dem einen Grunde nicht die vorausgesagte Altersschwäche, weil die Pianisten trotz der sozial mit dem Alter verbundenen Erwartungen eine Reihe objektivierbarer Leistungskriterien beibehielten und dann ihr Leben so einrichteten, dass sie diese erfüllten.

Bewusstes Üben gibt uns auch einen Hinweis darauf, wie wir unbewusste Lebensweisen vermeiden können, die das Leben in der beschleunigten Gesellschaft charakterisieren. Jeder hat eine Vorstellung davon, was Leben bedeutet, so wie jeder eine Grundvorstellung davon hat, was Üben bedeutet. Aber es liegen Welten zwischen Leben und bewusstem Leben, und es sind die gleichen Welten, die zwischen Üben und bewusstem Üben liegen. Um dies deutlicher zu verstehen, ersetzen wir in den obigen Aussagen bewusstes Üben durch bewusstes Leben: *Bewusstes Leben ist nicht in sich motivierend, und anders als Arbeiten führt es zu keinem unmittelbaren sozialen oder finanziellen Erfolg ... Bewusstes Leben führt nur dann zu einer Steigerung der Zufriedenheit, wenn man sowohl die Erwartung eines besseren Lebens als auch eine Vorstellung hat, wie es zu erreichen ist.* Wenn wir uns unserer selbst bewusst sind, können wir den Gang unseres Lebens selbst in die Hand nehmen und es auf ein höheres Niveau heben, statt uns unsere Erwartungen und Entscheidungen von den schädlichen Standards der beschleunigten Gesellschaft und der Kultur der Vernachlässigung vorschreiben zu lassen. Bewusstes Leben unterscheidet sich also vom Alltagsleben darin, dass wir ernsthaft über die wirklichen Konsequenzen unserer Entscheidungen nachdenken und, statt uns wie üblich ziehen und schieben zu lassen, uns und unsere Kinder von den mächtigen Einflüssen unserer individualistischen, materialistischen, bildersüchtigen Gesellschaft befreien. In der Beschreibung von Christopher McCandless am Anfang dieses Kapitels heißt bewusstes Leben »bewusstes Wahrnehmen der grundlegenden Dinge im Leben und eine stetige Konzentration auf deine unmittelbare Umgebung und deren Erfordernisse«. Das heißt: Wenn wir unsere Aufmerksamkeit nicht auf unsere alltägliche gegenwärtige Erfahrung richten und nicht erkennen, wie sie mit der Entscheidung über unsere Lebensweise zusammenhängt, folgen wir am Ende unbewusst den gesellschaftlichen Impulsen, die in diesen Zeitläuften nur wenig mit der Verwirklichung eines sinnvollen, glücklichen Lebens zu tun haben.

Die Gefahren eines blinden sozialen Konformismus in einer Welt, die unsere Köpfe mit immer wachsenden Zukunftserwartungen vollstopft, sind für Kinder sehr viel größer, da sie den Mechanismen des Marktes und der »Kultur«, die sie hervorbringen, viel schutzloser ausgeliefert sind. Nehmen wir zum Beispiel das Zigarettenrauchen. Der Wunsch, ein eigenes »cooles« Lebensgefühl durch Rauchen zu demonstrieren, fördert einfach stark das coole Lebensgefühl selbst. Es ist kaum Zufall, dass hinter einem der meistverkauften Produkte der Krebsindustrie ein so kinderfreundliches Wesen wie Joe Camel steht. Das Rauchen von Kindern und Jugendlichen belegt, dass Kinder kaum fähig sind, ihre Erfahrungen zu reflektieren und ihre Entwicklung in Richtung eines stabilen, gesunden Selbst zu lenken: eines Selbst, das kein Cartoon-Kamel braucht, um sein eigenes Wertgefühl zu stärken, keine prothetischen Drogen wie Ritalin oder Prozac, um sich jeden Tag aufzuputschen, und auch keinen konstanten Stimulationsfluss von künstlichen Sensationen.

Kinder sind jedoch nicht die Einzigen, die sich einbilden, sie hätten sich freiwillig und bewusst für ihren (selbstzerstörerischen) Lebensstil entschieden. Zwar ist es für alle Menschen durchaus natürlich, die sozialen Normen und Grundanschauungen ihrer herrschenden Kultur oder Subkultur zu internalisieren, doch wir leben in einer Zeit, in der diese Kräfte einer Menge antagonistischer Interessen nutzbar gemacht werden, von denen nur wenige uns und der Gesellschaft als Ganzer wirklich dienen.

Die Zigarettenwerbung macht dies ebenso deutlich wie die Milliarden von Dollars, die jedes Jahr für Fernsehwerbung ausgegeben werden.

Wie uns das Beispiel der Amish lehrt, haben früher einmal lokale Gemeinschaften über die sozialen Grundüberzeugungen und Sitten gewacht, die ihre Erwartungen und Handlungen bestimmten. Die sozialen Einflüsse, die in der heutigen Gesellschaft wirken, dienen immer noch denen, die sie propagieren; das Problem ist nur, dass die, die sie propagieren, keine Mitglieder der lokalen Gemeinschaft mehr sind. Wie der Sozialpsychologe Bernard Guerin erklärt:

> … die Kontrollinstanzen haben sich von kleineren sozialen Einheiten hin zu einer allgemeineren und weit verbreiteten Kontrolle verschoben. Ein Problem der modernen Informationsmedien wie Fernsehen besteht darin, dass sie sogar in Abwesenheit einer sozialen Gruppe soziale Repräsentationen schaffen können, die den Tatsachen widersprechen … Das bedeutet, dass es in der modernen Gesellschaft ein großes Potenzial für kontrafaktisches Wissen gibt, weil sich Verhalten zunehmend im verbalen Raum abspielt, weil die Kontrollen des verbalen Verhaltens sich von nichtsozialen Kontrollen der Umwelt abkoppeln und weil Massenmedien kontrafaktische verbale Verhaltensweisen aufrechterhalten können, die früher nur durch soziale Einheiten kontrolliert werden konnten.[16]

Der Umstand, dass wir von den Welten kontrafaktischen Wissens – mit ihren perfekten Persönlichkeiten, perfekten Körpern, perfekten Autos, perfekten Pillen und ihrer perfekten Liebe – aufgesogen werden, macht das bewusste Leben heute so wichtig. Nehmen wir zum Beispiel den verbreiteten Glauben, dass man umso mehr verdienen müsse, je mehr man verdient, oder die Beobachtung, dass, sowie man mehr verdient, der Lebensstandard steigt und das zusätzliche Geld auffrisst. Wenn Sie zu den Hunderttausenden von Menschen gehören, die 2,4 Kinder, eine Doppelgarage und Prozac im Medizinschrank haben, dann lohnt es sich vielleicht, einmal die umgekehrte Logik zu versuchen. Das heißt, wir können vielleicht ebenso gut weniger verdienen, unseren aufwendigen Konsum herunterschrauben, der uns für die ununterbrochene Arbeit entschädigen soll, und dann uns die Freiheit nehmen, ein Leben auf einem langsameren und humaneren Niveau zu führen. Gewiss, wenn wir allein stehend sind und unser Beruf uns erfüllt, investieren wir eine Menge Energie in die Arbeit – und nichts spricht dagegen. Doch wenn wir weitergehende Interessen und Verantwortung haben, dann gewinnt die Frage eines bewussten Lebens entscheidende Bedeutung, insbesondere im Hinblick auf die Zukunft unserer Kinder.

Entscheiden Sie sich bewusst für eine größere Qualität der Erfahrungen statt für die größere Quantität. Dann führen Sie Ihr Leben mit dem Wissen, dass die Entscheidungen, die Sie getroffen haben, täglich das Ganze Ihres Lebens konstituieren und Ihr Selbstgefühl prägen, während Sie mitten darin stehen. Wenn dies gelungen ist, werden die Isolation und Einsamkeit in Ihrem Leben und im Leben Ihrer Kinder nachlassen und einem größeren Sinnbezug sowie größerer Zufriedenheit Platz machen.

Schritt 4: Richten Sie Ihr Bewusstsein wieder auf wirkliche Erfahrungen im Hier und Jetzt

Eine ganze Generation von Jugendlichen ist nun schon die Ritalin-Straße hinuntergegangen und nicht mehr zurückgekehrt. Vielmehr sind sie einfach mit Ritalin im Gepäck weitergegangen. Die Ritalin-Lösung ist so, als ob man bei einem brennenden Haus schnell neue Zimmer hinten anbaut; irgendwann wird diese Lösung in sich zusammenbrechen, dann nämlich, wenn das Bedürfnis nach wirklicher Veränderung unabweisbar wird. An diesem Punkt kann ein bewusster Zugang zum Leben hilfreich sein. Bewusst zu sein heißt langsamer werden, und langsamer werden heißt, schrittweise unser Bewusstsein und das Bewusstsein unserer Kinder vom Druck zu befreien, der überall spürbar ist. Leben im Hier und Jetzt heißt auch langsamer werden, so dass die Zeit nicht mehr durch unser Leben braust und uns mit leeren Händen zurücklässt. Um ein Beispiel zu geben: Jeden Sommer mache ich so ziemlich die gleichen Dinge wie auch sonst im Jahr, nur dass ich nicht zusätzlich noch den Vollzeit-Lehrauftrag am College zu erfüllen habe. Wenn die langsame Zeit des Sommers dem Ende zugeht und ich wieder in meinen hektischen Lehrplan eingespannt werde, drehe ich folglich durch. Es ist dieser Moment, wo mir klar wird, wie sehr die freie Zeit im Sommer meine Zeit verlangsamt und die Hektik aus meinem Bewusstsein verbannt hat. Abschalten oder Entspannen ist immer ein stufenweiser Prozess, aber man kann so plötzlich in die alte Tretmühle zurückgeschleudert werden, dass es fast unerträglich ist. Doch wenn mein Bewusstsein sich schließlich wieder eingewöhnt hat, verblasst der Kontrast und wenigstens bis zum nächsten Sommer komme ich mit der Beschleunigung als Lebensmodus zurecht.

Bewusstes Leben heißt also nicht nur, dass wir damit beginnen, rationalere Entscheidungen zu treffen, wie wir die Qualität unseres Lebens und das Leben unserer Mitmenschen verbessern können, sondern auch den Alltagsrhythmus unseres Lebens zu verändern. Da die bewusste Erfahrung nur die aktuellen und chronischen Bedingungen unseres Lebens spiegelt, wird eine Entschleunigung stufenweise unsere innere Wahrnehmung verändern. Wir haben dies bei den beiden Kindern beobachtet, deren Hyperaktivität (und Serotonin-Niveau) zunahm und abnahm, je nachdem wie ihre Lebensumstände sich veränderten (s. Kapitel 2).

Wenn wir die Alltagsstruktur unseres Lebens ändern wollen, müssen wir mehr tun, als unser Leben zu entschleunigen. Wir müssen uns auch aus unserer Abhängigkeit von simulierten Welten und passiver Unterhaltung lösen. Das heißt, wir müssen mehr selber tun und unternehmen und den Fernseher abschalten. Thomas Armstrong zitiert in *The Myth of the ADD Child* folgende Einschätzung des Fernsehens:

Fernsehen und Videospiele beeinflussen das Verhalten der Kinder auch insofern negativ, als sie sie von anderen Tätigkeiten fernhalten, die mehr aktive, intellektuelle, soziale und emotionale Anregung und Reizvielfalt bieten. Der Sozialkritiker Jerry Mander, Autor von *Four Arguments for the Elimination of Television*, schreibt: »Es ist grotesk und beängstigend …, dass viele Eltern Fernsehen als Mittel benutzen, um ihre hyperaktiven Kinder ruhig zu stellen. Es wäre bei weitem besser, sie mit körperlichen Aktivitäten, Sport, Kämpfen, zärtlichem Herumtollen, Baden sowie mit einer Fülle unmittelbarer Aufmerksamkeit zu beruhigen, die ihnen einen weiten Bereich sinnlicher und geistiger Stimulation vermittelt … Man kann einem hyperaktiven Kind nichts Schlimmeres antun, als es vor den Fernseher zu setzen. Fernsehen aktiviert das Kind, um es im gleichen Moment … von wirklicher sinnlicher Stimulation und der Möglichkeit des Spannungsabbaus abzuschneiden.«[17]

Die Sucht nach Sinnesreizen ist gewiss ein wesentlicher Bestandteil des beschleunigten Lebens, aber wir dürfen nicht übersehen, dass das beschleunigte Leben für viele in einer Welt stattfindet, die zum großen Teil durch künstliche Mittel über ihre eigentlichen Grenzen hinausgewachsen ist. Manchmal überfällt uns diese Erweiterung des Reizkonsums ungefragt, etwa wenn Stimulationen aus allen Richtungen in uns eindringen. Aber meist sind wir selbst daran schuld. Da wir keine Erfüllung in zukunftsorientierten Vorhaben finden, suchen wir diese in den alternativen Welten der virtuellen Wirklichkeit. Nehmen wir ein so einfaches Beispiel wie den Film: Spannung, Abenteuer, Drama, Komödie, Liebe. Diese Erfahrungskategorien, die wir jeden Tag in unserem Videoladen an der Ecke besorgen können, symbolisieren die Art und Weise, wie unser Leben sich in einem Netz verheddert hat, das aus Wirklichkeit und Illusion gewoben ist. Es ist eine Welt, in der unser Hirn in einem Augenblick in der virtuellen Wirklichkeit eintaucht und im nächsten Augenblick mit dem wirklichen Leben konfrontiert wird. Nicht genug damit ist die simulierte Wirklichkeit in so wachsendem Maße realistisch geworden, dass sich für manche die Grenzen des Wirklichen und des Künstlichen verwischen, so etwa, wenn ein Jugendlicher ein abscheuliches Verbrechen begeht und dann sagt, er habe die

Idee durchs Fernsehen bekommen. Natürlich wissen wir, wann die Show vorbei ist, doch die Gefühle, Ideen und Bilder des künstlichen Lebens schleichen sich in unser Unterbewusstsein ein, zunächst während wir aufwachsen und dann als »freie« Erwachsene. Den unbewussten Wünschen von Freud verwandt, kommen die unablässigen Eindrücke der virtuellen Wirklichkeit schließlich in unseren und unserer Kinder Erwartungen an das Leben zum Vorschein und unterminieren unsere Fähigkeit, mit dem Bestehenden, das für unser Alltagsleben bestimmend bleibt, zurande zu kommen.

Die Kultur der gesteigerten Erwartungen kann erklären, wie es möglich ist, dass wir gleichzeitig in einer Zeit des Überflusses und in einer Zeit um sich greifender Unzufriedenheit leben. Erstens: Je ausgebuffter, packender, erschütternder und gewalttätiger die virtuelle Erfahrung künstlicher Wirklichkeit ist, desto beunruhigender wird der Kontrast zwischen den ins Riesenhafte vergrößerten Bildern und Gefühlen der künstlichen Welten und dem, was das wirkliche Leben zu bieten hat. Schon als Kinder bewegen wir uns zwischen den Welten des Films, Fernsehens und Videos hin und her, und jedes Mal kehren wir mit einem inflationär gesteigerten (und beschleunigten) Lebensgefühl in die Wirklichkeit zurück. Wenn wir also unsere Kinder ungehindert durch die virtuellen Welten navigieren lassen, fördern wir nicht nur erhöhte Reizbedürfnisse, sondern ebenso die Entwicklung lähmender Erwartungen bezüglich des Lebens und seines Sinns. Weil diese erhöhten Bedürfnisse und Wünsche so unrealistisch und im eigenen Leben unerfüllbar sind, bringen sie uns als Erwachsene in jenen Teufelskreis, der uns immer größeren Erwartungen hinterherjagen lässt. Das ist das eigentliche Verhängnis der Hetzjagd der modernen Gesellschaft: Je mehr wir uns in simulierte Hightechwelten versenken und unsere Hirne sich synchron mit ihnen zu bewegen beginnen, umso armseliger erscheinen uns die Erfahrungen, die wir in der bildschirmlosen Welt machen, und auf diese Weise geraten wir immer tiefer in die Welten, die für die Reizabhängigen zum Verkauf stehen.

Um ein konkretes Beispiel zu geben: Im Dezember 1997 kam *Titanic*, der bis dahin teuerste Film aller Zeiten, in die Kinos. Der Film erzählt eine erfundene Liebesgeschichte, die sich vor dem Hintergrund der Geschehnisse an Bord der Titanic abspielt, die 1912 unter einem dunklen, klaren Himmel vierhundert Meilen südlich von Neufundland im Ozean versank. Der Mann hinter dem Film, der Regisseur und Drehbuchautor James Cameron, steckte allein zweihundert Millionen Dollar in die Produktionskosten, wobei das Gesamtfilmbudget von Fox und Paramount sich einschließlich der Werbe- und anderer Marketingkosten irgendwo zwischen drei- und vierhundert Millionen Dollar belief.

Um den Film zu realisieren, ließ Cameron die beiden zentralen Bestandteile des Films, die Titanic selbst und den Ozean, in dem sie sank, wieder erschaffen.[18] Das Filmschiff, eine über 230 Meter lange Nachbildung, hatte 90 Prozent der Größe des Originals – erbaut und versenkt allein für Camerons Zweck. Das fußballplatzgroße Schiff besaß die gleiche Ausstattung, war aus den gleichen Materialien und mit der gleichen Sorgfalt hergestellt wie die echte Titanic. Neben dem nachgemachten Mobiliar gab es über 110 Kilometer Stromkabel, 4.500 Scheinwerfer, eine Stromstärke von 40.000 Ampere sowie 50 Elektriker an Bord. Außerhalb des Schiffs lag ein über 160.000 Quadratmeter großer Geländekomplex, der für 25 Millionen Dollar ebenfalls nach Camerons Vorstellungen eingerichtet worden war. Innerhalb dieses Komplexes befand sich ein Tank mit über 64 Millionen Liter Wasser, um das mit einem doppelten Schicksal geschlagene Schiff aufzunehmen. Ein Journalist schrieb dazu: »Cameron verbrachte Monate damit, eine 230 Meter lange Nachbildung des dem Untergang geweihten Schiffs in einem gewaltigen Wassertank untergehen zu lassen, wobei er Hunderte von Statisten und Stuntmen sich ins eiskalte Wasser stürzen ließ.«[19] Zusätzlich zu diesen kostspieligen Produktionsumständen machte sich Cameron avancierte Technologien zunutze, um zwei andere Dinge zu erreichen. Mithilfe von amerikanischen und russischen U-Booten unternahm er Unterwasserexpeditionen, um Tiefseeaufnahmen verschiedener Ansichten im Innern der Titanic und von außen zu machen, mit denen er dann im Film eine Brücke zwischen 1912 und der Gegenwart schlug. Er benutzte auch die neueste Digitaltechnologie für 550 computergenerierte Aufnahmen (*Jurassic Park* kam noch mit 80 aus), darunter allein 40 Spezialeffektaufnahmen, um zu zeigen, wie sich der Atem der Überlebenden in der frostigen Luft von Camerons fiktiver Neufundlandnacht ausnahm.

Zu sagen, dies seien außergewöhnliche Mittel für einen ziemlich banalen Zweck, wäre mehr als untertrieben. Dieser gewaltige Aufwand an Zeit, Energie, Kreativität und Geld wurde eingesetzt, um einen schrecklichen Moment der Weltgeschichte wieder aufleben zu lassen, und zwar für ein paar Stunden bloßen Nervenkitzels. Doch selbst das war nicht genug. Cameron musste auf das tragische Geschehen noch seine Liebesgeschichte stülpen, um den Film profitabel zu machen, was er dann auch war. Um die Proportionen von *Titanic* richtig einordnen zu können, vergegenwärtige man sich, dass zur gleichen Zeit, als der Film in den Kinos anlief, das Getty Center in Los Angeles eröffnet wurde. Zwar waren die Kosten für das Getty Center dreimal so hoch wie die für *Titanic*, aber das Center ist ein massiver Komplex von mehreren Bauwerken, und manche sehen darin eine der großen Leistungen der Architektur des 20. Jahrhunderts. Während Camerons Film unsere Aufmerksamkeit nur ein paar Stunden fesselt, wird Letzteres für Jahrzehnte, wenn nicht Jahrhunderte, ein wichtiger Bestandteil des Kulturlebens in Los Angeles sein. Doch diese beiden Projekte unterscheiden sich noch in anderer Hinsicht voneinander. Das eigentliche Zentrum des Interesses im Getty-Museum ist seine Sammlung internationaler Kunst, die in ihrem visuellen Anspruch nicht verschiedener sein könnte von dem, was ein *Big-Budget-Liebesthriller wie Titanic* uns vorführt. Dies ist der entscheidende Punkt. Hunderte von Millionen von Dollars werden von Leuten ausgegeben, die einen Film aus einem einzigen Grund sehen wollen: Er entführt uns in eine Welt, die weit, weit weg ist von unserer eigenen. Obgleich die Kunstwerke an den Wänden des Getty-Museums das Gleiche leisten könnten, tun sie es doch für nur einige wenige. Denn obzwar das Betrachten von Kunst eine aktive, authentische Erfahrung ist, kann sie sich nicht mit der passiven, pulsierenden Erfahrung messen, die aus den unbegrenzten Welten der virtuellen Wirklichkeit gespeist wird. Wenn wir die Flugbahn der technologischen Revolution im letzten Jahrhundert betrachten, können wir uns in der Tat die Frage des Naturhistorikers Stephen Jay Gould stellen, ob es überhaupt ein fortbestehendes Bedürfnis der Menschen nach Authentizität gibt.[20] Sind zukünftige Generationen dazu bestimmt, die lästigen Unvollkommenheiten der natürlichen Welt, die wir alle teilen, hinter sich zu lassen, um in separaten künstlichen Welten ungestört nach Perfektion zu streben?

Die Alternative zur simulierten Wirklichkeit ist die handgreifliche Wirklichkeit der realen, gelebten Erfahrung. Teils wegen der Verlockung der simulierten Welten und teils wegen der *Laisserfaire*-Bedingungen, unter denen Kinder aufwachsen, entwickeln diese häufig nicht mehr die grundlegenden Fähigkeiten, die es ihnen ermöglichen würden, sich auf die reale Welt einzulassen. Dazu gehören Einzelaktivitäten wie das Herstellen von Dingen und soziale Aktivitäten, bei denen kollektive Erfahrungen gemacht werden und gewisse soziale Fähigkeiten wie Kooperationsbereitschaft und Geduld erforderlich sind. Diese Aktivitäten zeichnen sich durch zwei entscheidende Eigenschaften aus. Erstens sind sie *Lowtech*, das heißt, dass die Intensität der Aktivität nicht die Intensität anderer Alltagssituationen übersteigt, wie etwa im Schulunterricht, bei Hausaufgaben oder am Essenstisch. Zweitens sind sie aktiv, das heißt, die Kinder lernen, sich in genau der Art und Weise auf die Welt zu beziehen, die die Forschung für eine Voraussetzung eines harmonischen Bewusstseins hält. Wenn Kinder mit interessanten, aber zugleich langsamen Aktivitäten beschäftigt sind, lernen sie sich selbst entdecken. Die

Vorzüge dieser Art von Welterfahrung für Kinder werden in Rousseaus *Émile* geschildert. Der Historiker Peter Gay schreibt, für Rousseau sei Kindheit »das Alter, wenn die Sinne frisch und der Körper kräftig ist; dies ist die Zeit, wenn man die Ersteren durch Beobachtung und den Letzteren durch Übung schulen soll. Das Kind muss nicht Geographie aus Büchern lernen: Es sollte in den Feldern, durch Flüsse und über Berge wandern … Émile wird auf die einzige Weise erzogen, wie Erziehung funktionieren kann: indem er eigene Erfahrungen macht«.[21] Wie Rousseau es selbst formuliert: nicht »Worte, mehr Worte und noch mehr Worte«, sondern »Dinge, Dinge!«[22].

Lösen Sie die Reizabhängigkeit Ihrer Kinder – und verhindern Sie sie vor allem! –, indem Sie die Wichtigkeit täglicher Erfahrungen für die Bewusstseinsentwicklung Ihres Kindes in den Mittelpunkt stellen. Dann sorgen Sie durch Ihr Handeln und Verhalten bewusst dafür, dass Ihr Kind sich in einen gesunden, aufmerksamen Menschen entwickelt.

Schritt 5: Überwinden Sie den Zynismus durch Hoffnung und Aktivität

Während wir also ununterbrochen durch unsere selbst definierten Welten simulierter Perfektion hasten, bleibt das Problem, wie wir zwischenzeitlich mit den Beschränkungen und Unvollkommenheiten der wirklichen Welt fertig werden wollen. Bisher lautete die Lösung, diejenigen, die mit dem Druck des modernen Lebens nicht zurande kommen, als krank abzustempeln. Es gibt eine allgemein vorherrschende Tendenz, die Ursachen für alle psychosozialen Probleme im Individuum selbst zu suchen, ohne dabei zu berücksichtigen, dass psychologische Störungen häufig nur Ausdruck sozialer Probleme sind. Wie bei unserem Vergleich zwischen der multiplen chemischen Sensitivität (MCS) und dem ADS-Syndrom gesehen, gehört es nicht mehr

zum *Common Sense*, die psychologischen Krisen unserer Zeit
auf größere, äußere Ursachen zurückzuführen. MCS und ADS
sind psychiatrische und keine kulturellen Probleme, so wird behauptet.

Selbst wenn die Tatsache anerkannt wird, dass die Zunahme
von ADS etwas mit der beschleunigten Gesellschaft zu tun hat,
so wird es gleichzeitig wiederum als normal angesehen. Geradeso wie George Beard vor mehr als einem Jahrhundert die »amerikanische Nervosität« als Beweis dafür pries, dass wir die mo-
dernste Nation der Welt seien, so sehen heute immer mehr
Menschen in der Reizabhängigkeit und den Problemen, die sie
zeitigt, einen Nebeneffekt unserer postmodernen Existenz im
globalen Informationszeitalter. Als zum Beispiel mehrere Hundert Kinder in Japan wegen einer Trickfilmepisode, die im Fernsehen lief, ins Krankenhaus mussten, schoben Journalisten und
offizielle Stellen (sowohl in Japan wie in den USA) den Kindern
den schwarzen Peter zu: Sie litten, so hieß es, alle an leichten
Fällen von Epilepsie, die durch den Cartoon akut geworden sei-
en. Als weitere Millionen von Kindern in den USA vor Hyperaktivität über Tische und Stühle sprangen oder sich nicht mehr
konzentrieren konnten, gab man wieder den Kindern die
Schuld, indem ihre Gene dafür verantwortlich gemacht wurden.
Es trifft zu, dass manche Kinder genetisch mehr zu Epilepsie
oder Hyperaktvität neigen als andere, aber es sind gewiss nicht
die Gene, die diese Ausbrüche verschulden; vielmehr ist es die
Toxizität der sich rasch wandelnden Umwelt, mit der die Kinder
(und ihre Gene) fertig werden müssen.

Wenn wir verstehen wollen, warum wir diese gesellschaftliche
Krise nicht als solche begreifen, dann stellt sich die Frage, warum die Familien so vorschnell kulturelle, auf Entwicklung ba-
sierende Erklärungsversuche vom Tisch wischen und sich einer
zynischen Ansicht darüber anschließen, wie das Leben der Kinder zu verbessern ist. Nehmen wir das Beispiel mit dem Mythos
der »Qualitätszeit«. Angesichts des wirtschaftlichen Reichtums
unseres Landes würde ein Außenstehender wohl denken, es

müsste einen Überfluss an Zeit und verfügbaren Mitteln für Kinder geben. Stattdessen haben wir unseren Standard so weit heruntergeschraubt, dass wir glauben, wir gäben unser Bestes, wenn wir uns nach dem Essen fünfzehn Minuten intensiv mit ihnen beschäftigen.

Vieles von diesem Zynismus hat offensichtlich mit der beschleunigten Gesellschaft und ihrer Kultur der Vernachlässigung zu tun. Es hat aber auch mit dem größeren Gefühl der Hoffnungslosigkeit zu tun, das aus unserer Gesellschaft in die Familien eingedrungen ist und nun die Welt unserer Kinder erreicht hat. Der Psychologe Paul Goodman hat dies in seinem Essay »The Psychology of Being Powerless« (Psychologie der Machtlosigkeit) 1977 beschrieben: »Die Menschen glauben, dass die Mächte, die auf unser modernes Lebens einwirken, jenseits ihrer Einflussmöglichkeit sind. Die rasch fortschreitende Ausbreitung der Technologie geschehe wie von selbst und könne nicht aufgehalten werden. Die galoppierende Urbanisierung werde nicht aufhören. Unsere überzentralisierte Verwaltung, sowohl von Dingen wie von Menschen, ist unglaublich schwerfällig und kostspielig, und wir können sie nicht zurückfahren … Mit anderen Worten: *Unsere Psychologie sagt uns, dass die Geschichte außer Kontrolle geraten ist.*«[23]

Der Gedanke, dass die Zukunft außer Kontrolle geraten ist, gehört zu jenen Ideen, die in unser Unbewusstes eingedrungen sind und unsere Fähigkeit zu bewusstem Leben untergraben haben. Wir mögen noch an einen ökonomischen und technologischen Fortschritt glauben, aber die meisten von uns haben das Gefühl, dass unsere eigene Zukunft unsicher und uns aus den Händen geglitten ist. Sowie sich eine solche Hoffnungslosigkeit breit macht, wird die Aussicht darauf, ein besseres Leben für uns und unsere Kinder zu schaffen, ersetzt durch eine kurzsichtige Perspektive bloßen wirtschaftlichen Überlebens, ein Gefühl des »Festhängens« und des »Gerade-noch-Schaffens«. Unter solchen Bedingungen eingebildeter oder wirklicher Knappheit kehren Familien nicht nur der Gesellschaft den Rücken, sondern die Interessenkonflikte brechen sogar unter den Familienmitgliedern selber aus.

Nirgendwo zeigt sich diese Hoffnungslosigkeit ausgeprägter als im Fall von ADS und der Ritalin-Lösung. Vor zwei Jahrzehnten hätte es einen Aufschrei gegeben, wenn eine große Zahl von Kindern auf unbestimmte Zeit mit Tabletten medikamentiert worden wäre. Die Tatsache, dass wir heute diese individualisierte »Lösung« für eine Vielzahl aller Kinder zulassen, macht nur allzu deutlich, wie sehr unsere Maßstäbe gesunken sind.

Wir haben uns mit unseren sich widerstreitenden Prioritäten selbst kompromittiert und haben unsere Pseudolösungen für ein besseres Leben unserer Kinder dahingehend rationalisiert, dass wir uns einreden, nicht mehr als das tun zu können. Zwar könnte ich hier schreiben, dass wir unsere Kinder von Ritalin absetzen und es von ihnen fern halten müssen, doch sieht die Wirklichkeit ja so aus, dass die meisten Familien mit Kindern, die Ritalin einnehmen, das Gefühl haben, selbst mit dem Medikament kaum in der Lage zu sein, die Dinge den Griff zu bekommen. Wir brauchen uns nur vorzustellen, wie viele erschöpfte Eltern im Land mit einer Zeile aus *Time* sagen: »Ohne die Hilfe von Ritalin würde es ein verdammt langer Tag werden.«[24]

Wenn wir mit Gruppen und Einzelnen über ADS sprechen, lässt sich leicht erkennen, welche Folgen dieses Gefühl der Aussichtslosigkeit hat. Für die Kinder bedeutet es, dass ihren Problemen schlichtweg keine gebührende Aufmerksamkeit geschenkt wird. Selbst wenn ihre Eltern es ablehnen, ihnen Medikamente zu verabreichen, sind beide immer noch mit dem Problem allein gelassen, da nach wie vor die Einschätzung vorherrscht, es handle sich um eine medizinische Störung und nicht um eine gesellschaftlich und durch eine entsprechende psychische Entwicklung bedingte. Kein Wunder, dass die meisten Eltern in unserer beschleunigten Gesellschaft Ärzte aufsuchen, um einen Ausweg zu finden. Natürlich gehen Ärzte ebenfalls mit der Störung nur auf individueller Basis um, so dass sie sich in keiner besseren Position befinden, um dieses Problem zu lösen, als die überforderten Eltern, die mit schwindender Hoffnung am Status quo festhalten.

Für Erwachsene mit ADS-Diagnose liegen die Dinge ähnlich schwierig. Zum Beispiel kommen manchmal Studenten aus meinem College zu mir und äußern ernste Fragen und Sorgen über die grässliche Aussicht auf ein Leben mit ADS und Ritalin. Zum Glück widerstehen sie der Vorstellung, dass ihre Probleme zwar behandelt, aber nicht gelöst werden könnten. Dennoch hat sich auch bei Erwachsenen ein Gefühl der Aussichtslosigkeit breit gemacht, was sich schon daran ablesen lässt, mit welcher Erleichterung sie die ADS-Diagnose empfangen. Ich habe Aussagen gehört wie »Die ADS-Diagnose hat mir mein Leben zurückgegeben« oder »Endlich hat mein Problem einen Namen und es ist nicht meine Schuld«.[25] Zunächst fand ich ihre Denkungsart bizarr, und nicht nur aus dem Grund, weil sie ADS als Erklärung (statt als Beschreibung) ihrer psychischen Probleme ansahen. Ich fragte mich, warum jemand erleichtert über eine ADS-Diagnose sein konnte, die eine vorgeblich neurologische Störung bei ihm feststellte. Doch dann erkannte ich, dass dies sehr viel mit ihrem Gefühl der Isolation in unserer individualistischen Gesellschaft zu tun hat. Wenn jeder in seinem Leben auf sich allein gestellt ist, spüren die Menschen oft eine enorme Erleichterung, wenn ihnen die Verantwortung für ihre Probleme abgenommen wird – oder für die Probleme ihrer Kinder. Im Fall von ADS haben sie es mit einer medizinischen Störung zu tun, und Medikamente helfen ihnen, die Last zu ertragen, die unsere Gesellschaft als »ihre« Probleme oder die »ihrer Kinder« ihnen zugewiesen hat.

Heute ist die Tendenz, das Leben als Störung und die Kindheit als Krankheit zu behandeln, das größte konkrete Hindernis, um die psychologischen Probleme, die mit ADS zusammenhängen, zu überwinden. Denken Sie nur an die Tausende von Kindern, die nicht still sitzen können, die im besten Fall zappelig sind und schlimmstenfalls alles um sich herum in Mitleidenschaft ziehen. Oder denken sie an die zunehmende Zahl von

Kindern, die unfähig sind, sich auf eine Aufgabe zu konzentrieren und deren Aufmerksamkeit irgendwo in einem Nebel zwischen ihnen und der Wirklichkeit verloren gegangen zu sein scheint. Wir sehen diese Kinder und glauben intuitiv zu wissen, wie ADS in ihnen lauert und ihre besten Absichten unterminiert. Doch diese Intuition ist falsch. Wie in dem Beispiel des Spracherwerbs der Kinder wäre es in der Tat eine sehr verzerrte Wahrnehmung, ihre unterschiedliche Sprachbeherrschung einer angeborenen Fähigkeit zuzuschreiben. Bei diesen Kindern nicht anders als bei den ADS-diagnostizierten Kindern mögen die Entwicklungsumstände, die diese Unterschiede graduell bewirken, subtil sein, aber sie sind nichtsdestoweniger vorhanden. Wie jene Naturkräfte, die Bergwände herausmeißeln und Flussbetten graben, enthüllen die Kräfte, die Kinder formen, die Macht der Geschichte, und dies sind genau die Kräfte, die wir bei unserem Ritalinkonsum geflissentlich übersehen.

Es geht hier nicht um abstrakte Dinge. Solange wir fortfahren, die Schwierigkeiten der Kinder individuell zu begründen, werden wir auch fortfahren, nur nach individuellen Lösungen zu suchen. Sei es Ritalin für ADS, Xanax für Angst oder Prozac für Depressionen, es ist offenkundig, dass diese prothetischen Lösungen am Ende immer versagen. Sie versagen, weil sie uns von den wirklichen Ursachen unserer Probleme ablenken und damit verhindern, dass wir uns um nachhaltige Lösungen kümmern. Es heißt oft, der Teufel stecke im Detail, und also müssen wir uns vor bequemen Erklärungen hüten, warum Kinder nicht still sitzen oder sich nicht konzentrieren können, und stattdessen neue, bewusste Lebensstrukturen schaffen, die sie mit der Zeit zu einem gesunden Bewusstsein zurückführen.
Die psychologischen Folgen des Mangels einer Struktur im Leben der Kinder, die Unbeständigkeit in der Kinderbetreuung und die Gewohnheit konstanter Reizkonsumation sind bisher, wie wir gesehen haben, noch nicht ausreichend zur Kenntnis genommen worden. Die Vorteile, die aus einer Umkehrung dieser Trends erwachsen könnten, wurden ebenfalls noch nicht be-

dacht. Doch wir können diese Vorteile selbst entdecken, wenn wir die Strukturiertheit des Alltagslebens für die Kinder erhöhen und einen langsamen, regelmäßigen Plan zugrunde legen, der hochintensive, passive, künstliche Erfahrungen auf ein Mindestmaß beschränkt. Um eine solche Restrukturierung sicherzustellen, müssen wir die elterliche Fürsorge wieder zur obersten Priorität machen und mit unseren Kinder »signifikante Zeit« statt »Qualitätszeit« verbringen. Eltern müssen ein soziales, moralisches und emotionales Lebensumfeld schaffen, das Kinder dazu ermutigt, aufmerksam und bewusst zu leben. Wenn sie sich nicht in diese Richtung entwickeln, sind es die Eltern, die den Zug der Entwicklung wieder auf das richtige Gleis setzen müssen.

Meine erste Erfahrung mit solcher Art bewusster Lebensstrukturierung für Kinder hatte ich als Student, als ich in einem Sommer ein autistisches Kind betreute. Die Mutter des Kindes hatte aufgrund von Büchern und Artikeln eigene Vorstellungen darüber entwickelt, welche Möglichkeiten es gab. Dann suchte sie nach Mitteln, wie sie herausfinden konnte, ob das abstrakt möglich Scheinende auch tatsächlich möglich war. Schließlich setzte sie diese Mittel ein, um eine Welt zu schaffen, die für ihr Kind nicht reizüberflutet war, es aber gleichwohl zur Entwicklung anregte. Bei diesem dritten Schritt kam ich dazu. Ich hatte kaum Erfahrung in der Arbeit mit autistischen Kindern, aber ich war bald Teil seines täglichen Lebens, so wie ich von den unermüdlichen Bemühungen seiner Mutter ermutigt wurde. Diese Art bewussten Eingreifens ist, wie ich heute weiß, im Leben entwicklungsgestörter Kinder durchaus verbreitet. Es gibt auch, so bin ich überzeugt, eine Menge, was uns diese Eltern darüber beibringen könnten, wie man Kinder mit ADS-Diagnose in ein normales, gesundes Leben zurückbringen kann.

Bei der Diskussion mit Eltern und Lehrern darüber, ob man die »Behinderung« eines Kindes nun überwinden oder akzeptieren soll, bin ich oft auf viel zu enge Vorstellungen darüber gestoßen, was möglich ist. Mehr noch, auch der Bezugsrahmen für die Störungen ist zu eng gesteckt, da Eltern, Lehrer, Gesundheitsbeamte und Ärzte meist davon ausgehen, dass die Struktur im Leben des Kindes nichts mit seinen Problemen zu tun hat. Zum Beispiel scheinen Eltern nur Optionen in Betracht zu ziehen, die sich in den gegenwärtigen Strom ihres hektischen Lebens einfügen lassen. Es gibt jedoch einen sehr konkreten Grund für diese Enge, und er hat damit zu tun, dass die Frage »Was soll ich tun?« auf zwei verschiedenen Ebenen beantwortet werden kann.

Einerseits kann es mir innerhalb meines hektischen Alltags durchaus vernünftig vorkommen, mein Kind auf Ritalin zu setzen. Erstens verhält es sich besser und hat weniger Schwierigkeiten. Zweitens wird es in der Schule vielleicht größere Schwierigkeiten bekommen, wenn es kein Ritalin nimmt. Drittens erscheint mir der Kompromiss mit Ritalin vielleicht viel sinnvoller, als unser Leben neu arrangieren zu müssen, nur um »seinen« Problemen gerecht zu werden, zumal wenn ich nicht glaube, dass dieses »neue Arrangement« irgendetwas bewirkt. Schließlich wurde mir die Ritalin-Lösung vom pharmazeutisch-medizinischen Establishment empfohlen, da die Diagnose und Behandlung von ADS medizinisch definiert sind, und also kommt meine Krankenversicherung dafür auf.

Wenn wir andrerseits wirklich wollen, dass unsere Kinder ihre Probleme überwinden, dann ist der ADS-Ritalin-Weg ein Kurzschluss. Angesichts der Tatsache, dass Ritalin auf lange Sicht weder das Wohlergehen noch die schulische Leistung fördert, bleibt die Besorgnis erregende Frage, warum wir es nicht nur als Notbehelf betrachten. Doch weil Ritalin und die ADS-Diagnose zusammen als Erfolgsstory gelten, fällt es uns schwer, die Notwendigkeit für ein direktes Eingreifen zu erkennen, um unser Leben und das unserer Kinder neu zu strukturieren.

Manche dieser Lösungen werden in Untersuchungen vorgeschlagen, die wir oben erwähnt haben und die ihr Augenmerk direkt auf die Entwicklung von Hyperaktivität und Konzentrationsschwäche richten. Wir haben gesehen, wie Kinder in gewissen »überstimulierenden« Familien zu leicht ablenkbaren, hyperaktiven Kindern heranwachsen. Wir haben gesehen, dass Kinder mit ADS-Diagnose (und ihre Eltern) in der Regel mehr fernsehen als andere Kinder, einschließlich derer mit anderen Entwicklungsstörungen. Wir haben gesehen, dass Kinder den langsamen oder beschleunigten Unterrichtsstil ihrer Erstklassenlehrer beim Herangehen an Aufgaben übernehmen.[26] Wir haben gesehen, wie eine »Behandlung« ohne Medikamente im Unterricht ein deutlich niedrigeres Niveau an Hyperaktivität zur Folge hatte und zugleich zu besseren Lernleistungen führte.[27] Und wir haben schließlich gesehen, dass das Niveau an Hyperaktivität (und Hirnzuständen) bei Kindern sich verändern kann, je nachdem, unter welchen chronischen Umweltbedingungen sie leben. Untersuchungen wie diese machen deutlich, dass eine Veränderung der Lebensbedingungen in der Kindheit ohne Zweifel starke psychologische Wirkungen haben wird.

Diese Beispiele machen ebenso deutlich, wie viele verschiedene Bereiche es gibt, in denen Änderungen möglich und nötig sind. Der Nachdruck liegt hier auf der Veränderung des hektischen Lebens in der Familie, mit ihrem Mangel an Strukturiertheit und der übergroßen Neigung zu passiver Unterhaltung, aber das heißt keineswegs, dass Aktivitäten in der Schule und mit Gleichaltrigen nicht auch wichtig wären. In der Tat, weil die Gesamtwirkung all dieser Faktoren letzten Endes den Weg der Kindesentwicklung bestimmt, müssen Eltern in all diesen Bereichen bewusst Einfluss nehmen.

Die Überwindung und Verhinderung der Sucht nach Sinnesreizen gelingt in erster Linie durch eine Verlangsamung im Lebensrhythmus der Kinder. Verringern Sie schrittweise die Intensität ihrer alltäglichen Erlebnisse, indem Sie sich Zeit lassen, ihnen neue Interessen und Orientierungen beizubringen, wie man in der Welt sein und an ihr teilhaben kann. Das kostet Zeit, also nehmen Sie sich Zeit, indem Sie die Anforderungen zurückstutzen, die von außen an Ihr Erwachsenenleben gestellt werden.

Schluss: Bewusst leben heißt
den eigenen Ort in der Geschichte bestimmen

Lassen Sie uns mit einigen Bemerkungen zum Leben in der beschleunigten Gesellschaft abschließen. Da ich weiß, dass die hier vorgetragenen Ideen Widerspruch erregen, weil sie eine weithin geübte Lebenspraxis infrage stellen, halte ich es für notwendig, an etwas aus dem Vorwort zu erinnern. Ich habe dieses Buch nicht geschrieben, weil ich über seine Botschaft hinaus umfassendere Verhaltensmaßregeln geben möchte. Das Ziel war, der Öffentlichkeit ein breiteres, wissenschaftlich fundierteres Bild davon zu geben, was im Bewusstsein und Leben der Kinder vor sich geht. Bei der Lektüre wurden Sie mit Fakten und Theorien aus allen möglichen wissenschaftlichen Disziplinen konfrontiert. Diese Fakten und Theorien erhalten jedoch nur innerhalb des Kontexts eines dritten Bezugsfelds Bedeutung, nämlich in dem Ihrer eigenen gelebten Erfahrung. Wie ich meinen Studenten häufig sage: Denken Sie über das nach, was Sie hören und lesen, und wenden Sie es vorurteilslos auf Ihre eigenen persönlichen Erfahrungen an; seien Sie skeptisch gegenüber dem, was Sie hören und sehen, sofern es Sie dazu verleitet, dem Urteil Ihrer eigenen Erfahrung zu misstrauen. Natürlich besteht hier die Gefahr in der Möglichkeit, dass wir unsere eigenen Erfahrungen mit dem verwechseln, was andere Einflüsse, wie Massenmedien oder öffentliche Institutionen, uns glauben gemacht haben. Wie im Fall meiner Studenten akzeptieren oder verwerfen wir manchmal eine Idee zu schnell aufgrund dessen, was uns gesagt wurde, statt dass wir uns Zeit nehmen, über die Beziehung neuer Ideen zu unseren Erfahrungen zu reflektieren.

Der folgende Leserbrief aus dem ADS-Magazin *Attention!* macht deutlich, wie wichtig es für Eltern ist, die sanfte Berieselung mit Vorschlägen, was für ihre Kinder zu tun sei, kritisch zu hinterfragen:

Ich bin ein vierzehnjähriges Mädchen und suche Rat. Meine Mutter ist

Mitglied bei CH.A.D.D., weil meine beiden älteren Brüder, die fünfzehn und siebzehn sind, ADS haben. Ich habe Ihren Artikel im Newsletter gelesen und hoffe, Sie können mir helfen. Ich glaube nicht, dass meine Mutter weiß, wie sehr ich unter Druck stehe, weil sie sich immerzu mit den Streichen meiner Brüder beschäftigt. Sie sind keine so schlechten Kerle, aber sie machen beständig Quatsch in der Schule oder klettern den städtischen Wasserturm hoch. Zu Hause sind sie die reine Katastrophe, prügeln sich zum Spaß und haben schon Möbel zu Bruch gehen lassen. Mich nennen sie »Baby«, ziehen mich auf, aber sie sind nicht böse. Mein Problem ist nur, dass ich glaube, ich kriege auch bald ADS. Ich bin anders als meine Brüder, aber es macht mir große Mühe, meine Hausaufgaben fertig zu kriegen, und ich brauche länger bei den Klassenarbeiten als die anderen in meiner Klasse. Jetzt, da ich die High School besuche, merke ich, dass es noch schlimmer wird. Ich habe versucht, mit der Vertrauenslehrerin zu sprechen, aber sie hat nur gemeint, es läge daran, dass mein Zuhause so chaotisch ist, aber das glaube ich nicht, denn daran bin ja schon gewöhnt. Mathe war immer sehr schwer für mich und in diesem Jahr ist Algebra wirklich brutal. Niemand kümmert sich um mich. Was soll ich tun?

Darauf antwortet der Herausgeber:

Mädchen mit ADS haben oft nicht die gleichen Verhaltensstörungen wie deine Brüder, sondern hauptsächlich die Art von Schwierigkeiten, wie du sie beschreibst: mit Aufgaben fertig werden oder sich selbst organisieren. Da ADS eine Erbkrankheit ist, macht die Tatsache, dass deine Brüder ADS haben, es wahrscheinlicher, dass auch du ADS haben könntest. Für viele Menschen macht sich ADS nicht bemerkbar, bis sie in die Mittelschule oder High School kommen, wenn der Unterricht mehr Leistung, Ordnung und Konzentration verlangt; dies erklärt vielleicht, warum du plötzlich vor neuen Schwierigkeiten stehst. Wie du richtig festgestellt hast, ist es für deine Familie einfach, deine Probleme zu übersehen, weil deine Brüder so viel Unruhe stiften. Es fällt auch deiner Vertrauenslehrerin leicht, deine Probleme wegzuerklären, indem sie deiner chaotischen Lebensumwelt dafür die Schuld gibt. Menschen können in einer chaotischen Lebensumwelt leben und zugleich ADS haben …

Es geht hier nicht darum, dass dieser Teenager keine Probleme hat, sondern vielmehr darum, dass diese als Teil des sich entfaltenden Dramas ihres Lebens interpretiert werden müssen. Schließlich ist es kein normales Leben. Dieses Mädchen und Millionen wie sie sind zu einer einmaligen Zeit an einem einmaligen Ort geboren worden und das Drama ihres Lebens kann nicht außerhalb dieses historischen Kontexts erfasst werden. Das moderne amerikanische Leben ist zutiefst unstrukturiert, stresserfüllt, zügellos, konfliktreich und hektisch, und diese Erfahrung erfüllt viele Kinder mit Ratlosigkeit über sich selbst, über die Welt und ihre Zukunft. In Dr. Spocks sehr einflussreichem Buch *Baby and Child Care* finden wir eine ausdrückliche Warnung vor dieser Kultur der Vernachlässigung.[28] In dem Teil »Kindererziehung in einer verstörten Gesellschaft« lesen wir: »Die amerikanische Gesellschaft in den Neunzigerjahren ist außerordentlich stressbeladen. Die normalen Familienspannungen erscheinen vielfach verstärkt: Unsere Gesellschaft ist übermäßig auf Konkurrenz und Geld fixiert; viele arbeitende Eltern finden immer weniger Erfüllung in ihrem Beruf, während gute Kinderbetreuung, von der sie abhängen, immer schwieriger zu finden ist; es gibt im Vergleich zu früher eine geringere geistige und moralische Sicherheit; die traditionelle Unterstützung durch Großfamilie und Gemeinschaft ist in Auflösung begriffen; und eine wachsende Anzahl von Menschen macht sich Sorgen über die Zerstörung der Umwelt und die Verschlechterung der internationalen Beziehungen.«

Indem wir die »verstörte Gesellschaft« ignorieren, in der die Entwicklung dieses Mädchens stattfindet, und indem wir ihr Leben als Krankheit begreifen, verbauen wir ihr die größte mögliche Quelle zur Gesundung – nämlich ihre Fähigkeit zur Selbsterkenntnis. Ohne Selbsterkenntnis wird sie keine Beziehung herstellen können zwischen ihrer Lebensweise und dem Einfluss, den diese auf sie selbst und ihre Umgebung hat. Mehr noch: Wenn sie als Subjekt der Veränderung in ihrem eigenen Leben versagt, wie können wir dann von ihr und von Millionen anderer Kinder einen Beitrag zur positiven Veränderung der Welt erwarten, in der wir alle leben müssen? Eltern sollten endlich fordern, dass ihre Kinder nicht länger wie Behinderte behandelt werden. Niemand sollte solche niedrigen Maßstäbe akzeptieren, die am Ende dazu führen, dass er oder sie um das Recht kämpft, krank bleiben zu dürfen. Stattdessen sollten wir für eine Welt kämpfen, die nicht länger so toxisch ist, dass Kinder zu Millionen psychisch krank werden, nur weil sie zufällig in ihr leben.

ANMERKUNGEN

Vorwort

1   Eric Harris, Anführer der Schultragödie von Littleton, nahm laut Washington Post vom 29.4.1999 das Psychopharmakon Luvox am Tag, als die Morde geschahen. Kip Kinkel, Amokschütze von Springfield, Oregon, nahm Ritalin und Prozac. Diese Mitteilung verdanken wir Peter Breggin, der gleichzeitig betont, dass die Einnahme von Psychopharmaka natürlich nur einen Aspekt bei der Erklärung der Vorgänge darstellt.

1. Kapitel
Die beschleunigte Gesellschaft und ihre Wahrnehmung

1   Januar/Februar 1991. Diesem *Utne Reader* folgte später eine weitere Ausgabe mit ähnlichem Inhalt (März/April 1997) unter dem Titel »Slow down: Finding your natural rhythm in a speed-crazed world«.

2   M. Kundera, *Slowness*. New York: Harper Collins (1996).

3   B. Russell, In Praise of Idleness. *Harper's* (Oktober 1932), 49.

4   Weitere Stimulanzien, die bei ADS verabreicht werden, sind Dexedrin und Cylert.

5   Süddeutsche Zeitung, 11. 12. 2001; DER SPIEGEL 11/2002.

6   Das Folgende stammt aus der Website von CH.A.D.D. (März 1998): »Kindern und Erwachsenen mit ADS steht heute CH.A.D.D., die nationale Organisation mit über 32.000 Mitgliedern und mehr als 500 Niederlassungen im ganzen Land zur Verfügung, um Hilfe und Information anzubieten. Zum großen Teil ist es den Mühen von CH.A.D.D. zu verdanken, dass ADS heute als behandelbare, doch potenziell schwerwiegende Störung angesehen wird, die bis zu 2,6 Millionen Kinder im Alter zwischen 5 und 18 Jahren und eine geschätzte Anzahl von 2 bis 5 Millionen Erwachsene betrifft. Heute können Kinder mit ADS spezielle Ausbildungseinrichtungen oder bei Bedarf Lernhilfen im Klassenraum in Anspruch nehmen, und Erwachsene mit ADS können Hilfsangebote an ihrem regulären Arbeitsplatz erhalten gemäß den Richtlinien des *Americans with Disabilities Act* von

1990, die von der Equal Employment Opportunity Commission 1997 herausgegeben wurden.

CH.A.D.D. ist eine Erfolgsstory, die auf den Wunsch zahlloser Eltern zurückgeht, ihre Kinder mit ADS zum Erfolg zu führen. Aus einer Eltern-Selbsthilfegruppe in Florida wuchs die Organisation von Jahr zu Jahr dramatisch an bis zu ihrem heutigen Status als führende nichtkommerzielle nationale Organisation für Kinder und Erwachsene mit ADS. Die erste Jahreskonferenz von CH.A.D.D. in 1989 zog 300 Teilnehmer an. Die vierte Jahreskonferenz, die 1992 in Chicago stattfand, wurde von über 2.500 Menschen besucht.«

7 Aus: What Teachers Check For. *Wisconsin State Journal* (22. September 1996), 4G.

8 E.M. Hallowell, What I've Learned from ADD. *Psychology Today* (Mai/Juni 1997), 41–44.

9 James Gleick schreibt im *New York Times Magazine*: »Gleichgültig, welches Tempo ein Film heutzutage hat – oder eine Comedy, eine Nachrichtensendung, ein Musikvideo oder eine Fernsehwerbung –, er ist nicht schnell genug. Fahrzeuge rasen, stürzen und fliegen immer schneller; Kameras fahren und schwenken schneller, und der Schnitt sorgt dafür, dass Szenen rasend schnell wechseln. Manche Menschen können sich damit nicht anfreunden.« J. Gleick. Technology Makes Us Faster; Addicted to Speed. *New York Times Magazine* (28. September, 1997), 54.

10 Social Science and the Citizen. *Society* (Januar/Februar 1996), Nr. 33, 2.

11 D. Elkind, *The Hurried Child: Growing Up Too Fast Too Soon*. Reading, Mass.: Addison-Wesley Publishing Company (1981, 1988), 3.

12 J.M. Healy, *Endangered Minds: Why Our Children Don't Think*. New York: Simon & Schuster (1990), 171.

13 R. Sweet, News Quirks. *Seven Days* (19. November 1997; eine wöchentlich erscheinende Zeitung in Burlington, Vermont).

14 R. McIlwraith, R.S. Jacobvitz, R. Kubey und A. Alexander, Television Addiction. *American Behavioral Scientist* (1991), Nr. 35, 104–21.

15 Mein Dank für dieses Beispiel gilt Mark Nelson.

16 R.G. Jacob, K.D. O'Leary und C. Rosenblad, Formal and Informal Classroom Settings: Effects on Hyperactivity. *Journal of Abnormal Child Psychology* (1978), Nr. 6, 47–59.

17 R.L. Spitzer, M. Gibbon, A.E. Skodol, J.B.W. Williams und M.C. First (Hrsg.), *Into Everything. DSM III-R Case Book*. Washington, D.C.: APA Books (1989), 315–316. Ich wähle diese besondere Fallstudie, weil sie auch auf die neuen Belastungen hinweist, mit denen Lehrer heutzutage im Unterricht durch das Verhalten der Schüler fertig werden müssen.

18 Während es jede Menge Gründe gibt, warum Kinder sich im Klassenzimmer ausagieren, einschließlich des Aufmerksamkeit heischenden Verhal-

tens, das von emotionalen und Selbstwertproblemen herrührt, sind Zappeln und Ruhelosigkeit, sofern sie unabhängig von sozialer Verstärkung auftreten, ein klassisches Zeichen für Reizabhängigkeit.

19 D. Ackerman, *A Natural History of the Senses*. New York: Random House (1990), 304–305.

20 In *Amusing Ourselves to Death* gibt Neil Postman einige eindrucksvolle Beispiele dafür, wie sich im Lauf der amerikanischen Geschichte die Konzentrationsspanne der Menschen verändert hat. Anlässlich der berühmten (und langatmigen!) Debatten zwischen Abraham Lincoln und Stephen A. Douglas 1858 schreibt er:»Gibt es heute irgendein Publikum, das sieben Stunden Reden aushalten würde? Oder fünf? Oder drei? Vor allem ohne irgendwelche Bilder? Zweitens müssen jene Hörer eine gleichfalls außerordentliche Fähigkeit gehabt haben, lange und komplexe Sätze akustisch zu begreifen. Douglas fügte in seine einstündige Ottawa-Rede drei lange, juristisch formulierte Resolutionen aus der Erklärung der Sklavereigegner ein. Lincoln verlas in seiner Antwort noch längere Passagen aus einer veröffentlichten Rede, die er bei früherer Gelegenheit gehalten hatte.« N. Postman, *Amusing Ourselves to Death: Public Discourse in the Age of Show Business*. New York: Penguin (1985), 45–46.

21 A.I. Gurevich (1985), *Categories of Medieval Culture*. London: Routledge and Kegan Paul, S. 148–149.

22 Dieses Zitat und eine ausführlichere Erörterung dieses Gedankens finden sich bei S. Pinker (1997), *How the Mind Works*. New York. Norton. S. 392.

23 J. Whitelegg (1993). Time Pollution. *The Ecologist*, Vol. 4, 131–134. Siehe auch: Michael Ende (1973), Momo. Stuttgart: Thienemann.

24 R.M. Yando und J. Kagan, The Effects of Teacher Tempo on the Child. *Child Development* (1968), Nr. 39, 27–34.

25 E.A. Carlson, D. Jacobvitz und L.A. Sroufe, A Developmental Investigation of Inattentiveness and Hyperactivity, *Child Development* (1995), Nr. 66, 37–54, 42.

26 Ebd.

27 American Psychiatric Association. *Diagnostic and Statistical Manual of Mental Disorders*. Washington D.C.: American Psychiatric Association (4. Aufl., 1994).

28 Der beste Beleg für dieses Vorurteil ist die Tatsache, dass ein paar schlecht fundierte Untersuchungen mit marginalen Ergebnissen als Beweis dafür genommen wurden, dass ADS biologisch und angeboren sei (vgl. Kapitel 2), während Dutzende anderer Untersuchungen (und Übersichtsartikel), die in der Behandlung mit Ritalin nur wenige oder gar keine Langzeitwirkungen registrierten, lediglich zu dem Schluss geführt haben, dass »es nicht klar ist, ob es einen Langzeitnutzen hat« (vgl. Kapitel 3). Mit anderen Worten wird bis zum Erweis des Gegenteils davon ausgegangen, dass ADS

biologisch ist, aber es ist höchst zweifelhaft, dass irgendeine Anzahl an Belegen je das Gegenteil erweisen wird. Das Zitat stammt aus: T.F. Oltmanns und R.E. Emery, *Abnormal Psychology*, Upper Saddle River, N.J.: Prentice-Hall (2. Aufl., 1998), 602.

29 I.J. Knopf, *Child Psychopathology: A Developmental Approach.* Englewood Cliffs, N.J.: Prentice Hall (1979).

30 A. Geggis, Reading, Writing and Ritalin. *Burlington Free Press* (24. Januar 1997), 1A, 4A. Armondo Vilaseca, Direktor einer High School in Vermont, war zehn Jahre lang Grundschullehrer.

31 T. Achenbach und C. Howell, Are American Children's Problems Getting Worse? A 13-year Comparison. *Journal of American Academy of Child and Adolescent Psychiatry* (1989), Nr. 32, 1145–51.

32 L. Shapiro, The Myth of Quality Time. *Newsweek* (12. Mai 1997), 62–68.

33 E.M. Hallowell, a.a.o., S. 43

34 M. Rutter, Diagnostic Validity in Child Psychiatry. *Advances in Biological Psychiatry* (1978), Nr. 12, 2–22, 3.

35 G. Bignami, Disease Models and Reductionist Thinking in the Bio-medical Sciences. In: S. Rose (Hrsg.), *Against Biological Determinism*, 94–110. London: Allison & Busby (1982). Vgl. auch A. Pam, A Critique of the Scientific Status of Biological Psychiatry. *Acta Psychiatrica Scandinavica, Supplement* (1990), Nr. 362, 1–35.

36 Pam, a.a.O.

37 C. VanDyke and R. Byck, Cocaine. *Scientific American* (März 1982), 128–141.

38 D. Blankenhorn, S. Bayme und J.B. Elshtain, Discovering What Families Do. *Rebuilding the Nest: A New Commitment to the American Family.* Milwaukee: Family Services (1991), 35.

39 D. Elkind, *Ties That Stress: The New Family Imbalance.* Cambridge: Harvard University Press (1994).

40 Ebd., 1.

41 Blankenhorn et al., a.a.O., XIV.

42 Elkind, a.a.O., 4.

43 Shapiro, a.a.O., 64.

44 J. Schor, *The Overworked American: The Unexpected Decline of Leisure.* New York: Basic Books (1991), 165.

45 Elkind, a.a.O., 40.

46 Shapiro, a.a.O.

47 Ebd.

48 Healy, a.a.O., 172.

2. Kapitel
Sucht nach Sinnesreizen: Wie Kultur Krankheit erzeugt

1 Letter. *American Journal of Psychiatry* (April 1976), 457.

2 M. Fumento, Sick of it All. *Reason* (Juni 1996), 20–26.

3 J. Stossel und B. Walters, Allergic to the World. ABC News, *20/20* (22. August 1997).

4 Fumento, a.a.O.

5 Ebd., 20.

6 Vgl. C.E. Sleeter, Learning Disabilities: The Social Construction of a Special Education Category. *Exceptional Children* (1986), Nr. 53, 46–54.

7 Vgl. T. Armstrong, ADD: Does It Really Exist? *Phi Delta Kappa* (Februar 1996), 424–428; R. Redi, J.W. Maag und S.F. Vasa, Attention Deficit Hyperactivity Disorder as a Disability Category: A Critique. *Exceptional Children* (1993), Nr. 60, 198–214; L.A. Sroufe und M.A. Stewart, Treating Problem Children with Stimulant Drugs. *New England Journal of Medicine* (1973), Nr. 289, 407–412.

8 Fumento, a.a.O., 21.

9 Zit. ebd.

10 E. Taylor, On the Epidemiology of Hyperactivity. In: *Attention Deficit Disorder: Clinical and Basic Research*. Hillside, N.J.: Lawrence Erlbaum Associates (1989), 31–52. 31.

11 J. Stossel und B. Walters, Allergic to the World. ABC News *20/20* (22. August 1997). Zit. von John Stossel.

12 J. Talan, Allergic to Everything. *Newsday* (21. Januar 1997).

13 American Academy of Pediatrics, Understanding the ADHD Child. Elk Grove Village, Ill.: American Academy of Pediatrics Division of Publications (1994).

14 E.M. Hallowell und J.J. Ratey, *Driven to Distraction*. New York: Pantheon (1995), 41.

15 Zit. in: A. Kohn, Suffer the Restless Children. *Atlantic Monthly* (1989), 90.

16 Die Diagnose kann sich auf die gleiche Evidenz stützen, da Videobänder, schriftliche Beschreibungen oder simultane Beobachtungen zugrunde gelegt wurden.

17 E.M. Mann et al., Cross-cultural differences in rating hyperactive-disruptive behaviors in children. *American Journal of Psychiatry* (1992), Nr. 149, 1539–1542, 1539.

18 Taylor, a.a.O., 31–52.

19 Kohn, a.a.O., 90–94.

20 B. Fish, The »One Child, One Drug« Myth of Stimulants in Hyperkinesis. *Archives of General Psychiatry* (1971), Nr. 25, 193–201.

21 Hallowell und Ratey, a.a.O.

22 D.L. Rosenhan, On Being Sane in Insane Places. *Science* (1973), Nr. 179, 250–258.

23 S. Peele, *The Diseasing of America.* Lexington, Mass.: Lexington Books (1989).

24 Zum Beispiel zeigte eine der umfassendsten Studien über die sich wandelnde Häufigkeit von Depression in der Welt, dass es, obgleich die Häufigkeit kulturübergreifend schwankte, eine messbare Zunahme des Depressionsrisikos von einer Generation zur nächsten mit nur einer Ausnahme in allen untersuchten Ländern gab. Auch hatten laut der psychiatrischen Epidemiologin Myrna Weissman Amerikaner, die vor 1905 geboren worden waren, im Alter von 75 Jahren eine Depressionsrate von nur 1 Prozent. Amerikaner, die ein halbes Jahrhundert später zur Welt kamen, waren im Alter von 24 Jahren bereits zu 6 Prozent an Depression erkrankt. Mitte der Sechzigerjahre lag der Ausbruch von manischer Depression im Durchschnitt bei einem Alter von 32 Jahren, während er heute bei neunzehn Jahren liegt. Vgl. Cross-National Collaborative Group, The Changing Rate of Major Depression: Cross-National Comparison. JAMA (1992), Nr. 21, 3098–3105; S. Peele und R.J. DeGrandpre, My Genes Made Me Do It. *Psychology Today* (Juli/August 1995), 50–53, 62, 64, 66, 68.

25 Fumento, a.a.O., 22.

26 Ebd., 24.

27 Stossel und Walters, a.a.O.

28 C. Horswell, Something in the Air. *Houston Chronicle* (9. Juni 1997).

29 K. Tyson, Childhood Hyperactivity. *Smith College Studies in Social Work* (1991), Nr. 61, 133–160, 139.

30 Vgl. G.F. Still, Some Abnormal Psychical Conditions in Children. *Lancet* (April 1902), 1008–1012, 1077–1082, 1163–1168; P.M. Levin, Restlessness in Children. *Archives of Neurology and Psychiatry* (1957), 764–770; M.W. Laufer, E. Denhoff und G. Solomons, Hyperkinetic Impulse Disorder in Children's Behavior Problems. *Psychosomatic Medicine* (1957), Nr. 19, 38–49.

31 Vgl. Levin, a.a.O., 769.

32 Tyson, a.a.O., 139, 136.

33 Kohn, a.a.O., 95–96.

34 Die wachsende Zunahme von ADS bei Erwachsenen wurde beschrieben in: D.J. Morwo, Attention Deficit Disorder Is Found in Growing Numbers of Adults. *New York Times* (2. September 1997), D1, D4.

35 American Academy of Pediatrics, a.a.O.

36 Hallowell und Ratey, a.a.O., 269.

37 Zametkin, a.a.O.

38 Reid et al., a.a.O.; Tyson, a.a.O.

39 P. Elmer-De Witt (26. November 1990), Why Junior Won't Sit Still. *Time,*

59; A.J. Zametkin et al., Cerebral Glucose Metabolism in Adults with Hyperactivity of Childhood Onset. *New England Journal of Medicine* (1990), Nr. 323, 1361–1366.

40 Jeder der Erwachsenen hatte sowohl selbst eine hyperaktive Geschichte als auch mindestens ein hyperaktives Kind. Keiner der Erwachsenen war mit Psychopharmaka behandelt worden.

41 Wie zit. in: G. Kolata, Hyperactivity Is Linked to Brain Abnormality. *New York Times* (5. November 1990); A1.

42 Wie im Haupttext ausgeführt wird, haben Zametkin und seine Kollegen selbst verschiedene Kontrolluntersuchungen durchgeführt, von denen keine darauf hinwies, dass der Bericht von 1990 zutreffend war.

43 Vgl. R. Reid, J.W. Maag und S.F. Vasa, Attention Deficit Hyperactivity Disorder as a Disability Category: A Critique. *Exceptional Children* (1993), Nr. 6, 198–214.

44 Die gleiche Kritik trifft auf eine andere bekannte Untersuchung in der ADS-Literatur zu, die H.C. Lou und Kollegen durchgeführt haben. Diese Untersuchung berichtete von Anomalien in der zerebralen Durchblutung bei hyperaktiven Kindern. H. Lou, L. Henrikson, P. Bruhn, H. Borner und J. Nielsen, Striatal Dysfunction in Attention Deficit and Hyperkinetic Disorder. *Archives of Neurology* (1989), Nr. 46, 48–52. Für diese und andere Kritiken vgl. K. Tyson, Childhood Hyperactivity. *Smith College Studies in Social Work* (1991), Nr. 61, 133–160; Reid et al., a.a.O.

45 L.R. Baxter et al., Caudate Glucose Metabolic Rate Changes with Both Drug and Behavior Therapy for Obsessive-Compulsive Disorder. *Archives of General Psychiatry* (1992), Nr. 49, 681–689.

46 In *Newsweek* (3. Dezember 1990) wird Zametkin mit den Worten zitiert: »Dies zeigt, dass es nicht das Ergebnis ungenügender elterlicher Fürsorge ist. … Es handelt sich um ein medizinisches Problem.« Als Beleg für die Voreingenommenheit des *New England Journal of Medicine* kann auch eine weitere Studie von Zametkin (gemeinsam mit D. Hauser) aus dem Jahre 1993 dienen, die einen Zusammenhang zwischen Hyperaktivität und einer seltenen Verfassung der Schilddrüse zeigte. Die Logik dieser Studie entspricht etwa der Vorstellung, dass, weil einige seltene Formen von Hirntumoren Kopfschmerzen verursachten, alle Kopfschmerzen als Krankheit behandelt werden sollten. Auch ist bemerkenswert, dass viele der Wissenschaftler, die der Neurobiologie von ADS nachforschten, unablässig nach biologischen Beweisen dafür gesucht haben, die ihren glühenden Glauben, ADS sei angeboren, bestätigen sollten; wie in einem Brief an den Herausgeber des *Jupiter Courier* (17. August 1997) zu lesen stand: »[Judith] Rapaport erhielt von den Herstellern von Ritalin Geldmittel, um Untersuchungen durchzuführen, die eine ›biologische‹ Komponente von ›ADS‹ zeigen und damit eine medikamentöse ›Behandlung‹ rechtfertigen sollten.

Zametkins bildgebende Hirnuntersuchungen, die von einem ehemaligen NIMH-Psychiater kritisiert worden sind, werden als ›Beweis‹ dafür genommen, dass Gehirne von ›ADS‹-Kindern anders als die normaler Kinder seien. Zwar berichtete Rapaport, dass eine Untersuchung ›deutliche Unterschiede‹ zeige, fuhr aber fort, dass ›ein Radiologe diese Scans nicht als abnormal ansehen würde‹.«

47 Diese Untersuchungen werden im Haupttext diskutiert.

48 Dies ist auch Gegenstand von: T. Armstrong, *The Myth of the* A.D.D. *Child*. New York: Dutton (1995).

49 Elmer-De Witt, a.a.O.; Kolata, a.a.O.; S. Squires, Brain Function Yields Physical Clue That Could Help Pinpoint Hyperactivity. *Washington Post* (15. November 1990), A18; A New View on Hyperactivity. *Newsweek* (3. Dezember 1990), 61A.

50 Hallowell and Ratey, a.a.O., 71, 275.

51 A.J. Zametkin et al., Brain Metabolism in Teenagers with Attention-Deficit Disorder. *Archives of General Psychiatry* (1991), Nr. 50, 333–340.

52 J.A. Matochik et al., Cerebral Glucose Metabolism in Adults with Attention Deficit Hyperactivity Disorder after Chronic Stimulant Treatment. *American Journal of Psychiatry* (1994), Nr. 50, 333–340.

53 Tyson, a.a.O.

54 C. Pert, Capitol Hill Hearing Testimony House. Appropriations, Labor, Health, and Human Services (5. November 1997).

55 Diese Tatsache wird offensichtlich, wenn wir uns klar machen, dass diese spezifischen Verbindungen ohnehin bei jedem Kind verschieden sein werden; dies lässt sich zum Beispiel beim Klonen einfacher Insekten sehen, wo die gleiche neurale Entwicklung deutlich anders aussieht, jedoch der gleichen Verhaltensfunktion dient. Vgl. G.M. Edelman, *Neural Darwinism: The Theory of Neuronal Group Selection*. New York: Basic Books (1987); *Bright Air, Brilliant Fire: On the Matter of the Mind*. New York: Basic Books (1992).

56 M. Coleman, Serotonin Concentrations in Whole Blood of Hyperactive Children. *Journal of Pediatrics* (1971), Nr. 78, 985–990.

57 Diese Ideen werden ausführlich behandelt in: R.J. DeGrandpre, The impact of socially constructed knowledge on drug policy. In: W. Bickel und R.J. DeGrandpre (Hrsg.), *Drug Policy and Human Nature*. New York: Plenum (1996).

58 J.M. Golding, R. Smith Jr. und M. Kashner, Does Somatization Disorder Occur in Men? *Archives of General Psychiatry* (1991), Nr. 48, 231–235.

59 N. Angier, The Debilitating Malady Called Boyhood. *New York Times* (24. Juli 1994), 1, 16.

60 Wie zit. in: G. Weiss et al., Hyperactive as Young Adults. *Archives of General Psychiatry* (1979), Nr. 36, 675–681; hier 675.

61 D.C. Howell und H.R. Huesy, A 14-Year Follow-up of Hyperkinetic Beha-

vior. In: M. Gittelman (Hrsg.), *Strategic Interventions for Hyperactive Children*. Armonk, N.Y.: M.E. Sharp (1981), Inc.

62 E.M. Hallowell, What I've Learned from ADD. *Psychology Today* (Mai/Juni 1997), 41.

63 J.L. Rapaport et al., *Science* (1978), Nr. 199, 560–563.

64 Nach J. Lang, Did Great Minds Need Ritalin? *Rocky Mountain News* (10. Juni 1997), 3A.

65 P. Schrag und D. Divoky, *The Myth of the Hyperactive Child*. New York: Pantheon, XVII (1975).

66 M. Nash, Fertile Minds. *Time* (3. Februar 1997), 50–56; *Newsweek* (Frühjahr/Sommer 1997), Sonderheft: Your child. *I Am Your Child* (April 1997). ABC.

67 S. Begley, How to Build a Baby's Brain. *Newsweek* (Frühjahr/Sommer 1997), 28–32; 28.

68 Edelman, *Bright Air, Brilliant Fire*, ebd.

69 S.J. Ceci, *On Intelligence ... More or Less*. Englewood Cliffs, N.J.: Prentice Hall (1990), 12.

70 Wenn man sich diesen Entwicklungsprozess vorstellt, könnte man an einen Baum denken, der im Wald wächst. Wir wissen, dass der Baum genetisch darauf programmiert ist, in die Höhe zu wachsen und sich mit Nadeln oder Blättern zu verzweigen und zu verästeln, aber wir wissen auch, dass das Wachstum des Baumes von den spezifischen Bedingungen abhängt, die er vorfindet. Wenn der Waldboden dicht bestanden ist, wird er in die Höhe schießen, mit nur wenig Ästen am Stamm; doch wenn der Boden freiräumig ist, wird der Baum eher in die Breite wachsen. Ebenso, wenn ein Baum nah an einem anderen Baum oder an einer Mauer wächst, wird er sich in einer Weise entwickeln, die diese Bedingungen spiegelt, er wird den Raum nutzen, der ihm zur Verfügung steht. Mit anderen Worten, wenn wir diese Metapher hier verwenden wollen, kann es uns nicht überraschen, dass das menschliche Hirn mit seiner großen Befähigung zum Lernen ein adaptives Organ ist, das aufgrund der Erfahrungen in seiner Entwicklung seine Richtung bestimmt.

71 Vgl. G.M. Edelman, *Neural Darwinism: The Theory of Neuronal Group Selection*. New York: Basic Books (1987); Edelman, *Bright Air, Brilliant Fire*, a.a.O.

72 Nash, a.a.O.

73 Genau diese Schlussfolgerung findet sich in Jane Healys *Endangered Minds: Why Our Children Don't Think*, wo sie beschreibt, wie, wenn Kinder »von verschiedenen Typen von Stimuli angezogen werden, sowohl [die] Struktur als auch die Funktion [ihrer Hirne] verändert werden konnten«. Jane Healy, *Endangered Minds: Why Our Children Don't Think*. New York: Simon & Schuster (1990), 52.

74 American Psychiatric Association, DSM IV. Washington, D.C.: American Psychiatric Association (1994).

75 E.A. Carlson, D. Jacobvitz und L.A. Sroufe, A Developmental Investigation of Inattentiveness and Hyperactivity, *Child Development* (1995), Nr. 66, 37–54.

76 Ebd.

77 Ebd., 37.

78 D. Elkind, *Ties That Stress.* Cambridge: Harvard University Press (1994), 4.

79 J. Shanahan und M. Morgan, Television as a Diagnostic Indicator in Child Therapy: An Exploratory Study. *Child and Adolescent Social Work* (1989), Nr. 6, 175–191, 181.

80 M. Gordon, *ADHD/Hyperactivity: A Consumer's Guide.* De Witt, N.Y.: DSI Publications (1991), 24.

81 Ebda., 23.

82 Vgl. Kapitel 12 in: L.A. Sroufe, *Emotional Development: The Organization of Emotional Life in Early Years.* New York: Cambridge University Press (1996).

83 Gordon, a.a.O.

84 Carlson, Jacobvitz und Sroufe, a.a.O.

85 Statistiken des britischen Department of Health, zit. in: R. Dobson (12. Oktober 1997), More Children Given »Chemical Cosh«, *Independent* (London).

86 Für eine detaillierte Beschreibung der Veränderungen, die in den Vereinigten Staaten stattfinden, vgl. D. Blankenhorn, S. Bayme und J. Bethke Elshtain (Hrsg.), *Rebuilding the Nest: A New Commitment to the American Family.* Milwaukee: Family Services America (1991).

87 Diese Aussage trifft vor allem zu, wenn wir ethnische Gruppen in der gleichen sozialen Schicht vergleichen. In den späten Sechziger- und Siebzigerjahren gab es sogar Vorwürfe, dass Stimulanzien benutzt wurden, um das Verhalten schwarzer Kinder zu unterdrücken.

88 Hallowell und Ratey, a.a.O., 191.

89 T. Achenbach und C. Howell, Are American Children's Problems Getting Worse? A 13-Year Comparison. *Journal of the American Academy of Children and Adolescent Psychiatry* (1989), Nr. 32, 1145–1151.

90 P.R. Nader (Hrsg.), *School Health: Policy and Practice.* Elk Grove Village, Ill.: American Academy of Pediatrics (1993), 140. Zit. in: Elkind, a.a.O., 8.

91 D. Goleman, *Emotional Intelligence.* New York: Bantam (1995), 232.

92 S.E. Taylor, *Positive Illusions.* New York: Basic Books (1989), 21, 23.

93 P.A. Russell, Psychological Studies of Exploration in Animals: A Reappraisal. In: J. Archer und L. Brike (Hrsg.), *Exploration in Animals and Humans.* Cambridge, England: Van Nostrand Reinhold (1983), 22–54.

94 H. Fowler, *Curiosity and Exploratory Behavior.* New York: Macmillan (1965).

95 W.N. Dember, R.W. Earl und N. Paradise, Response by Rats to Differential Stimulus Complexity. *Journal of Comparative Physiological Psychology* (1957), Nr. 50, 514–518. Für eine Rezension solcher Untersuchungen vgl. Fowler, a.a.O.

96 R.A. Butler, The Effect of Deprivation of Visual Incentives on Visual Exploration Motivation in Monkeys. *Journal of Comparative and Physiological Psychology* (1957), Nr. 50, 177–179. Vgl. auch J.M. Stahl, R.A. O'Brien und P. Hanford, Visual Exploratory Behavior in the Pigeon. *Bulletin of the Psychonomic Society* (1973), Nr. 1, 35–36.

97 Russell, a.a.O.

98 D.E. Berlyne, *Conflict, Arousal, and Curiosity.* New York: McGraw-Hill (1996).

99 H. Helson, *Adaption-Level Theory.* New York: Harper & Row (1994), 369.

100 R. Desimone, Neural Mechanisms for Visual Memory and Their Role in Attention. *Proceedings of the National Academy of Sciences* (1996), Nr. 93.

101 Vgl. Edelman, *Neural Darwinism*, a.a.O.

102 D.G. Myers, *Social Psychology.* New York: McGraw-Hill (5. Aufl., 1996), 446.

103 P. Brickman, D. Coates und R.J. Janouff-Bulman, Lottery Winners and Accidental Victims: Is Happiness Relative? *Journal of Personality and Social Psychology* (1978), Nr. 36, 917–927.

104 Nach T. Beardsley, Commanding Attention. *Scientific American* (Februar 1995), 16.

105 Desimone, a.a.O.

106 Der ADS-Kritiker John Rosemond kam zu einem ähnlichen Schluss: »Das Fernsehbild verändert sich oder ›bricht‹ alle drei bis vier Sekunden. Ein Kind, das ein 30-Minuten-Programm anschaut, betrachtet daher kein einziges Bild länger als ein paar Sekunden. Wenn man dies mit 5000 Fernsehstunden (einem Viertel der wachen Lebenszeit eines Kindes) in den entscheidenden kognitiven Entwicklungsjahren multipliziert, ist die Annahme nicht weit hergeholt, dass die Aufmerksamkeitsspanne des Kindes gefährdet wird.« Beachten Sie die Ähnlichkeit zu den Beobachtungen des Arztes Matthew Dumont, der 1976 schrieb: »Ich behaupte, dass das hyperaktive Kind versucht, die dynamische Qualität des Fernsehbildschirms zurückzugewinnen, indem es seine Wahrnehmungsrichtungen rasch wechselt. Ich frage mich zugleich, ob es möglich ist, dass Amphetamine sein Verhalten unter Kontrolle bringen, indem sie ein subjektives Erleben schaffen, das dem der rasch wechselnden Fernsehbilder gleicht.« J. Rosemond, New Suspect in ADS Sits in Our Houses – TV. *Dallas Morning News* (10. Juli 1997), 6c; Brief in: *American Journal of Psychiatry* (April 1976).

3. Kapitel
Eine Generation wird krankgeschrieben

1   C. Bradley, The Behavior of Children Receiving Benzedrine. *American Journal of Psychiatry* (1937), Nr. 94, 577–85.

2   Vor den Sechzigerjahren, in denen der Ritalingebrauch exponentiell anstieg, wurde Hyperaktivität nicht mit Tabletten, sondern vor allem mit psychotherapeutischen Methoden behandelt.

3   P. Conrad, The Discovery of Hyperkinesis: Notes on the Medicalization of Deviant Behavior. *Social Problems* (1976), Nr. 23, 12–21.

4   Es muss betont werden, dass die spezifischen Wirkungen einer Droge, nur weil sie das Bewusstsein stark verändert, nicht unbedingt in ihr selbst begründet sein müssen. Zum Beispiel zeigten MacAndrew und Edgerton in ihrer klassischen Untersuchung des Verhaltens Betrunkener, dass Alkohol starke psychologische und das Verhalten betreffende Wirkungen hat, dass diese beobachteten Wirkungen sich jedoch weder historisch noch interkulturell durch den Alkoholkonsum allein vorherbestimmen lassen. C. Mac Andrews und R.B. Edgerton, *Drunken Comportment: A Social Explanation.* Chicago: Adline Publishing Company (1969); siehe auch R.J. DeGrandpre und E. White, Drugs: In the Care of the Self. *Common Knowledge* (1996), Nr. 4, 27–48; R. DeGrandpre und E. White, Drug Dialectics. *Arena* (1996), Nr. 7, 41–64.

5   *Physicians Desk Reference* (52. Aufl., 1998), 848.

6   Vgl. L.H. Diller, Does Attention Deficit Disorder really Exist? (Brief). *New York Times* (1997), Abt. 4, 16.

7   Ebd. (März 1996); The Run to Ritalin: Attention Deficit Disorder and Stimulant Treatment in the 1990s. *Hastings Center Report.*

8   Dr. Johnson, Good People Go Bad in Iowa, and a Drug is Being Blamed. *New York Times* (22. Februar 1996), A1.

9   J. Lang, Ritalin: Helpful or Harmful? *Rocky Mountain News* (9. Juni 1997), 3A.

10 C. Holde, Street-wise Cocaine Research. *Science* (1989), Nr. 246, 1378–1381; 1378.

11 D.G. McNeil Jr., Why There's No Methadone for Crack. *New York Times* (14. Juni 1992), Abt. 4, 7.

12 C.E. Johanson und C.R. Schuster, A Choice Procedure for Drug Reinforcers: Cocaine and Methylphenidate in the Rhesus Monkey. *Journal of Pharmacology and Experimental Therapeutics* (14. Juni 1992), Nr. 193, 678–688.

13 Ebd., 676.

14 J. Bergman et al., Effects of Cocaine and Related Drugs in Nonhuman Primates, III, Self-administration by Squirrel Monkeys. *Journal of Pharmacology and Experimental Therapeutics* (1989), Nr. 251, 150–155. Auch wenn

Untersuchungen an Menschen weniger eindeutige Ergebnisse zur Folge hatten, sind die Aussagen der Forschungsergebnisse dadurch eingeschränkt gültig, dass sie auf der oralen Einnahme dieser Drogen basieren, während ihr Missbrauch normalerweise aber über die Nase oder intravenös stattfindet.

15 Zit. in: Lang, a.a.O.

16 N.D. Volkow et al., Is Methylphenidate like Cocaine? *Archives of General Psychiatry* (1995), Nr. 52, 456–462.

17 S. Peele, *The Meaning of Addiction: Compulsive Experience and its Interpretation*. Lexington, Mass.: Lexington Books (1985).

18 Vgl. z.B. R. Chacón, On Campus Ritalin. Getting Intention as a »Good Buzz«. *Boston Globe* (12. Februar, 1998), A1; R. Klein und P. Wender, The Role of Methylphenidate in Psychiatry. *Archives of General Psychiatry* (1995), Nr. 52, 429–433, 431.

19 Zit. in: C. Tennant, The Ritalin Racket. *Student.Com*, Internet (1997).

20 K. Livingston, Ritalin: Miracle Drug or Cop-out? *Public Interest* (März 1997).

21 Vgl. z.B. D. Sneider, As Teen Drug Use Climbs, Schools Seek New Answers. *Christian Science Monitor* (24. März 1997), 3; E. Texeira, Study Assails School-Based Drug Programs; Education: Attempts to Discourage Use Are Largely Ineffective, Researchers Say. *Los Angeles Times* (21. Oktober 1995), B1.

22 C.M. Sennott und F. Latour, 14 Youths »Lucky« to Live after Overdoses. *Boston Globe* (2. März 1997), B1, B5.

23 Diese Daten wurden in dem Leserbrief genannt: Drugs Not the Answer for ADD in Children. *Jupiter Courier* (17. August 1997), 4A.

24 Zit. in: Tennant, a.a.O.

25 Lang, a.a.O.

26 J. Leland, A Risky Rx for Fun. *Newsweek* (30. Oktober 1995), 74.

27 Parke-Davis and Company, *Coca Erythroxylon and Its Derivates*. Detroit und New York: Parke Davis and Co. (1885). Zit. in: L. Grinspoon und J.B. Bakalar, *Cocaine: A Drug and Its Social Evolution*. New York: Basic Books (1985).

28 Beyond Prozac. *Newsweek* (7. Februar 1994), 37.

29 *Washington Post (5. Februar 1996).*

30 *New Orleans Times-Picayune* (17. November 1997).

31 *Orange County* (Kalifornien) *Register* (24. Juli 1987).

32 *Nashville Tennessean* (12. Oktober 1995).

33 *Phoenix Gazette* (14. März 1995).

34 *Los Angeles Times* (19. Oktober 1986).

35 *Washington Post* (5. Februar 1996).

36 *Charleston Post and Courier* (11. Dezember 1995).

37　*Los Angeles Times* (28. Juni 1990).

38　*Allentown Morning Call* (18. Dezember, 1995).

39　*New Orleans Times-Picayune* (30. März 1995).

40　*Washington Post* (5. Februar 1996).

41　*Fort Lauderdale Sun-Sentinel* (1. April 1995).

42　*Raleigh News and Observer* (14. März 1996).

43　*St. Louis Post-Dispatch* (14. März 1996).

44　*Charleston Post and Courier* (24. März 1996).

45　Ebd.

46　*Salem* (Oregon) *Statesman Journal* (31. März 1996).

47　*Dallas Morning News* (24. Juli 1996).

48　*Milwaukee Journal Sentinel* (24. Januar 1997).

49　*Washington Post* (5. Februar 1996).

50　*Atlanta Journal and Constitution* (11. Mai 1997).

51　*Fort Pierce News* (3. Oktober 1997).

52　*New Orleans Times-Picayune* (17. November 1997).

53　*Orange County* (Kalifornien) *Register* (24. Juli 1987).

54　*Allentown Morning Call* (18. Dezember 1995).

55　*Pittsburgh Post-Gazette* (3. August 1997).

56　P. Kramer, *Listening to Prozac*. New York: Pantheon (1993).

57　Solche Untersuchungen werden heute durchgeführt, da zu der Zeit, als Ritalin auf den Markt kam, Überprüfungen der Karzinogenität noch nicht erfordert waren.

58　Vgl. K. Rodgers, Sorting Out Relevant Data on Rodent Carcinogenicity. *Drug Topics* (1996), Nr. 3, 53.

59　M. Bass, Athletes' Use of Stimulant Debated by Sports Officials. *Rocky Mountain News* (1997), 3A.

60　Vgl. R.J. DeGrandpre und E. White, Drugs: In the Care of the Self. *Common Knowledge* (1996), Nr. 4, 27–48.

61　Aus: The War on Drugs Is Lost. *National Review* (12. Februar 1996), 39.

62　R. Wright, The Evolution of Despair. *Time* (28. August 1995), 50–57.

63　Interview mit Terry Gross, *Fresh Air*. National Public Radio (8. September 1997).

64　Livingston, a.a.O.

65　E.J. Hallowell und J.J. Ratey, *Driven to Distraction*. New York: Simon & Schuster (1995), 57.

66　J.L. Rapaport et al., Dextriamphetamine: Cognitive and Behavioral Effects in Normal Prepubescent Boys. *Science* (1978), Nr. 199, 560–563.

67　Eine Ausnahme gilt für sehr hohe Dosen, wo psychoaktive Drogen eher sedative Wirkungen haben.

68　Vgl. P.B. Dews, Studies on Behavior, I, Differential Sensitivity to Pentobarbital of Pecking Performance in Pigeons Depending on the Schedule of Reward. *Journal of Pharmacology and Experimental Therapeutics* (1995), Nr. 113, 393–401; R.E. Hicks, C.J. Mayo und C.J. Clayton, Differential Pharmacology of Methylphenidate and the Neuropsychology of Childhood Hyperactivity. *International Journal of Neuroscience* (1989), Nr. 45, 7–32; K. Weber, Methylphenidate: Rate-Dependent Drug Effects in Hyperactive Boys. *Psychopharmacology* (1985), Nr. 85, 231–235.

69 *Physicians' Desk Reference*, 848.

70 R.A. Barkley und E.C. Cunningham, Do Stimulant Drugs Improve the Academic Performance of Hyperkinetic Children. *Clinical Pediatrics* (1978), Nr. 17, 85–92.

71 J.M. Swanson et al., Effect of Stimulant Medication on Children with Attention Deficit Disorder. *Exceptional Children* (1993), Nr. 60, 154–162, hier 159.

72 T. Ayllon, D. Layman und H.J. Kandel, A Behavioral-Educational Alternative to Drug Control of Hyperactive Children. *Journal of Applied Behavior Analysis* (1975), Nr. 8, 137; siehe auch M.D. Rapport, H.A. Murphy und J.S. Bailey, Ritalin vs. Response Cost in the Control of Hyperactive Children. *Journal of Applied Behavior Analysis* (1982), Nr. 15, 205–216.

73 J.W. McKearney, Asking Questions about Behavior. *Perspectives in Biology and Medicine* (Herbst 1977), 110–120, hier 116.

74 Swanson, a.a.O., 159.

75 L. Hancock, Mother's Little Helper. *Newsweek* (18. März 1996), 51–56.

76 Aus: M. Fumento, Sick of It All. *Reason* (Juni 1996), 20–26, hier 21.

77 Diese Langzeitfolgen wurden in dem *Hastings Center Report* über Ritalin zusammengefasst, wo der Autor schreibt:

Es sind die Familienangehörigen und Lehrer, die zumeist bemerken, wenn sich das Kind suboptimal verhält, und fragen: »Hast du heute deine Pille geschluckt?« Die Frage enthält für das Kind eine verborgene Botschaft über den wichtigen Beitrag des Medikaments zu seiner Leistung und seinem Verhalten und möglicherweise untergräbt diese Botschaft das Selbstvertrauen des Kindes. Dieses Abhängigkeitsgefühl tritt dann besonders deutlich zu Tage, wenn das Medikament unter dem Titel »notwendig« in einer situationsabhängigen Dosierung verabreicht wird, etwa für eine Prüfung oder ein Familientreffen am Wochenende. Es ist sogar möglich, dass situationsabhängige Dosierungen die häufig unstrukturierte ADHS-Lebensform unterstützen oder verstärken, indem sie es dem zögernden Individuum ermöglichen, noch »in der letzten Minute« aufzuholen. Der Teenager und der Erwachsene können sich auch versucht fühlen, den normalen Wach-Schlaf-Zyklus auszudehnen, um eine noch größere Leistung zu erreichen, was schließlich zu einem Sucht-Verhaltensmuster führen kann. Die Langzeitfolgen einer Selbstmedikation mit Stimulanzien bei ADHS von Jugendlichen und Erwachsenen sind diesbezüglich noch nicht untersucht, so dass die Wahrscheinlichkeit eines solchen sich entwickelnden Musters noch nicht festzustellen ist. Während also die Leistungen unter dem Einfluss von Stimulanzien Gefühle der Kompetenz, des Selbstwerts und der Unabhängigkeit steigern können, bleibt das Gespenst psychischer Abhängigkeit, veränderter Selbstwahrnehmung und potenziellen Missbrauchs bestehen, insbesondere in einer Gesellschaft, die paradoxerweise psychotrope Drogen mit Argwohn betrachtet, zugleich aber höhere Leistungen fordert. Diller, a.a.O.

78 Vgl. M. Conway und M. Ross, Getting What You Want by Revising What You Had. *Journal of Personality and Social Psychology* (1984), Nr. 47, 738–748.

79 Ebd., 747 (Hervorhebung durch den Autor).

80 Eine frühe Übersicht über die Literatur gibt S. Zentall, Optimal Stimulation as Theoretical Basis of Hyperactivity. *American Journal of Orthopsychiatry* (1975), Nr. 45, 549–562.

81 N. Cohen, Physiological Concomitants of Attention in Hyperactive Children. Unpublizierte Dissertation (1970), McGill University. Zit. in: J.M. Healy, *Endangered Minds: Why Our Children Don't Think*. New York: Simon & Schuster (1990).

82 R. Schachar, G. Logan, R. Wachsmuth und D. Chajczyk. *Journal of Abnormal Child Psychology* (1988), Nr. 16, 361–378.

83 J. van der Meere und J. Sergeant, Focused Attention in Pervasively Hyperactive Children. *Journal of Abnormal Child Psychology* (1988), Nr. 16, 627–639, 637.

84 R.G. Jacob, K.D. O'Leary und C. Rosenblad, Formal and Informal Classroom Settings: Effects on Hyperactivity. *Journal of Abnormal Child Psychology* (1978), Nr. 6, 47–59, 47.

85 Diese Untersuchung wurde von M.A. Roberts durchgeführt. Zit. in: M. Gordon, *ADHD/Hyperactivity: A Consumer's Guide*. DeWitt, NY: GSI Publications (1991).

86 Vgl. z.B. E.K. Sleator und R.K. Ullmann, Can the Physician Diagnose Hyperactivity in the Office? *Pediatrics* (1981), Nr. 67, 13–17.

87 S. Landau, E.P. Lorch und R. Milich, Visual Attention to the Comprehension of Television in Attention-Deficit Hyperactivity Disordered and Normal Boys. *Child Development* (1992), Nr. 63, 928–937, 928.

88 S.S. Zentall, Behavioral Comparisons of Hyperactive and Normally Active Children in Natural Settings. *Journal of Abnormal Child Psychology* (1980), Nr. 8, 93–109, 107.

89 American Psychiatric Association, *Diagnostic and Statistical Manual of Mental Disorders*. Washington, D.C.: American Psychiatric Association (4. Aufl., 1994).

90 Wie wir bereits im ersten Kapitel erwähnt haben, gibt es aber auch andere Gründe, warum ein Kind im Unterricht auffälliges Verhalten zeigt. Dazu kann auch reizsuchendes Verhalten zählen, das aus emotionalen Problemen und Minderwertigkeitsgefühlen resultiert. Reizsucht hingegen äußert sich in Zappeligkeit und dauernder Unruhe und tritt unabhängig von sozialen Verstärkern auf.

91 Zentall, a.a.O.

92 D.V. Gauvin und F.A. Halloway, *Cross-Generalization between an Ecologically Relevant Stimulus and Pentyleneterazole-Discriminative Cue.* (1991).

4. Kapitel
Bewusstes Leben: Geduld wächst dem zu, der wartet

1 Zit. in: J. Krakauer, *Into the Wild.* New York: Anchor Books (1997), 168.

2 Zit. in: K.A. Ericsson und N. Charness, Expert Performance: Its Structure and Acquisition. *American Psychologist* (1994), Nr. 49, 725–747.

3 B. Hart und T. Risley, *Meaningful Differences in the Everyday Experiences of Young American Children.* Baltimore, MD: Paul H. Brookes Pub. Co. (1995), 46.

4 Vgl. R. Plomin und G.E. McClearn, *Nature, Nurture and Psychology.* Washington, D.C.: American Psychological Association (1993).

5 Too, Too Much. *Barron's* (9. März 1998), 33–38, hier 33.

6 B. McGrane, *The Zen Experiment.* Artikel aus dem Internet, gefunden unter Adbusters: http://adbusters.org/Articles (1998).

7 N. Oxenhandler, Fall from Grace: How Modern Life Has made Waiting a Desperate Act. *The New Yorker* (16. Juni 1997), 65–78.

8 D. Blankenhorn, S. Bayme und J.B. Elshtain, *Rebuilding the Nest: A New Commitment to the American Family.* Milwaukee: Family Service America (1991), 35.

9 L. Shapiro, The Myth of Quality Time. *Newsweek* (12. Mai 1997), 62–70.

10 S. Hays, *The Cultural Contradictions of Motherhood.* New Haven: Yale University Press (1996).

11 B.D. Whitehead, *The Divorce Culture.* New York: Alfred A. Knopf (1997).

12 Ebd., 66–67.

13 R.T. Krampe und A. Ericsson, Maintaining Excellence: Deliberate Practice and Elite Performance in Young and Older Pianists. *Journal of Experimental Psychology: General* (1996), Nr. 125, 331–359.

14 Ericsson und Charness, Nr. 49, 725.

15 Ebd.

16 B. Guerin, Behavior Analysis and the Social Construction of Knowledge. *American Psychologist* (1992), Nr. 47, 1423–1432, hier 1428.

17 T. Armstrong, *The Myth of the ADD Child*. New York: Dutton (1995), 77.

18 Einzelheiten über die Produktionskosten entnehmen wir aus: N. Griffin, James Cameron Is The Scariest Man in Hollywood. *Esquire* (Dezember 1997), 98; sowie: K. Masters, Trying to Stay Afloat, *Time* (8. Dezember 1997), 86.

19 Griffin, a.a.O., 98.

20 Interview über das Millennium mit S.J. Gould, C-SPAN (Silvesterabend 1998).

21 P. Gay, *The Enlightenment: An Interpretation*. New York: Norton (1969), 543, 544.

22 Zit. ebda., 544.

23 P. Goodman, *Liberation* (1977), Nr. 20, 9–14, hier 9.

24 D.J. Morrow, Attention Disorder is Found in Growing Number of Adults. *New York Times* (2. September 1997), D4.

25 C. Willis, Life in Overdrive. *Time* (18. Juli 1994), 43–48, hier 45.

26 R.M. Yando und J. Kagan, The Effects of Teacher Tempo on the Child. *Child Development* (1968), Nr. 39, 27–34.

27 J.W. McKearney, Asking Questions about Behavior. *Perspectives in Biology and Medicine* (Herbst 1977), 110–120.

28 B. Spock und M.B. Rothenberg, *Dr. Spock's Baby and Child Care*. New York: Pocket Books (6. Aufl., 1992).

REGISTER

Leben und Lernen im 21. Jahrhundert

Hartmut von Hentig, Pädagoge und kritischer Beobachter der Zeit, zeigt, welcher Fähigkeiten es bedarf, um der »technischen Zivilisation« und ihrer konsequentesten Erscheinung, der elektronischen Virtualität, gewachsen zu sein: »Das ist meine Pointe: Wir brauchen für eine Welt, in der es Computer gibt, vor allem etwas, was wir an den Computern gerade nicht lernen können – das offene, dialogische, zweifelnde, entwerfende, bewertende, philosophische Denken.«

»Erstmalig gibt es in Deutschland nun ein Buch, das messerscharf die Neuen Medien in ihrem gesellschaftlichen und pädagogischen Kontext analysiert (...) Hartmut von Hentig hat einen bemerkenswert entspannten Abstand zu seinem Sujet, referiert luzide über den Auftrag der Pädagogik. (...) Ein ausgesprochen kluges Buch, das zeigt, dass wir neben der gebetsmühlenartig gepriesenen Medienkompetenz vor allem Medienkritik erlernen müssen.«
DIE ZEIT

Hartmut von Hentig
Der technischen Zivilisation gewachsen bleiben
Nachdenken über die Neuen Medien und das gar nicht mehr allmähliche Verschwinden der Wirklichkeit
Beltz Verlag, 328 Seiten
ISBN 3 407 22115 0

BELTZ
Taschenbuch

Was Kinder wirklich brauchen

Amerikas anerkannteste Experten für eine gesunde Entwicklung von Kindern verständigen sich im Dialog darauf, was jedes Kind in seinen ersten fünf bis sieben Jahren unbedingt braucht und formulieren sieben Grundbedürfnisse:

– Das Bedürfnis nach beständigen liebevollen Beziehungen;
– Das Bedürfnis nach Schutz und körperlicher Unversehrtheit;
– Das Bedürfnis, als Individuum mit besonderen Bedürfnissen wahrgenommen zu werden;
– Das Bedürfnis nach altersgemäßen Entwicklungsmöglichkeiten;
– Das Bedürfnis nach Grenzen, Strukturen und Erwartungen;
– Das Bedürfnis nach einer stabilen und stützenden Umgebung sowie nach kultureller Kontinuität;
– Das Bedürfnis, dass ihre Zukunft von uns geschützt wird.

Ein Buch für alle, denen die Zukunft unserer Kinder am Herzen liegt und demzufolge die Zukunft unserer ganzen Gesellschaft.

T. Berry Brazelton/Stanley I. Greenspan
Die sieben Grundbedürfnisse von Kindern
Was jedes Kind braucht, um gesund aufzuwachsen,
gut zu lernen und glücklich zu sein
Beltz Verlag, 360 Seiten
Gebunden mit Schutzumschlag
ISBN 3 407 85792 6

Rat für Eltern und Fachleute

Thilo Fitzner · Werner Stark (Hrsg.)

ADS: verstehen - akzeptieren - helfen

PSYCHOLOGIE

Das Aufmerksamkeitsdefizitsyndrom mit Hyperaktivität und ohne Hyperaktivität

BELTZ
Taschenbuch

Das Erscheinungsbild der Aufmerksamkeitsdefizitstörung ist vielfältig und wird oft erst nach einem langen Leidensweg der Betroffenen diagnostiziert Bei allen, die mit ADS-Kindern leben und arbeiten, besteht ein großes Bedürfnis nach Information – nach klaren Aussagen zu den Ursachen und therapeutischen Möglichkeiten. Neueste Erkennt-nisse zur Ursachenforschung werden in diesem Buch ebenso dargestellt wie pädagogische und therapeutische Hilfen für Elternhaus und Schule. Breiten Raum nimmt der Komplex ADS bei Jugendlichen und Erwachsenen ein. Ansätze in Therapie und Forschung aus den USA und Skandinavien ergänzen dieses aktuelle, umfassende und interdisziplinäre Buch, das sich an Lehrer, Therapeuten, Mediziner und Betroffene richtet.

Thilo Fitzner / Werner Stark (Hrsg.)
ADS: verstehen – akzeptieren – helfen
Das Aufmerksamkeitsdefizit-Syndrom
mit Hyperaktivität und ohne Hyperaktivität
Beltz Taschenbuch 78
320 Seiten
ISBN 3 407 22078 2

BELTZ
Taschenbuch